BULLETIN

DE LA

SOCIÉTÉ DES SCIENCES

HISTORIQUES & NATURELLES

DE LA CORSE

XXIe ANNÉE

NOVEMBRE & DÉCEMBRE 1901 — 251e & 252e FASCICULES.

BASTIA

IMPRIMERIE ET LIBRAIRIE OLLAGNIER

1902.

SOMMAIRE

DES ARTICLES CONTENUS DANS LE PRÉSENT BULLETIN

Pages

Procès-Verbaux des Assemblées générales des Etats de Corse, tenues à Bastia de 1779 à 1784, 1re partie, publiés par M. l'abbé LETTERON 176

Pour paraître prochainement :

Essai sur les Poissons des côtes de la Corse, nomenclature descriptive des Poissons observés sur la côte orientale de Corse par M. TITO DE CARAFFA, Avocat.

Etude sur la faune des mollusques vivants terrestres et fluviatiles de l'île de Corse, par M. le Commandant CAZIOT.

Procès-Verbaux des Assemblées générales des Etats de Corse, tenues à Bastia de 1779 à 1784, 3e vol., 2e partie, publiés par M. l'Abbé LETTERON.

Lettres de l'amiral Nelson pendant sa croisière sur les côtes de Corse. — Traduction de l'anglais par M. SÉBASTIEN DE CARAFFA, Avocat.

Lettres diplomatiques de A. P. Sorba: (Avril 1763 à Août 1764), publiées par le R. P. PH -GRÉGOIRE VARINI, moine bénédictin.

Osservazioni storiche sopra la Corsica dell'Abbate Ambrogio Rossi, Livre XI, 1760-1769, publié par M. l'Abbé LETTERON.

PROCÈS-VERBAL

DE

L'ASSEMBLÉE GÉNÉRALE DES ÉTATS DE CORSE

SOCIÉTÉ DES SCIENCES HISTORIQUES ET NATURELLES
DE LA CORSE

PROCÈS-VERBAL

DE

L'ASSEMBLÉE GÉNÉRALE DES ÉTATS DE CORSE

CONVOQUÉE

A BASTIA LE 25 MAI 1779

PUBLIÉ

par M. l'abbé LETTERON

Vol. III.

BASTIA
IMPRIMERIE ET LIBRAIRIE OLLAGNIER
—
1902

PROCÈS-VERBAL

DE

L'ASSEMBLÉE DES ÉTATS DE CORSE

Convoquée à Bastia le 25 Mai 1779

Dudit jour 25 mai au matin.

Monseigneur Louis-Charles-René Comte de Marbeuf, Marquis de Marbeuf (1), Premier Gentilhomme de la Chambre du feu Roi de Pologne Duc de Lorraine et de Bar, Lieutenant de Roi des quatre Evêchés de la haute Bretagne, Commandeur de l'Ordre Royal et Militaire de Saint Louis, Lieutenant général des Armées du Roi, Commandant en chef dans l'Isle de Corse et autres en dépendantes, et Commissaire du Roi président à ladite Assemblée des Etats.

Et Monseigneur Claude-François Bertrand de Boucheporn, Chevalier, Conseiller du Roi en tous ses Conseils, Maître des Requêtes ordinaire de son Hôtel, Intendant de Justice, Police, Finances, Fortifications, Vivres près de ses Troupes, et Commissaire départi par Sa Majesté pour l'exé-

---

(1) *Ci-devant Colonie Grecque de* Carghese, *érigée en Marquisat en faveur de M. le Comte de Marbeuf, sous le nom de* Marbeuf, *par lettres-patentes du 17 juin 1778.*

cution de ses ordres dans l'étendue de l'Isle de Corse et autres en dépendantes, Ordonnateur, Conservateur et Réformateur général des Bois et Forêts de ladite Isle, aussi Commissaire du Roi à ladite Assemblée des Etats.

Nosdits Seigneurs Comte de Marbeuf et Bertrand de Boucheporn, assistés du Sieur Laurent Giubega, Ecuyer et Greffier en chef des Etats, accompagnés de Mgr Doria, Evêque d'Ajaccio, Mgr Guasco, Evêque de Sagone, Mgr de Santini, Evêque du Nebbio, Mgr de Guernes, Evêque d'Aleria absent, et représenté par M. Ignace Felce son Vicaire général, Mgr Cittadella également absent pour cause de maladie; de MM. Jean-Vitto de Pietri et François de Sansonetti, Membres de la Commission des Nobles Douze ; de Messieurs Joseph Casabianca, Piévan de Casinca, Charles Savelli, Piévan de Bigorno, Hyacinthe Sebastiani, Archiprêtre de la Porta, Députés Ecclésiastiques de la Province de Bastia ; de MM. Jean-Quilico Casabianca, André Antoni, Philippe Costa de Castellana, François de Sansonetti, Xavier Casabianca, et Gaetano de Varese, Députés Nobles ; des Sieurs Charles Grimaldi, Pierre Rigo, Denis Gavini, François de Casabianca, Antoine-Jacques Valentini et Antoine-André Filippi, Députés du Tiers-Etat de la même Province de Bastia ; de MM. Toussaint Poli, Piévan de la Mezzana, Dominique Costa, Piévan de Cauro, Charles-Antoine Olivieri, Piévan de Talavo, Députés Ecclésiastiques de la Province d'Ajaccio ; de MM. Dominique de Cuttoli, Pierre Colonna d'Ornano, Jean Gentile, Ignace Ornano et Charles de Buonaparte suppléant M. Jacques Pierre Abbatucci empêché, Députés Nobles ; des Sieurs Alphonse Pietri, Pascal Ferri Pisani, Ascagne Pozzo di Borgo, Jean-François Fabiani, (le Sieur Michel-Ange Pinzuti, absent par maladie) Députés du Tiers-Etat de la même Province d'Ajaccio ; de MM. Jean Trani, Curé de Bonifacio, Pierre Pianelli, Curé d'Arbellara, Députés Ecclésiastiques de la Province de Sartene ; de MM. François-Marie Colonna et

Jules Roccaserra, Députés Nobles ; des Sieurs Dominique Casanova et Marc-Aurèle Peretti Députés du Tiers-Etat de la même Province de Sartene ; de M. Timothée Bartoli, Piévan d'Ostriconi, Député Ecclésiastique de la Province de Balagne, des Sieurs Antoine-Léonard Belgodere et Michel Monti de Rossi, Députés du Tiers-Etat de la même Province de Balagne ; de M. Michel Marchetti, Piévan de Verde, Député Ecclésiastique de la Province d'Aleria ; de M. Antoine-Louis de Poli, Député Noble et du Sieur Jean-Antoine Astima, Député du Tiers-Etat de la même Province d'Aleria ; de MM. Jean-Sylvestre Gabrielli, Piévan de Rogna, François-Félix Battistini, Piévan de Castello, et Jean Turchini, Piévan de Bozio, Députés Ecclésiastiques de la Province de Corte; des Sieurs Mario Ceccaldi, Antoine Casanova, Jean Defendini, Dominique Adriani, François Grimaldi, Ours-Jean Paoli, Députés du Tiers-Etat de la même Province de Corte ; de M. Joseph-Marie Casabianca, Piévan de Patrimonio, Député Ecclésiastique, de M. Jérôme de Morlas, Noble, et du Sieur Paul-Vincent Santa Maria, Député du Tiers-Etat de la Province du Nebbio ; de MM. Antoine Ogliastri, curé d'Olcani, et Charles-Marie Franceschi, Piévan de Canari, Députés Ecclésiastiques de la Province du Cap-Corse ; de MM. Joseph Negroni et Ambroise-Marie Gentile, Députés Nobles, et des Sieurs Paul-Mattei et Sylvestre d'Angeli, Députés du Tiers-Etat de la même Province du Cap-Corse ; de MM. Jean-André Antonelli, Piévan de Calvi, Damien Giubega, Député Noble, et Jean-André de Castelli, Député du Tiers-Etat de la Province de Calvi ; de MM. Jean de Luca, Prévôt de Renno, Bonaventure de Benedetti, Député Noble, et Henry Colonna, Député du Tiers-Etat de la Province de Vico.

Après avoir entendu la Messe solennelle du Saint-Esprit, célébrée par Mgr Guasco, Evêque de Sagone, attendu la maladie de Mgr l'Evêque de Mariana et Accia, dans l'Eglise Paroissiale de Saint Jean-Baptiste de cette Ville, se sont rendus dans l'Eglise de la Conception préparée pour servir de Salle d'Assemblée des Etats de Corse, où étant arrivés, Nosseigneurs les Evêques se sont assis à la droite de Mgr le Comte de Marbeuf, après Mgr de Boucheporn, suivant leur ancienneté dans l'Episcopat, dans l'ordre suivant ; savoir Mgr de Santini, Evêque du Nebbio, et M. Ignace Felce, Vicaire général d'Aleria, et représentant l'Evêque de ce Diocèse absent, a pris place après Nosseigneurs les Evêques ; ensuite se sont assis MM. les Piévans selon l'ancienneté de leurs Provinces respectives, savoir, ceux de Bastia, Ajaccio, Sartene, Balagne, Aleria, Corte, Nebbio, Cap-Corse, Calvi et Vico, et les Piévans de la même Province ont pris place selon leur âge à la gauche du Président ; MM. les Députés de la Noblesse dans le même ordre que les Piévans, et après les Députés du Tiers-Etat, savoir, à la droite les Députés des Provinces de Bastia et Ajaccio, et à la gauche les Députés des autres Provinces, le tout conformément à ce qui a été prescrit par l'Arrêt du Conseil d'Etat du Roi du 2 Novembre 1772, relativement aux Assemblées générales et particulières de Corse.

Ensuite de quoi le Sieur Giubega, Greffier en chef des Etats, a dit que les Députés des Provinces respectives ont remis au Greffe leurs pouvoirs dont par ordre de Nosseigneurs les Commissaires du Roi il a été fait lecture, et ils se sont trouvés être de la teneur expliquée et rapportée sur le registre destiné pour cet objet.

Après quoi Mgr le Comte de Marbeuf a dit etc.

Et Mgr de Boucheporn a dit etc.

Et conformément à ce qui est prescrit par Sa Majesté dans le règlement des Assemblées générales des Etats de Corse, qui veut que chaque délibération soit signée par deux de Nosseigneurs les Evêques, deux Piévans, deux Députés Nobles, et deux du Tiers-Etat, il a été délibéré que nosdits Seigneurs les Evêques et MM. les Députés seront pris par ordre et selon le rang indiqué ci-dessus; mais comme les Assemblées ordinaires doivent se tenir hors de la préseuce de Nosseigneurs les Commissaires du Roi, et que le plus ancien de Nosseigneurs les Evêques doit y présider, cette préséance appartient à Mgr Doria, Evêque d'Ajaccio, comme le plus ancien dans l'Episcopat et de Consécration. Nosseigneurs les Commissaires du Roi ont dit que Mgr l'Evêque Président devra signer toutes les délibérations qui seront prises pendant la tenue des Etats dans les Assemblées ordinaires.

Après quoi l'Assemblée a été remise à demain, vingt-six du présent mois, à huit heures du matin, et Nosseigneurs les Commissaires du Roi, Nosseigneurs les Evêques d'Ajaccio et de Sagone, MM. Casabianca et Savelli, Piévans, Jean-Quilico Casabianca et Antoni, Nobles, les Sieurs Grimaldi et Rigo, Députés du Tiers-Etat, ont signé le procès-verbal de la présente Séance.

Signés, etc.

Séance du 26 mai 1779.

Nosseigneurs les Commissaires du Roi, Nosseigneurs les Evêques, MM. les Vicaire général, Piévans et Députés dénommés au procès-verbal d'hier s'étant rendus à la Salle d'Assemblée, Nosseigneurs les Commissaires du Roi ont dit qu'ayant reconnu dans les précédentes Assemblées générales, combien la révélation des matières qui s'y traitent était contraire à l'utilité et au bon ordre, il a été exigé des sujets qui les composaient la promesse et serment de garder le secret;

Que, si cette précaution a été utile dans les précédents Etats, elle devient de plus en plus nécessaire dans les Etats présents.

A l'effet de quoi Nosseigneurs les Evêques, MM. le Vicaire

général et Députés, conformément à ce qui a été pratiqué dans les précédents Etats, ont promis et juré, savoir, Nosseigneurs les Evêques, M. le Vicaire général et MM. les Piévans en mettant la main sur la poitrine, et les Députés Laïcs en levant la main, de ne découvrir ni manifester ce qui sera proposé, fait, dit ou délibéré, et de ne point révéler les opinions et sentiments qui seront exposés et adoptés par qui que ce soit, d'observer exactement les loix du secret, et de ne s'en écarter directement ni indirectement; duquel serment Nosseigneurs les Commissaires du Roi ont donné acte.

Et la présente délibération a été signée tant par Nosseigneurs les Commissaires du Roi que par Mgr de Santini, Evêque du Nebbio, M. Felce, Vicaire général d'Aleria, par MM. Sebastiani et Poli, Piévans, Costa de Castellana et de Sansonetti, Nobles; Gavini et François de Casabianca, Députés du Tiers-Etat.

Signés, etc.

Dudit jour 26 mai 1779.

Monseigneur de Santini, Evêque du Nebbio, Député à la Cour pour le Clergé, M. Charles de Buonaparte pour la Noblesse et le Sieur Paul Casabianca, Député pour le Tiers-Etat de la précédente Assemblée générale, ayant fait connaître le désir qu'ils auraient de faire aux Etats le rapport de leur commission, il a été arrêté que MM. les Députés seront admis à rendre compte de leur commission.

Après quoi Mgr l'Evêque du Nebbio a dit etc.

La copie duquel discours signé Dominique-Marie, Evêque du Nebbio, de Buonaparte et Casabianca, a été remise sur le Bureau pour rester au Greffe des Etats, ainsi que l'état de diverses dépenses pour gratifications payées par MM. les Députés relativement à leur députation, dont il a été fait lecture, desquelles dépenses montant à mille huit cents quinze livres, il a été arrêté que, conformément à la délibération du 16 Novembre 1772, il en sera tenu compte au Trésorier de la Nation qui l'a fait compter à MM. les Députés à la Cour.

Ensuite Nosseigneurs les Commissaires du Roi ont ordonné la lecture des réponses de Sa Majesté relatives aux demandes contenues dans le procès-verbal des Etats précédents, lesquelles réponses signées le Prince de Montbarey, après avoir été lues à haute et intelligible voix, ont été déposées au Greffe des Etats pour y avoir recours au besoin.

Et la présente délibération a été signée comme dessus.

Dudit jour 26 mai 1779.

Nosseigneurs les Commissaires du Roi ont dit que pour se conformer aux dispositions de l'art. 15 de l'arrêt du Conseil d'Etat du 24 octobre 1772 ils allaient annoncer, dans cette Séance et les suivantes, les ordres de Sa Majesté sur l'objet intéressant de la subvention ;

Que les différentes demandes de la dernière Assemblée qui étaient relatives aux mesures à prendre pour rectifier et perfectionner l'ancienne forme de la subvention en argent, avaient achevé de déterminer le Conseil du Roi à l'abolir pour lui substituer la subvention en nature de fruits, ainsi qu'il avait été ordonné par l'Arrêt du Conseil d'Etat du 23 août 1778 publié et déjà exécuté, mais dont il convenait cependant que l'Assemblée entendît la lecture.

En conséquence de quoi le Greffier en chef ayant lu à haute voix ledit Arrêt, Nosseigneurs les Commissaires du Roi ont dit que l'établissement de la subvention en nature dispensait de toutes recherches ultérieures sur la valeur absolue ou relative des terres, des prés et autres héritages contribuables ;

Que le travail fait en 1775 et 1776 par les Commissaires aux rôles, que les Etats eux-mêmes avaient choisis, les plaintes et les réclamations formées de toutes parts contre ce travail, le projet adopté par les derniers Etats de le faire réformer par trois Commissaires réviseurs, les règles et les exceptions que l'on avait proposées pour guider ces nouveaux Commissaires, sans qu'on pût néanmoins s'en promettre plus de succès que de la Commission qu'ils auraient remplacée : que tout cela ne servait plus qu'à prouver qu'il était temps de prendre un autre parti ;

Qu'en ajoutant à la faveur d'adopter la subvention en nature, celle de la remise accordée par l'article 21 de l'Arrêt du 23 Août, et en abandonnant dix-huit mois d'arrérages pour faire cesser la subvention en argent au premier octobre 1777, l'intention avait été, qu'à compter de cette époque il n'y eût plus de nouveaux rôles à dresser, ni aucune autre opération que celles qui seraient nécessaires pour rectifier les rôles de 1777, soit dans les erreurs qui auraient pu s'y glisser, soit dans les non-valeurs que le temps avait opérées ou fait découvrir ;

Qu'ainsi les rôles pour le recouvrement de l'année échue le premier octobre 1777 ayant été arrêtés et distribués dans le mois de septembre dernier, les Assemblées générales et particulières se trouvaient désormais dispensées et s'abstiendraient absolument de cette recherche et de toute discussion sur la valeur des biens ou sur les facultés des contribuables; que cette observation répondait aux réclamations de toute espèce que contenaient les procès-verbaux des dernières Assemblées Provinciales contre tout ce qui avait été fait jusques-là, pour parvenir à connaître et à saisir les moyens d'établir une juste distribution de l'impôt soit entre les particuliers, soit entre les Provinces.

Dudit jour 26 mai 1779.

Nosseigneurs les Commissaires du Roi ont dit que, malgré l'attention avec laquelle les derniers rôles de la subvention en argent avaient été dressés, il était impossible de supposer qu'ils ne continssent aucune erreur ; qu'il y en avait d'inévitables, mais qu'attendu qu'elles étaient désormais sans conséquence, puisque tout se terminait à cet égard à l'époque du premier octobre 1777, ils étaient autorisés à inviter les Etats à prendre sur la réformation de ces erreurs un parti prompt et décisif, qui coupât court à des plaintes dont la discussion, toujours longue et minutieuse, entraînait plus de frais et d'embarras qu'elle n'offrait de véritables avantages;

Qu'en conséquence il paraissait à propos que les États nommassent un Comité spécialement chargé de vérifier et de redresser les erreurs dont on aura porté plainte, et que ce Comité procédât avec assez de vigilance et d'attention pour qu'on pût mettre fin à ces sortes de réclamations et faire déclarer qu'on n'y reviendrait plus ;

Que les opérations que cette réformation exigera deviendront faciles, au moyen des états que les Communautés ont dû envoyer en exécution de l'Ordonnance de M. l'Intendant, rendue en son absence par le Subdélégué général, le 24 février dernier, et des Instructions arrêtées par les Députés des Douze ; que ces états que le Comité pourra se faire représenter, en lui faisant connaître le montant net de ce qui reste à recouvrer sur toutes les années de la subvention, le mettra à portée de constater la nature et l'objet des erreurs et des non-valeurs sur lesquelles il aura à proposer le parti qui lui paraîtra le plus convenable pour y pourvoir sans retour.

Dudit jour 26 mai 1779.

Nosseigneurs les Commissaires du Roi ont dit qu'indépendamment des non-valeurs qui résulteront du redressement des erreurs que le Comité aura reconnues, il fallait s'attendre à un vide dans le recouvrement par l'insolvabilité de beaucoup de contribuables ;

Que si l'on s'attachait à la rigueur des principes, les non-valeurs resteraient à la charge des Communautés dans les rôles desquelles il y aurait des erreurs ou des insolvables, attendu que c'était l'effet nécessaire de la solidarité entre les habitants d'une même Communauté, suivant les règlements qui établissent la subvention en argent ; mais que cette solidarité, qui était devenue l'objet des représentations de plusieurs Assemblées Provinciales, et notamment des Provinces de Balagne, Bastia et Aleria dans leurs procès-verbaux, pourrait n'être pas strictement exercée, au moyen des facilités que présentait le nouveau plan ;

Que les Etats verraient par ce qui allait leur être annoncé, ce qu'ils seraient les maîtres de délibérer pour la décharge des Communautés ; mais qu'ils devaient commencer par arrêter la manière de constater l'insolvabilité des contribuables ;

Que l'Assemblée Provinciale de Bastia avait proposé un moyen qui paraissait très-admissible et que les Députés des Douze n'avaient pas hésité d'adopter par la lettre instructive qu'ils avaient adressée aux Officiers Municipaux, le 28 février dernier, en exécution de l'Ordonnance souscrite par le Subdélégué général, le 23 du même mois, dont un exemplaire a été remis sur le Bureau des Etats, ainsi que de l'Ordonnance, et que ce moyen consistait à tenir l'insolvabilité pour constante, lorsqu'elle serait certifiée avec serment, tant par les Officiers Municipaux que par le Curé, sous peine de répondre personnellement et solidairement des sommes dues par les prétendus insolvables, dans le cas qu'un certificat ainsi délivré fût reconnu n'être pas sincère.

Dudit jour 26 mai 1779.

Nosseigneurs les Commissaires du Roi ont dit que les Etats avaient demandé avec instance la remise d'une année d'arrérages ; qu'en s'en tenant à cette demande, la subvention en argent aurait dû ne cesser qu'au premier avril 1778 ; que le Roi ayant bien voulu fixer au premier octobre 1777 le terme de cette perception, Sa Majesté avait accordé six mois de remise de plus ;

Que neuf desdites Provinces avaient senti le mérite et l'étendue de ce bienfait ; mais que la seule Province du Nebbio avait demandé qu'il fût fait remise de deux ans, et que la subvention en nature ne fût exigible qu'à compter du premier octobre 1779 ;

Qu'indépendamment du peu de convenance que présentait une pareille demande, considérée en elle-même, elle attaquait dans un point essentiel le plan de la subvention en nature ; qu'on en avait déterminé le commencement à la date du premier avril, parce que c'était communément dans le courant de mars que se terminaient toutes les récoltes qui appartenaient à l'année précédente, et qu'à compter d'avril ou de mai, on commençait les récoltes qui appartenaient à l'année courante ;

Qu'ainsi il ne serait rien changé a une disposition aussi raisonnable et aussi juste.

Dudit jour 26 mai 1779.

Nosseigneurs les Commissaires du Roi ont dit que l'Arrêt du 23 août 1778, n'accordait la remise de dix-huit mois d'arrérages qu'à la condition expresse d'acquitter pour le premier avril de cette année tout le prix de l'abonnement de la subvention jusqu'au premier octobre 1777 ; qu'on était loin d'avoir rempli cette condition, puisqu'il était encore dû actuellement l'abonnement entier de la huitième année ;

Que quoique les Provinces qui étaient les plus en arrière fussent celles qui avaient le moins souffert de l'intempérie des saisons, le Roi voulait bien croire que les mauvaises récoltes avaient été la principale cause des retardements ; qu'en conséquence Sa Majesté, sur la demande des Assemblées Provinciales de Bastia, Ajaccio, Corte, Cap-Corse, Nebbio, et Vico, voulait bien proroger ce délai jusqu'au premier octobre prochain ; mais que la destination qu'elle avait faite des deniers qui devaient en provenir pour subvenir aux dépenses indispensables de l'administration, ne permettait pas de laisser espérer aux Etats que la condescendance sur ce point pût être portée plus loin.

Dudit jour 26 mai 1779.

Nosseigneurs les Commissaires du Roi ont dit qu'après le payement de l'abonnement, le restant des arrérages échus au premier octobre 1777, appartiendrait aux Etats ; que ce serait un objet de cent quatre-vingt-six mille livres ; que si toute cette somme était nécessaire pour acquitter les charges qui restaient dues par le Pays, il faudrait bien chercher à en assurer le recouvrement sans retranchement, rien n'étant plus indispensable pour le Pays que de payer ses dettes ; mais qu'au moyen de la condescendance avec laquelle le Roi avait toléré que toutes les dépenses nationales s'acquittassent journellement sur les premiers produits de la subvention, sans égard au privilège réservé pour le payement de l'abonnement, il était vrai de dire que les dettes du Pays étaient fort réduites, et que toutes ses charges étaient acquittées ;

Qu'après avoir pris sur le profit de l'abonnement ce qui serait nécessaire pour se libérer, il y aurait à régler la disposition qu'il y aurait à faire du surplus;

Que les Etats trouveraient d'abord la facilité de faire droit sur les erreurs et les non-valeurs qui auraient été découvertes dans les rôles, et de s'abstenir d'aucun recours contre les Communautés ; qu'ils seraient les maîtres de faire remise absolue des sommes dont on ne pourrait se procurer le recouvrement qu'en vertu de la solidarité établie de droit entre les contribuables ;

Qu'ils demeuraient également autorisés à accorder sur les bénéfices de l'abonnement des décharges et des modérations aux particuliers et aux Communautés qui seraient reconnues avoir le plus souffert de la mortalité des bestiaux et de la disette des grains dont quelques Provinces de l'Ile avaient été affligées; mais que l'Assemblée générale devait aussi considérer que les avantages particuliers que quelques contribuables retireraient de ces remises et modérations, si elles n'étaient pas fondées sur la plus exacte justice, étaient bien loin de balancer et de remplacer le bien que les Etats pourraient faire, s'ils avaient des fonds à leur disposition pour des établissements publics ;

Que c'était pour mettre le Pays en état de faire des établissements de pépinières, de chemins, de bains publics, de desséchements de marais, de rétablissements de ports, à l'exemple des Etats de Languedoc, que la subvention lui avait été abonnée ; qu'il perdrait tout le fruit de cette grâce, si tout le profit de l'abonnement s'absorbait en remises ;

Que ce qu'il paraissait que l'Assemblée générale pût faire de mieux à cet égard, serait donc de liquider définitivement tout ce qui resterait dû sur les rôles jusqu'au premier octobre 1777, d'en distraire les remises et modérations qui seraient reconnues justes et indispensables, et de s'assurer le recouvrement du surplus dans des termes plus ou moins éloignés, suivant la possibilité des redevables ;

Qu'il était assez naturel de s'attendre que quelques Députés inclinassent à la remise totale de tout ce qui ne serait pas d'une nécessité indispensable pour le payement des dettes et charges du pays ; que c'était une erreur contre laquelle l'Assemblée générale devait se tenir en garde ; qu'un pareil abandon ferait recueillir aux contribuables qui ont affecté de retarder leurs payements, les fruits qu'ils s'étaient promis de cette affectation, et ferait repentir de leur bonne foi ceux qui ont été exacts.

Dudit jour 26 mai 1779.

Nosseigneurs les Commissaires du Roi ont dit qu'après avoir traité tout ce qui concernait la subvention en argent, ils avaient à exposer à l'Assemblée ce qui était relatif à la subvention en nature de fruits ;

Que comme il y avait dans les procès-verbaux des Assemblées Provinciales des demandes qui altéraient le fonds même de cet établissement, il convenait de commencer par les discuter ;

Que de cette classe étaient la proposition de la Province de Balagne qui préférerait la subvention en argent en rectifiant les anciens rôles ;

La proposition de la Province du Nebbio qui voudrait que la contribution de chaque Communauté demeurât invariablement fixée à la somme portée par les rôles, sauf à payer en denrées ; la proposition de la Province de Corte qui laisserait aux contribuables mêmes la liberté de payer en denrées ou en argent, avec l'assurance que leur contribution ne serait jamais augmentée ;

Que quand il y aurait encore à délibérer sur la préférence que mérite la subvention en nature, le vœu de la Province de Balagne seul ne balancerait pas celui des neuf autres Provinces qui ont accueilli cet établissement avec une juste reconnaissance ;

Que l'opinion des Provinces du Nebbio et de Corte tendrait à faire perdre l'espérance que le produit de la subvention pût monter jamais plus haut que ce qu'elle a donné dans les années précédentes ;

Que ce serait une erreur capitale en matière d'impositions, qui devaient toujours être proportionnées, tant aux facultés des contribuables qu'aux dépenses nécessaires pour la protection et la conservation de leurs propriétés ;

Qu'en réduisant la subvention à 180 000 livres, on avait supposé que le vingtième des récoltes du Pays équivaudrait à cette somme, ou ne l'excéderait pas de beaucoup ; que tout ce que la Corse pouvait demander de raisonnable était de ne payer jamais que dans une juste proportion de ses produits ; qu'elle devait avec le temps recueillir trois fois autant qu'elle recueillait aujourd'hui ; que si elle ne payait jamais que la même somme, il arriverait un jour qu'elle ne serait taxée qu'au soixantième de ses récoltes ; qu'ainsi à mesure que son état deviendrait plus prospère, elle payerait moins ; qu'il n'y avait aucun pays en Europe dont l'habitant pût se flatter de ne contribuer que d'un vingtième aux dépenses de l'Etat ;

Que celles qui se font pour la Corse étaient encore bien loin d'être acquittées par ses produits, et qu'il n'en fallait pas tant pour rendre sensible l'impossibilité de faire aucun accueil aux propositions des Provinces de Nebbio et de Corte ;

Que l'idée de laisser aux contribuables le choix de payer en denrées ou en argent, était également inadmissible ; qu'on retomberait dans une confusion plus grande que celle qu'on avait voulu éviter ; que le choix des denrées, leur conservation, leur débit, en multipliant les embarras, les frais et les non-valeurs anéantiraient leurs produits.

Dudit jour 26 mai 1779.

Nosseigneurs les Commissaires du Roi ont dit que les Assemblées Provinciales d'Ajaccio, Bastia, Sartene, Nebbio et Corte avaient réclamé contre l'étendue de la disposition de l'art. 2, de l'Arrêt du 23 août dernier, qui rend contribuables tous les fruits des terres de l'Isle sans aucune distinction ;

Que la Province d'Ajaccio exempterait les terrains incultes que l'on fait défricher, les marais et les étangs que l'on fait dessécher ;

Que la Province du Nebbio exempterait les terres qui sont cultivées à la charge du *terratico* ;

Que la Province de Bastia affranchirait des impositions les bleds de Turquie ;

Que la Province de Sartene ferait la déduction des dixièmes et redevances, ainsi que des frais de culture ;

Qu'enfin la Province de Corte affranchirait, pour cinq ans, les défrichements, et accorderait remise de la moitié de la subvention à ceux qui recueilleraient plus de cent stares de grain ;

Que ce qu'il y avait de plus sensible dans toutes ses demandes était l'affranchissement des terres défrichées et desséchées, rien n'étant plus juste que d'encourager les desséchements par un affranchissement de quelques années, attendu la forte dépense qu'ils exigeaient et l'incertitude du succès ;

Que si la subvention n'était pas une imposition aussi nécessaire et aussi légère, il faudrait étendre cette faveur aux défrichements; mais qu'indépendamment de la certitude de leur produit, le mot de *Défrichement* pourrait devenir très équivoque en Corse ; qu'il s'agissait bien moins d'exciter les cultivateurs à parcourir successivement tous les territoires incultes pour éviter la subvention, que de les fixer sur des terrains déjà cultivés pour en tirer tous les produits qu'ils pourraient donner ;

Qu'il y avait en Corse beaucoup de terres et peu de bras ; qu'on assure que les terres mises en valeur ne recevaient pas encore toute la culture dont elles étaient susceptibles, et qu'il y aurait plus d'inconvénients à leur faire supporter tout le poids de la subvention pour en décharger les terres neuves, qu'à maintenir entre toutes les terres sans distinction une uniformité de charges qui prévenait toute erreur et toute équivoque ;

Que cette réflexion s'appliquait à l'affranchissement demandé de quelques denrées particulières ; qu'il n'y aurait point de terme aux exceptions si l'on en admettait de ce genre, et que si les terres cultivées en bled de Turquie étaient affranchies, on pourrait réclamer avec des raisons aussi plausibles la même faveur pour d'autres cultures ;

Que la déduction des charges, comme la Province de Sartene paraissait l'entendre, serait une déduction juste jusqu'à un certain point, si l'imposition n'était pas rendue légère en considération de ce qu'elle s'exigeait avant aucune déduction ; mais qu'après avoir réduit l'imposition au vingtième par cette considération, ce serait une erreur et un double emploi que d'admettre qu'on l'exigeât seulement sur le produit net ;

Que la proposition d'exempter de la moitié de la subvention ceux qui auraient recueilli plus de cent stares, serait admissible, si elle supposait ou récompensait des efforts constatés pour tirer d'une petite propriété, par une meilleure culture, ce qu'elle n'avait point rendu jusqu'à présent ; mais qu'un grand propriétaire recueillait naturellement cent stares de grain et au delà, qu'ainsi il n'était pas raisonnable de penser à l'affranchir parce qu'il était riche.

D'après ces réflexions, Nosseigneurs les Commissaires du Roi ont déclaré qu'il ne serait rien changé à la disposition de l'Arrêt qui établissait l'universalité de l'imposition, sauf à en affranchir pour cinq ans les marais desséchés.

Dudit jour 26 mai 1779.

Nosseigneurs les Commissaires du Roi ont dit que la disposition de l'Arrêt qui, pour rendre l'imposition uniforme, comme elle était universelle, la fixait au vingtième de toutes les productions, avait donné lieu à des réclamations plus générales et mieux motivées ;

Qu'en fixant la subvention en argent aux deux vingtièmes du produit net, on avait fait par l'Arrêt du 24 octobre 1772, la déduction des frais de culture sur plusieurs denrées ; que sur plusieurs denrées elle était de moitié, de moins sur quelques-unes, et de plus sur d'autres ; que la subvention en nature n'étant que d'un vingtième, supposait déduction de moitié sans distinction sur toutes les denrées ; qu'il fallait convenir que si cette déduction générale de moitié était jusqu'à un certain point désavantageuse aux contribuables, elle tournait au profit de la Nation, puisque l'abonnement de la subvention lui est continué pendant trois années sur l'ancien pied de cent vingt mille livres ;

Que ces trois années étaient précisément le terme des premiers baux ; que si pendant leurs cour, ou à leur expiration, l'expérience faisait connaître des raisons suffisantes de changer les termes de la déduction en l'augmentant sur certaines denrées, en la diminuant sur d'autres et en se rapprochant plus ou moins, suivant l'exigence des cas, de la fixation déterminée par l'Arrêt du 24 octobre 1772, il serait temps alors de prendre un parti définitif; mais que si la fixation nouvelle, loin de profiter au Pays, lui devenait onéreuse, l'intérêt même des contribuables exigerait de laisser les choses comme elles étaient ;

Que ce qu'il y avait de remarquable était que les réclamations les plus fortes tombaient sur les frais de culture du vin, de l'huile, des châtaignes, quoiqu'on n'en ait pas fait contre l'Arrêt du 24 octobre 1772 qui ordonnait la même déduction de moitié sur les vins, et qui la réglait sur un pied moins favorable pour l'huile et pour les châtaignes, puisqu'elle n'est que de treize quinzièmes pour la cueillette et la fabrication des olives, et seulement du tiers pour les châtaignes ;

Qu'ainsi l'Arrêt du 23 août serait exécuté quant à la fixation du vingtième de toutes les productions, sauf à vérifier pendant la durée des premiers baux, les modifications qu'il serait juste d'apporter sur certaines denrées.

Dudit jour 26 mai 1779.

Nosseigneurs les Commissaires du Roi ont dit que l'art. 4 de l'Arrêt du 23 août donnait lieu à la Province du Nebbio de faire une observation sur laquelle l'Assemblée pourrait délibérer ;

Que cet article exemptait de la subvention les arbres fruitiers et les jardins potagers, jusqu'à ce qu'il en fût autrement ordonné ;

Que l'on observait que cette exemption serait onéreuse au corps entier de la Nation en favorisant un genre de production qui était de quelque considération ;

Que si les Etats adoptaient cette observation, comme le Roi leur permettait de le faire, il serait juste et facile d'y faire droit.

Dudit jour 26 mai 1779.

Nosseigneurs les Commissaires du Roi ont dit que les Provinces de Bastia, d'Ajaccio et du Cap-Corse affranchiraient du moins pour un temps, les Cocons qui sont assujettis au vingtième par l'article 5 de l'Arrêt du 23 août ;

Que sans doute ce genre de culture méritait d'être encouragé, qu'aussi le Roi y pourvoyait-il d'une manière particulière par l'établissement des pépinières de mûriers ; mais qu'une fois cette culture établie, s'il y avait une production qui, par l'usage auquel elle était destinée et par la recherche que le commerce en fait, puisse porter le poids d'une imposition quelconque, cette production était la soie ; que les Corses avaient pu la négliger, parce qu'ils n'avaient pas des mûriers, que c'était à leur en procurer en quantité et qualité suffisantes que la bienfaisance du Gouvernement pouvait s'appliquer et s'appliquait en effet ; mais que quand la culture des mûriers serait répandue et accréditée, personne ne serait retenu de faire de la soie par la crainte d'une imposition légère, et que le vingtième n'était pas capable d'en détourner le commerce.

Dudit jour 26 mai 1779.

Nosseigneurs les Commissaires du Roi ont dit que l'article 6 de l'Arrêt du 23 août rencontrait de la part des Provinces d'Ajaccio, Aleria et Balagne des objections qui étaient dignes d'attention ;

Qu'il assujettissait les propriétaires à avertir les Préposés de la subvention vingt-quatre heures avant d'enlever leurs récoltes ; que ces Provinces observaient que cela serait impraticable pour la levée des châtaignes et des olives qui se faisait journellement, et qu'il paraissait nécessaire d'y pourvoir ;

Que Sa Majesté permettait aux Etats d'en délibérer et autorisait les Commissaires à ordonner par provision ce qui leur paraîtrait juste et pressant sur cet objet ; qu'il semblerait, comme une Province l'observait, qu'on pourvoirait à tout, en prenant le vingtième des châtaignes, quand elles sont sèches et en état d'entrer dans le commerce, et le vingtième de l'huile quand elle est fabriquée.

Nosseigneurs les Commissaires du Roi ont ajouté que depuis la passation des baux de la subvention en nature, il leur parvenait journellement des représentations et observations de la part des adjudicataires sur cette matière ; qu'ils auraient soin de les faire remettre au Comité que l'Assemblée générale chargerait sans doute de l'examen des moyens à employer pour éviter toute difficulté dans la levée du vingtième en nature, afin que le projet d'instruction que les Etats ont à leur proposer contienne les dispositions convenables sur tous les cas.

Sur quoi les Etats, ayant témoigné le sentiment de leur profond respect et de leur reconnaissance de tout ce qui vient de leur être annoncé de la part de Sa Majesté, ont promis de fixer toute leur attention sur les objets relatifs à la subvention pour profiter de tous les avantages que l'extrême bonté du Roi a bien voulu procurer à la Province par la nouvelle forme d'imposition et les gracieuses remises faites pour le soulagement de la Corse.

Et la présente délibération a été signée comme dessus.

Dudit jour 26 mai 1779.

Après que Nosseigneurs les Commissaires du Roi se sont retirés, Mgr l'Evêque Président a dit que dans toutes les précédentes Assemblées des Etats il a été élu une Délégation composée d'un certain nombre de Députés de diverses Provinces, conjointement aux deux Membres de la Commission des Douze et du Greffier en chef des Etats, pour examiner et diriger les matières qui se proposent dans l'Assemblée, et s'occuper de la recherche des moyens les plus prompts et les plus sûrs pour satisfaire aux demandes de Sa Majesté, afin qu'on puisse, après le rapport préalable de cette Délégation, prendre méthodiquement et plus sûrement les délibérations les plus convenables à l'avantage et au profit du Pays ;

Que l'élection de cette Assemblée particulière devient d'autant plus nécessaire, que les matières dont l'Assemblée générale doit s'occuper cette année sont très multipliées ;

Que néanmoins le Comité ne doit pas perdre de vue la disposition de l'art. 13 de l'Arrêt du Conseil d'Etat du Roi relatif aux Assemblées générales et particulières de la Nation Corse qui restreint les opérations aux calcul, examen et détail des matières, principes et règles qui ont été déjà proposées et adoptées par l'Assemblée générale; sur quoi il a été unanimement arrêté, que la Délégation se ferait, et qu'elle serait composée d'un de Nosseigneurs les Evêques qui y présiderait, d'un Député de chaque Province et des deux Membres de la Commission des Douze.

Ensuite ayant été procédé à la nomination de Mgr l'Evêque et de MM. les Députés, le choix en a été fait de la manière suivante, savoir :

Pour Nosseigneurs les Evêques : Mgr de Santini.
Pour les Provinces :
    de Bastia . . MM. Gio. Quilico de Casabianca.
    d'Ajaccio. . . . . . Charles-Antoine Olivier, Piévan.
    de Sartene . . . . . Trani, Curé de Bonifacio.
    de Balagne. . . . Belgodere.
    d'Aleria. . . . . . Piévan Marchetti.
    de Corte . . . . . Piévan Battestini.
    de Nebbio . . . . Jérôme de Morlas.
    de Cap-Corse. . . Paul Mattei.
    de Calvi . . . . . De Castelli.
    de Vico. . . . . . De Benedetti.

Lesquels sujets élus et nommés pour ladite Députation par l'Assemblée générale, devront s'occuper ensemble avec zèle et attention de tous les objets qui seront envoyés à leur examen pour faire les rapports et observations qui pourront être utiles pour faciliter les délibérations des Etats. Il a encore été arrêté que les Députés élus comme dessus devront s'assembler tous les jours à huit heures du soir dans la maison de Mgr de Santini.

Et la présente délibération a été signée comme dessus, ainsi que par Mgr l'Evêque Président.

Dudit jour 26 mai 1779.

Mgr Doria, Evêque Président, a dit que personne n'ignorait la misère que la Corse avait éprouvée pendant les derniers mois par la stérilité des récoltes ;

Que l'indigence était sur le point de produire les événements les plus funestes, si la bienfaisance du Roi n'y eût aussitôt remédié de la manière la plus sensible ;

Que les secours reçus et qui se prodiguent journellement étant une nouvelle preuve de la libéralité Royale et de toute la part que le cœur paternel du Roi prend à nos infortunes, ils deviennent un nouveau motif d'amour et de reconnaissance envers un Souverain aussi cher et aussi digne de l'être ;

Que ce témoignage universel d'amour et de tendresse a été autant efficace que flatteur pour la Corse, parce qu'il a été donné dans des circonstances où le trésor public avait plus de raison de modérer ses dépenses ;

Que la Députation à la Cour devrait être chargée de manifester les sentiments dont la Corse est pénétrée pour une grâce aussi signalée ;

Que pour ne point apporter le moindre retard au témoignage de sentiments aussi justes, il conviendrait de prier Mgr Necker, Directeur général des Finances, de daigner les faire promptement parvenir aux pieds du Trône de Sa Majesté ;

Que cette prière devrait être accompagnée d'un respectueux remerciement audit Seigneur Directeur général, en le suppliant d'agréer la commune reconnaissance de ses tendres soins auxquels la Corse est redevable d'un secours aussi signalé.

Après quoi la matière mise en délibération, les Etats ont dit que Mgr l'Evêque Président ne pouvait mieux interpréter les sentiments dont cette Province est pénétrée pour la nouvelle grâce que Sa Majesté avait daigné lui accorder en venant à son secours, qu'en consacrant la première délibération des Etats au témoignage de ceux que la Députation à la Cour devait manifester dans toute leur étendue; mais que pour que les expressions de la reconnaissance commune n'éprouvent aucun retard, Mgr Necker, Directeur général des Finances, serait supplié de vouloir bien être l'organe des Etats pour les faire parvenir promptement jusqu'aux pieds du Trône du Souverain ;

Qu'à cette prière on ajouterait les plus vifs remerciements et les assurances de la plus sincère reconnaissance envers ledit Seigneur Necker, aux soins duquel on doit le généreux secours qui est venu tirer la Corse de l'extrême disette qui l'affligeait.

Il a été aussi délibéré qu'on écrirait audit Seigneur Necker Directeur général, une lettre de la teneur suivante :

MONSEIGNEUR,

La Corse ne s'est jamais trouvée dans une disette aussi extrême que celle à laquelle elle s'est vue exposée cette année.

L'état de misère où le peuple se voyait réduit pénétrait de pitié et d'affliction toutes les âmes sensibles.

Les secours que la généreuse libéralité de Sa Majesté a si promptement procurés ne pouvaient être ni plus nécessaires ni plus efficaces, puisqu'ils ont pourvu à l'indigence des misérables et ont calmé les inquiétudes de tous les bons patriotes qui l'envisageaient avec peine.

Cette nouvelle marque de la munificence Royale a rempli nos cœurs de joie et nous a fait connaître combien est grand le bonheur de vivre sous la domination et la protection du meilleur des Rois.

Nous ne pouvons en donner une preuve plus authentique qu'en consacrant notre première délibération à manifester la juste reconnaissance qui nous anime.

La Députation à la Cour sera chargée de faire agréer dans toute leur étendue les sentiments qu'inspire une continuité de grâces aussi signalées; mais comme le moindre délai à en tracer les expressions coûterait trop à nos cœurs, nous vous prions, Monseigneur, de daigner être notre organe et de les faire arriver jusqu'aux pieds du Trône de Sa Majesté.

Nous n'ignorons point, Monseigneur, que nous devons à vos tendres soins l'approvisionnement que la main secourable de notre Auguste Souverain a daigné procurer à cette Isle.

Ce généreux secours a été aussi avantageux que flatteur pour la Corse.

Nous vous en faisons au nom de notre patrie les plus respectueux remerciements auxquels nous ajoutons la reconnaissance la plus sincère et la plus tendre.

Nous réclamons la continuation de vos bontés en faveur de cette Province disposée à faire tous ses efforts pour les mériter.

Nous avons l'honneur d'être avec respect

MONSEIGNEUR,

Vos très humbles et très obéissants serviteurs, etc.
Bastia, le 26 mai 1779.

Après quoi la Séance a été remise à demain, vingt-sept du courant à neuf heures du matin.

Et la présente délibération a été signée par Nosseigneurs les Evêques et MM. les Députés qui ont signé toutes les autres de ce jour.

A Bastia, les jour, mois et an susdits.

Signés, etc.

Séance du 27 mai 1779.

Nosseigneurs les Commissaires du Roi, Nosseigneurs les Evêques et MM. les Députés, ci-devant dénommés, s'étant rendus à la salle d'Assemblée, Nosseigneurs les Commissaires du Roi ont dit que la Province du Cap-Corse ajouterait aux précautions prises par l'article 7 de l'Arrêt, pour prévenir toute discussion entre les percepteurs de la subvention et les contribuables, que ceux-ci auraient le droit de demander un certificat du percepteur pour constater qu'il a été averti à temps de la levée des récoltes ;

Que le Roi approuvait que les Etats examinassent jusqu'à quel point cette précaution pourrait être nécessaire.

Nosseigneurs les Commissaires du Roi ont ajouté que les adjudicataires de la subvention avaient déjà élevé des doutes sur l'exécution de plusieurs articles de l'Arrêt et des clauses de leur adjudication ; que d'ailleurs prévoyant la nécessité d'établir des règles sur la perception de la subvention en nature dans les Communautés pour lesquelles il ne s'était point présenté d'adjudicataires, ils avaient demandé aux Députés des Douze de leur proposer par provision celles qui leur paraîtraient convenables d'arrêter; qu'ils remettaient aux Etats pour l'examiner le projet d'instruction proposé par les Députés des Douze, et qu'ils feraient successivement remettre au Comité les différentes questions sur lesquelles

les adjudicataires avaient demandé et demanderaient des décisions pour faire à l'Assemblée générale, dans le travail dont elle l'a chargé, telles observations qu'il jugerait à propos à cet égard, pour déterminer par elle les points sur lesquels Sa Majesté autorisait ses Commissaires à prononcer.

Et comme il est également nécessaire que les Etats ayent connaissance des clauses et conditions imposées aux adjudicataires, Nosseigneurs les Commissaires du Roi ont également remis un modèle imprimé des procès-verbaux d'adjudication contenant lesdites clauses et conditions, telles qu'elles ont été arrêtées d'après les propositions et observations des Députés des Douze.

Dudit jour 27 mai 1779.

Nosseigneurs les Commissaires du Roi ont dit que six Provinces avaient réclamé contre la quotité de la taxe à laquelle l'article 8 de l'Arrêt assujettissait les bestiaux ;

Qu'on paraîtrait désirer que la taxe des chèvres fût plus forte et que celle des vaches fût diminuée.

Que Sa Majesté trouvait cette observation très-digne d'être accueillie, en ce qu'il paraissait juste d'employer tous les moyens d'encourager la propagation des bestiaux utiles à l'agriculture et d'arrêter en même temps celle des bestiaux qui y sont nuisibles, que sur cet objet le Roi permettait aux Etats de former les demandes qu'ils jugeraient à propos pour y avoir tel égard que de raison.

Dudit jour 27 mai 1779.

Nosseigneurs les Commissaires du Roi ont dit que l'Assemblée Provinciale de Calvi demandait que l'exemption accordée aux propriétaires pour les herbages qu'ils feraient consommer par leurs bestiaux, s'étendît aux herbages qu'ils mettraient dans le commerce ;

Que cette disposition n'ayant point été comprise dans l'article 9 de l'Arrêt, une pareille extension ne présentait pas de grands inconvénients ; l'usage de nourrir des bestiaux au sec, et par conséquent de mettre les fourrages dans le commerce, étant un usage fort étendu, et qu'il serait bon d'encourager ;

Que Sa Majesté permettait en conséquence aux Etats d'en délibérer.

Dudit jour 27 mai 1779.

Nosseigneurs les Commissaires du Roi ont dit que l'Assemblée du Cap-Corse demandait que la subvention des bestiaux devant être payée en deux termes, l'un au premier septembre, l'autre au premier février, elle tombât sur les bestiaux existants à ces deux époques, sans qu'elle pût être exigée pour les bestiaux morts ou vendus dans l'intervalle d'un paiement à l'autre ;

Que cette demande était juste; que c'était le propriétaire actuel qui devait la subvention des bestiaux qu'il avait achetés, et qu'on ne devait rien des bestiaux qui n'existaient plus.

Dudit jour 27 mai 1779.

Nosseigneurs les Commissaires du Roi ont dit que les Provinces de Sartene et de Corte inclineraient à simplifier, ou à modifier la subvention ordonnée par l'article 11 de l'Arrêt sur la pêche dans les lacs, étangs et rivières et sur les forges et usines ;

Que le Roi ne voyait aucune raison de rien changer à cet article.

Dudit jour 27 mai 1779.

Nosseigneurs les Commissaires du Roi ont dit que les Provinces de Balagne, de Bastia et du Cap-Corse désireraient que les Communautés fussent préférées aux Adjudicataires, en offrant les mêmes conditions qu'eux, sous le cautionnement des Officiers Municipaux et des plus notables habitants ;

Que si on avait donné cette ouverture aux Communautés, les enchérisseurs auraient été bientôt écartés ;

Que les Communautés adjudicataires en corps sont rarement présumées bien faire leurs affaires, puisqu'elles mettent elles-mêmes leurs revenus à l'enchère ;

Que ces deux considérations se réunissaient pour rendre inadmissible une proposition dont le motif était plausible, mais dont l'effet était manqué ;

Que ce qui achevait de prouver l'inconvénient de laisser les adjudications aux Communautés était la proposition faite par la Province du Cap-Corse de s'abstenir de procéder aux enchères, afin, a-t-elle dit, d'éviter les frais prévus par l'article 15 de l'Arrêt; qu'en conséquence elle pensait qu'on pourrait se contenter de la soumission de chaque Communauté pour la somme qu'elle offrirait de payer ;

Que c'était des enchères qu'on pouvait attendre les lumières nécessaires sur la véritable valeur de la subvention et l'assurance d'en retirer, au profit du Roi et des Etats, un produit successivement proportionné à la régénération du Pays ; que la proposition de s'en rapporter aux soumissions des Communautés, ne faisait que ramener celle de rendre invariable la fixation actuelle de la subvention, ce qui était contraire à tous les principes.

Après quoi l'Assemblée générale, ayant déclaré son entière soumission aux intentions qui viennent d'être annoncées de la part de Sa Majesté, a promis de s'occuper avec tout le zèle et l'empressement possible de tout ce qui peut contribuer à l'arrangement et à la simplicité de la nouvelle forme d'imposition pour assurer à la Corse les avantages que l'Arrêt du 23 août dernier a eu pour objet de lui procurer.

Et la présente délibération a été signée tant de Nosseigneurs les Commissaires du Roi que de Nosseigneurs les Evêques Doria et Guasco ; par MM. Costa et Olivieri, Piévans ; Xavier de Casabianca et de Varese, Nobles ; Valentini et Filippi, Députés du Tiers Etat.

A Bastia, les jour, mois et an susdits.

Signés, etc.

Dudit jour 27 mai 1779.

Nosseigneurs les Commissaires du Roi ont dit que la Province de Bastia avait demandé que les Piévans et les Curés fussent exempts du droit de dépouille qui s'exige à leur mort au profit de la Chambre Apostolique ;

Que cette demande avait besoin d'être expliquée ; que la Province a promis de le faire par un mémoire que l'intention du Roi était qu'il fût fourni à ses Commissaires pour l'adresser à Sa Majesté, qui pourrait prendre cette affaire en considération ;

Qu'en conséquence les Etats étaient invités à se faire représenter le procès-verbal de la dernière Assemblée Provinciale de Bastia pour engager le plus ancien des Piévans Députés à rédiger le mémoire sur cette question intéressante, ainsi qu'il en avait été délibéré.

Dudit jour 27 mai 1779.

Nosseigneurs les Commissaires du Roi ont dit que la Piève de Pino, Province de Calvi, avait demandé des secours pour rétablir l'Eglise de Lunghignano qui était interdite ;

Qu'il avait déjà été déclaré aux Etats derniers, à l'occasion d'une pareille demande, qu'il fallait se conformer aux règles prescrites par les articles 11 et 23 de l'Ordonnance du mois de septembre 1769 sur la Jurisdiction Ecclésiastique ;

Que Sa Majesté chargea alors ses Commissaires d'annoncer aux Etats que si l'exécution de cette Ordonnance rencontrait quelque difficulté, à raison des usages du pays, ou de quelque titre particulier, les parties intéressées devaient se pourvoir par les voies de droit ; et que si les usages du pays conférés avec les dispositions de l'Ordonnance exigeaient de revenir sur cette matière, les Etats pourraient charger les Jurisconsultes qu'ils avaient nommés pour donner des mémoires sur la législation, d'en rédiger un sur cet objet.

Dudit jour 27 mai 1779.

Nosseigneurs les Commissaires du Roi ont dit que la Pièvre d'Ostriconi, Province de Balagne, avait demandé que le Séminaire de Bastia fût tenu de recevoir trois sujets de la Pièvre, comme il y était obligé, pour raison des dixièmes qu'il percevait, ou d'employer ce qu'il en coûterait pour l'entretien de ces trois sujets, aux réparations des Eglises de la Pièvre, ou à y établir une école pour les enfants ;

Que la Pièvre du Niolo de la Province de Corte avait aussi demandé que M. l'Evêque d'Aleria fût tenu de se conformer, relativement à son Séminaire, à ce qui a été ordonné par le Bienheureux Sauli ;

Qu'il était juste que les fondations faites aux Séminaires de Bastia et d'Aleria fussent acquittées ; que Sa Majesté avait déjà fait annoncer en 1777 aux Etats que les parties intéressées devaient établir leurs demandes par titres, et qu'elles pouvaient se pourvoir par les voies de droit pour obtenir justice auprès des Tribunaux qui devaient en connaître ; qu'en conséquence elle chargeait ses Commissaires de faire cette réponse à ces deux demandes.

Dudit jour 27 mai 1779.

Nosseigneurs les Commissaires du Roi ont dit que la même Pièvre de Niolo a demandé que M. l'Evêque d'Aleria fût tenu de se conformer dans la taxe de son Greffe à la bulle d'Innocent onze.

Ils ont observé que cette demande avait été portée dans plusieurs Assemblées ; que Sa Majesté avant de juger définitivement si elle était admissible, les chargeait de demander une expédition de la bulle, ainsi qu'un extrait du tarif des droits qui se perçoivent au Greffe de l'Evêché d'Aleria, afin qu'elle pût statuer en connaissance de cause sur cette affaire.

En conséquence, pour se conformer aux intentions du Roi, ils ont invité M. le Chanoine Felce, grand Vicaire de M. l'Evêque d'Aleria et son représentant aux Etats, de leur remettre une expédition de la bulle d'Innocent onze et l'extrait du tarif des droits perçus au Greffe de l'Evêché d'Aleria, pour faire passer ces deux pièces au Ministre.

Dudit jour 27 mai 1779.

Nosseigneurs les Commissaires du Roi ont dit que la même Piève de Niolo a demandé que M. l'Evêque d'Aleria ne pût envoyer de Vice-Curés dans les Paroisses que du consentement des Curés, et qu'il se conformât de point en point aux dispositions des Sacrés Canons par rapport aux frais de visite dans son Diocèse ;

Que ces plaintes étaient trop vagues et n'exprimaient pas suffisamment les motifs qui en faisaient l'objet ; que c'était à la Piève de Niolo à les expliquer et les particulariser ; qu'au surplus si des Evêques pouvaient abuser, en quelques circonstances, de l'exercice de leur juridiction, c'était à M. le Procureur général du Conseil Supérieur de Corte, chargé de veiller au maintien de la discipline, que les parties intéressées devaient se pourvoir pour se faire rendre la justice qui leur serait due.

Dudit jour 27 mai 1779.

Nosseigneurs les Commissaires du Roi ont dit que la Piève de Castello, Province de Corte, a demandé qu'il fût érigé un Evêché à Corte, en démembrant celui d'Aleria qui était trop étendu ;

Que le Roi avait déjà fait déclarer aux Etats que l'érection des Evêchés ou d'un Archevêché dans l'Isle était une affaire d'un ordre supérieur qui ne pouvait pas être traitée dans une Assemblée nationale ; qu'il n'appartenait qu'à Sa Majesté d'examiner en quoi pouvaient consister les besoins de ses sujets en pareil cas, et d'y pourvoir ainsi qu'elle le jugerait à propos.

Dudit jour 27 mai 1779.

Nosseigneurs les Commissaires du Roi ont dit que la Province d'Ajaccio a demandé que Sa Majesté voulût bien faire rendre compte aux Administrateurs du Séminaire et faire contraindre Mgr l'Evêque d'Ajaccio de payer ce qu'il doit à cette fondation ;

Que cette demande regardait la Justice ordinaire ; que la Piève d'Ajaccio devait s'adresser à M. le Procureur général du Conseil Supérieur pour qu'il oblige les Admnistrateurs du Séminaire à rendre leurs comptes et Mgr l'Evêque à payer ce qu'il pouvait lui devoir.

Dudit jour 27 mai 1779.

Nosseigneurs les Commissaires du Roi ont dit que la Province de Sartene a demandé qu'il plût à Sa Majesté d'obtenir du Saint Père que les Evêques de Corse pussent accorder les dispenses de mariages entre parents au troisième et au quatrième dégrés, attendu que l'expérience faisait connaître les grands scandales du retard que l'on éprouve avant d'obtenir ces dispenses à Rome ;

Que Sa Majesté ne pouvait prendre aucun intérêt à cette demande, qu'après qu'on lui aurait fait connaître en quoi consistait la jurisdiction gracieuse des Evêques en Corse et jusqu'à quel point s'étendait leur autorité.

Nosseigneurs les Commissaires du Roi ont déclaré qu'en conséquence le Roi les chargeait de demander aux Etats un mémoire circonstancié sur cet objet, ainsi que sur tous les points de discipline qui sont en usage dans l'Isle, et que Sa Majesté se proposait d'y donner une attention particulière ; qu'ils engageaient les Etats à s'en occuper pendant la présente Assemblée, et à leur remettre le mémoire qu'ils avaient ordre de leur demander.

Après quoi la matière mise en délibération, il a été arrêté que tous les objets qui sont relatifs aux affaires Ecclésiastiques seront remis à l'examen d'une Délégation composée de sujets Ecclésiastiques qui sera nommée à cet effet, afin que l'Assemblée générale puisse, à l'aide des lumières de ce Comité, faire les représentations respectueuses qu'on croira nécessaires pour l'éclaircissement des matières, et pour l'utilité et le bon ordre de cette partie d'Administration.

Et la présente délibération a été signée comme dessus.

Dudit jour 27 mai 1779.

Après que Nosseigneurs les Commissaires du Roi se sont retirés, Mgr l'Evêque Président a dit que l'Assemblee générale ayant délibéré de remettre à une délégation Ecclésiastique les affaires relatives à l'Eglise qui ont été et pourront être proposées pendant la tenue des Etats, il serait nécessaire de procéder à la nomination des sujets qui doivent la composer, afin qu'on puisse plus promptement profiter de leurs lumières et de leurs observations.

Sur quoi la matière mise en délibération, les Etats délibérant ont arrêté que le Comité sera élu et composé de seuls Ecclésiastiques, et qu'il sera présidé par un de MM. les Evêques.

Ensuite ayant été procédé à la nomination desdits sujets, le choix est tombé sur Mgr Guasco, Evêque de Sagone, et de MM. Felce, Vicaire général d'Aleria ; Casabianca, Piévan de Casinca; Poli, Piévan de la Mezzana ; Pianelli, Piévan d'Arbellara ; Bartoli, Piévan d'Ostriconi ; Turchini, Piévan de Bozio ; Casabianca, Piévan de Patrimonio; Ogliastri, Piévan d'Olcani ; Antonetti, Piévan de Calvi, et de Luca, Prévost de Renno.

A laquelle Délégation seront communiqués tous les objets Ecclésiastiques qui ont été, et pourront être proposés à l'Assemblée Générale pour être examinés et fournir les mémoires nécessaires pour l'éclaircissement des matières respectives.

Et il a été arrêté que cette Délégation devra s'assembler tous les jours dans la maison de Mgr Guasco, à huit heures du soir.

Après quoi la séance a été renvoyée à demain, vingt-huit du présent mois, à neuf heures du matin.

Et la présente délibération a été signée par Mgr l'Evêque Président et par Nosseigneurs les autres Evêques, MM. les Piévans et Députés qui ont signé les précédentes de ce jour.

A Bastia, les jour, mois et an susdits.

Signés, etc.

Séance du 28 mai 1779.

Nosseigneurs les Commissaires du Roi, Nosseigneurs les Evêques, MM. les Piévans et Députés, ci-devant nommés, s'étant rendus à la salle d'Assemblée, Nosseigneurs les Commissaires du Roi ont dit que le Roi avait abandonné pour le logement des Troupes la disposition des maisons qui appartiennent au Domaine et dont on n'a point encore fait de disposition ; que les Etats étaient restés les maîtres de les employer à cet usage sans en payer aucun loyer ; mais qu'il est de toute justice qu'ils prennent ces maisons telles qu'elles sont, et qu'ils y fassent les réparations nécessaires, si cela leur convient ;

Qu'ils ont demandé que le Gouvernement fasse faire ces réparations et que leur obligation fût réduite à payer dix pour cent du loyer dont on leur faisait remise, parce qu'ils payaient, pour le même objet, dix pour cent en sus du loyer, aux particuliers dont les maisons étaient occupées par les soldats ;

Que cette proposition n'était pas équitable ;

Que le Roi ne recevant rien pour les maisons du Domaine, elles ne devaient donner lieu à aucune dépense de la part de Sa Majesté ; qu'elle voulait bien les abandonner aux Etats telles qu'elles étaient ;

Que quand ils payeraient pour les réparations cinquante

ou même quatre-vingt pour cent de ce qu'elles valent de loyer, ils y gagneraient encore ;

Que s'ils n'y trouvaient aucun avantage, ils étaient les maîtres de les laisser.

Nosseigneurs les Commissaires du Roi ont ajouté que ce raisonnement s'appliquait aux bâtiments qui appartenaient aux Couvents et qui étaient occupés par les troupes ;

Que les Ordres Religieux avaient déclaré qu'ils renonceraient à tous les loyers et que leur proposition avait été accueillie avec reconnaissance ; qu'aujourd'hui on voudrait les charger des réparations des mêmes bâtiments en leur payant dix pour cent du loyer auquel ils auraient droit, s'ils n'en avaient pas fait l'abandon ;

Que cela ne serait pas raisonnable ; que les Couvents qui ne voulaient pas y gagner ne devaient pas y perdre.

Dudit jour 28 mai 1779.

Nosseigneurs les Commissaires du Roi ont dit que les deux propositions sur lesquelles ils venaient de faire connaître les intentions de Sa Majesté, signifiaient seulement que la répartition, ci-devant établie entre les corps, les propriétaires et les Etats pour les réparations grosses et menues des maisons occupées par les troupes, ne s'exécutait pas encore avec toute l'exactitude requise ;

Qu'il était de principe que les dégradations qui pouvaient être imputées à la troupe et n'être imputées qu'à elle, devaient être réparées à ses frais ; que le moyen de faire observer cette règle était de constater par un procès-verbal l'état d'une maison, lorsque la troupe y entrait, et par un autre procès-verbal l'état dans lequel elle la laissait en en sortant ;

Que l'effet de ce moyen dépendait de plusieurs circonstances qui exigeaient sans doute des précautions particulières, et qu'il allait être pris des mesures pour l'exécution précise de cette disposition.

Nosseigneurs les Commissaires du Roi ont ajouté qu'on avait pensé à établir un ou deux Commissaires pour vérifier journellement l'état des bâtiments occupés par les troupes, et en faire faire les réparations aux frais de qui il appartiendrait ;

Que les Etats derniers avaient demandé que le traitement de ces Commissaires ou Inspecteurs aux casernes fût à la charge du Roi ;

Que cela ne pouvait pas être ; que le logement des troupes était une charge du pays ; que l'établissement d'un ou deux Inspecteurs ayant pour objet d'en diminuer la dépense en faisant faire les réparations à temps, tout le fruit de leur vigilance et de leurs soins serait pour le pays ;

Que si les Etats reconnaissaient l'utilité de cet établissement, Sa Majesté leur permettait d'en délibérer.

Dudit jour 28 mai 1779.

Nosseigneurs les Commissaires du Roi ont dit que les Etats avaient demandé qu'il fût fait une liquidation des sommes dues par les Provinces, tant pour les maisons occupées par les propriétaires, que pour les maisons louées, et que les produits de cette imposition, à mesure du recouvrement, fussent distribuées par préférence pour le loyer des maisons occupées par les troupes dans les Provinces qui avaient été les plus exactes à payer;

Que rien n'était plus juste que de pareilles propositions ;

qu'aussi rien, de la part du Gouvernement, ne s'opposait à leur succès ; que c'était dans le Bureau de la Nation que se faisaient les rôles pour le recouvrement ; que quant aux ordonnances pour la distribution, il paraissait qu'on y avait mis beaucoup de suite depuis les derniers Etats, puisque suivant le Journal de la Caisse de cette imposition, dont le Trésorier avait eu soin de remettre tous les mois une copie aux Députés des Douze, on voyait qu'au premier Mai, il était rentré soixante-six mille livres et qu'on en avait distribué soixante-quatre mille.

Nosseigneurs les Commissaires du Roi ont observé que l'Assemblée aura incessamment sous les yeux les comptes du Trésorier ; qu'elle les fera vérifier, et que s'ils donnent lieu à quelques observations ultérieures, elle en fera mention dans son procès-verbal.

Après quoi la matière mise en délibération, les Etats ont dit que la partie d'administration qui mérite le plus d'attention et d'éclaircissement est celle qui concerne l'imposition des logements militaires ; qu'ils connaissent toute la nécessité de s'en occuper sérieusement ; mais que pour le faire avec succès, toutes les matières relatives à cet objet seront renvoyées à l'examen de la Députation à laquelle préside Mgr l'Evêque de Nebbio, pour être à portée de prendre en conséquence les délibérations qui seront les plus nécessaires pour établir le bon ordre et la clarté qu'on désire.

Et la présente délibération a été signée tant par Nosseigneurs les Commissaires du Roi que par Mgr Santini, Evêque du Nebbio ; MM. Felce, Vicaire général d'Aleria ; Trani et Pianelli, Piévans ; de Cuttoli et Colonna d'Ornano, Nobles ; Pietri et Ferri Pisani, Députés du Tiers-Etat.

A Bastia, les jour, mois et an susdits.

Signés, etc.

Dudit jour 28 mai 1779.

Monseigneur de Santini, Evêque du Nebbio, a dit qu'hier au soir le Comité auquel il préside a commencé à porter son attention sur les divers objets relatifs à la subvention ;

Qu'il a reconnu que, pour les approfondir et traiter convenablement ceux qui concernent la subvention en deniers cessée au premier octobre 1777, il était nécessaire d'avoir les rôles des paiements et de la dette des Provinces, Piéves, Paroisses respectives, ainsi que des contribuables ; que quoique M. l'Intendant ait ordonné et que le Bureau des Etats ait sollicité que ces rôles fussent remis, la remise n'en était point encore entièrement faite ;

Que sans eux il est difficile de connaître quelles sont les sommes dues pour les sept années, et celles qu'il est nécessaire d'exiger pour satisfaire à la dette nationale ; qu'il faudrait chercher un moyen prompt et efficace pour pourvoir à cet inconvénient ;

Que le plus sûr serait d'écrire promptement aux Trésoriers des Provinces dans lesquelles il y a des Communautés en débet, d'engager les Officiers Municipaux respectifs à remettre dans un court espace de temps déterminé les rôles demandés, et que, s'ils ne le faisaient pas, il serait envoyé un Commissaire pour la confection d'iceux aux frais des Communautés qui seront en retard.

Après quoi la matière mise en délibération, les Etats, applaudissant à la proposition de Mgr l'Evêque du Nebbio, ont arrêté que MM. des Douze et le Greffier en chef des Etats écriront aux Trésoriers des Provinces pour demander les rôles qui n'ont point été fournis par leurs Communautés respectives qui doivent encore des arrérages, en leur faisant sentir combien il serait convenable et utile que ces rôles arrivassent ici, avant la séparation des Etats, pour pouvoir connaître la justice des décharges qu'on sollicite, et de leur annoncer que, si dans le délai de quarante jours pour les Communautés d'en-delà des monts, et de vingt jours pour celles d'en-deçà, à compter du jour qu'elles auront reçu l'avis, ils n'ont point remis au Bureau les rôles du débet des sept années, il sera envoyé des Commissaires pour former ce travail aux frais des personnes ou Communautés qui auront manqué à remettre lesdits rôles au temps marqué ; les Commissaires feront un procès-verbal qui sera remis au Bureau des Etats pour être statué suivant les formes accoutumées.

Et la présente délibération à été signée comme dessus.

Dudit jour 28 mai 1779.

Monseigneur l'Evêque du Nebbio a dit qu'il n'y avait rien de plus nécessaire que d'avoir un état distinct de tout ce que la Nation doit au Roi jusqu'à ce jour pour tout objet quelconque ;

Que cela exige un long et sérieux examen ; que cette connaissance est nécessaire avant de pouvoir délibérer sur la quantité qu'on devra exiger sur les arrérages des sept années précédentes ;

Que pour n'apporter aucun retard aux opérations dont la Délégation est chargée, il est indispensable de demander cet état sans lequel on ne peut terminer aucun travail.

Sur quoi la matière mise en délibération, les Etats ont arrêté qu'on demanderait à M. Gautier, Trésorier général, l'état de toutes les dettes de la Corse envers le Roi jusqu'à ce jour, et qu'il serait remis pour ce soir, s'il était possible, au Bureau des Etats.

Après quoi la séance a été renvoyée à demain, vingt-neuf du courant, à neuf heures du matin,

Et la présente délibération a été signée comme dessus.

A Bastia, les jour, mois, et an susdits.

Séance du 29 mai 1779.

Nosseigneurs les Commissaires du Roi, Nosseigneurs les Evêques et MM. les Députés, ci-devant dénommés, s'étant rendus à la Salle de l'Assemblée, Nosseigneurs les Commissaires du Roi ont dit que, désirant d'écarter de l'Assemblée générale tout ce qui pouvait en altérer la tranquillité et distraire les esprits du soin qu'ils devaient donner aux affaires, ils avaient pensé qu'il convenait que les Etats employassent cette Séance à la nomination des Députés à la Cour, afin que les Membres de cette Assemblée, débarrassés de toutes sollicitudes à cet égard, ne fussent plus occupés que des intérêts du Pays dans les délibérations où ils auraient à donner leur vœu.

Ils ont en conséquence annoncé que l'Assemblée, aussitôt qu'ils seraient retirés, procéderait, dans cette Séance, par la voie du scrutin et avec les formalités que le Roi voulait qu'on suivît pour toutes les élections, au choix et à la nomination des Députés des Etats actuels à la Cour ;

Que la présente Séance ne pourrait être levée qu'après que l'élection serait faite.

Ils ont ajouté qu'ils croyaient inutile de rappeler aux Membres de l'Assemblée que dans le choix des sujets à qui ils confieraient l'honneur de porter aux pieds du Trône les vœux, les respects et les hommages du Pays, ils devaient n'écouter aucune considération particulière, aucun intérêt personnel ;

Que c'était l'honneur même de la Corse et son intérêt qu'ils devaient avoir pour unique but; qu'elle ne pouvait être dignement représentée que par des sujets sages, intelligents et utiles;

Qu'ils ne pouvaient trop exhorter l'Assemblée à renoncer à toute affection personnelle dans un choix aussi important et de ne faire attention qu'au mérite réel et reconnu des sujets sur lesquels son suffrage devait tomber, puisque la gloire et le bien du pays allaient en dépendre, et qu'un intérêt aussi puissant ne pouvait être remis qu'à des sujets dignes de fixer les regards de Sa Majesté et d'obtenir la confiance de ses Ministres.

Nosseigneurs les Commissaires du Roi ont ajouté que l'élection des Députés à la Cour ne pouvant occuper cette Séance, l'Assemblée générale pouvait procéder ensuite à la nomination des Députés des Douze et des Commissaires des Juntes avec les mêmes formalités et la même attention sur le choix des sujets; mais comme il serait possible que ces deux dernières élections ne pussent être faites dans cette Séance, il conviendrait que l'Assemblée s'en occupât dans la prochaine Séance, afin que n'étant plus exposée aux agitations inévitables que causent les démarches des prétendants et de ceux qui s'y intéressent, elle pût se livrer sans distraction à l'examen et à la discussion des affaires du pays.

Après quoi les Etats ont dit qu'ils sentent la nécessité de s'occuper avec zèle et impartialité au choix d'une Députation capable de travailler à l'intérêt de la Corse;.

Qu'ils fixeront leur attention sur les sujets qu'ils jugeront dignes de leur confiance et capables de justifier par leur sagesse le choix de l'Assemblée générale.

Et la présente délibération a été signée tant par Nosseigneurs les Commissaires du Roi que par Nosseigneurs les Evêques d'Ajaccio et de Sagone, MM. Bartoli et Marchetti,

Piévans ; de Gentile et Ornano, Nobles ; Pozzo di Borgo et Fabiani, députés du Tiers-Etat.

A Bastia, les jour, mois et an dusdits.

Signés, etc.

Dudit jour 29 mai 1779.

Après que Nosseigneurs les Commissaires du Roi se sont retirés, Mgr l'Evêque Président a dit qu'en conséquence de ce qui vient d'être annoncé par Nosseigneurs les Commissaires du Roi, on doit, ce matin, procéder à l'élection des Députés à la Cour, savoir, d'un Député Ecclésiastique de l'ordre des Evêques, d'un Député Noble, et d'un Député du Tiers-Etat, ainsi qu'il est prescrit par l'article 15 de l'Arrêt du Conseil d'Etat du 2 Novembre 1772 concernant les Assemblées générales et particulières du pays ;

Que l'élection du Député Ecclésiastique, conformément à la délibération des derniers Etats, dans la Séance du 2 Juin, tombe de droit sur l'Evêque le plus ancien de consécration ;

Que la manière avec laquelle on devra procéder à l'élection devant être par scrutin, chacun des Membres de la présente Assemblée devra écrire sur un billet le nom d'un Député Noble et celui d'un Député du Tiers-Etat ;

Que ces billets seront écrits avec pleine liberté, pliés et remis dans une urne, ou chapeau ;

Que l'Evêque Président avec d'autres personnes à nommer par les Etats, devront ensuite examiner distinctement chacun des billets et voir quels seront les suffrages que chacun des Députés aura remportés, et en faire une note distincte pour être annoncée à l'Assemblée générale.

Après quoi les Etats ont nommé pour assistants au scrutin, conjointement à Mgr l'Evêque Président, Nosseigneurs les Evêques de Sagone et de Nebbio.

Ensuite ayant été donné un billet à chacun des Députés sur lequel il a écrit le nom d'un Député pour chacun des deux ordres, les billets ont été ouverts, vus et lus par Mgr l'Evêque Président et par Nosseigneurs les deux autres Evêques, et il s'est trouvé que pour Député de l'ordre de la Noblesse M. André Antoni a eu dix-sept voix et M. Damien Giubega, cinquante.

Et pour le Député du Tiers-Etat, M. Pierre Rigo quarante-quatre voix, le sieur Charles Grimaldi dix-huit, le sieur Casabianca une, le sieur Filippi trois et le sieur Mattei une.

D'où il résulte que la pluralité des suffrages a été, pour l'ordre de la Noblesse, en faveur de M. Damien Giubega, et pour le Tiers-Etat, en faveur de M. Pierre Rigo.

Et ainsi ont été nommés et élus, ainsi que la présente Assemblée générale nomme et élit, pour devoir en qualité de Députés du Pays, conjointement avec Mgr Doria, Evêque d'Ajaccio, Député de droit pour le Clergé, se rendre à la Cour et présenter au Roi le Procès-Verbal des demandes faites et à faire dans la présente Assemblée générale, porter aux pieds de son Trône le tribut annuel des sentiments de respect, de reconnaissance, et de soumission dont le Pays se sent justement pénétré envers Sa Personne Sacrée, et implorer de la magnanimité de son cœur la continuation des grâces multipliées qu'il a daigné répandre sur ce Peuple.

Lesquelles nominations et élections Mgr Doria et MM. Giubega et Rigo ont acceptées avec les marques de la plus grande reconnaissance, et ont promis de répondre autant qu'ils pourront à la confiance que l'Assemblée générale leur a témoignée, et de remplir avec zèle la commission dont les Etats ont bien voulu les honorer.

Après quoi la Séance a été remise à après demain, trente-un du présent mois, à huit heures du matin.

Et la présente délibération a été signée tant par Mgr l'Evêque Président que par Nosseigneurs les autres Evêques et MM. les Députés qui ont signé la précédente de ce jour.

A Bastia, les jour, mois et an susdits.

Séance du 31 mai 1779.

Monseigneur Doria, Evêque Président, Nosseigneurs les Evêques et MM. les Députés, ci-devant nommés, s'étant rendus à la Salle d'Assemblée, Mgr l'Evêque Président a dit qu'un des droits précieux que Sa Majesté a daigné accorder au Pays est celui de choisir dans l'ordre de la Noblesse et parmi le nombre des Députés de l'Assemblée des Etats, une Commission composée de douze sujets qui, comme représentants et organes de l'Isle, doivent faire leur résidence à Bastia, par tour, au nombre de deux, et pendant l'espace de deux mois, auprès de Nosseigneurs les Commissaires du Roi, aux charges et honoraires que prescrit le Règlement du 10 avril 1770 ;

Que quatre de ces Sujets doivent être choisis entre les Députés des Provinces d'en delà les monts, et huit entre les Provinces d'en deçà ;

Que quoique MM. François de Casabianca, Jean-André de Castelli, Marc-Aurèle Peretti et Ascagne Pozzo di Borgo représentent aux Etats le Tiers-Etat, étant Nobles reconnus au Conseil Supérieur, ils peuvent être compris dans la dite Commission.

Après quoi ayant été procédé à cette nomination par la voie du scrutin, et ayant été distribué à chaque Député un billet où chacun a écrit les noms de douze Sujets, savoir, huit pour les Provinces d'en deçà les monts et quatre des Provinces d'en delà ; ces billets ayant été ensuite ouverts,

31 MAI 1779

vus et lus par Mgr l'Evêque Président et par Nosseigneurs les Evêques de Sagone et du Nebbio assistants au scrutin, on a trouvé que les suffrages ont été donnés de la manière suivante :

Pour les Provinces d'en deça des Monts

En faveur de MM. Jean Quilico de Casabianca quarante voix.
André Antoni . . . . quarante-cinq.
François de Sansonetti . quarante-deux.
Costa de Castellana . . trente-quatre.
Xavier de Casabianca . . trente-sept.
Gaëtan de Varese . . . quarante-trois.
François de Casabianca . quarante-neuf,
Antoine-Louis de Poli . . quarante-neuf.
Jérôme de Morlas . . . quarante-neuf.
Joseph Negroni . . . . trente-neuf.
Gentile de Brando . . . quarante-quatre.
Damien Giubega . . . . trois.
Jean-André de Castelli . . quarante-une.

Pour les Provinces d'en dela des Monts

En faveur de MM. Dominique de Cuttoli . . vingt-six voix.
Colonna d'Ornano . . . neuf.
Jean de Gentile . . . . vingt-six.
Ignace Ornano . . . . quarante-cinq.
Charles de Buonaparte . treize.
François-Marie Colonna . quarante.
Jules Roccaserra . . . quarante.
Bonaventure de Benedetti. neuf.
Ascagne Pozzo di Borgo . trente-six.
Marc-Aurèle Peretti . . dix-sept.

En conséquence le plus grand nombre des suffrages pour

les huit Membres de la Commission d'en deçà les Monts, s'est trouvé en faveur de MM. Antoni, de Sansonetti, de Varese, François de Casabianca, de Poli, de Morlas, Ambroise Gentile, de Castelli ; et pour les quatre des provinces d'en delà, en faveur de MM. Ignace Ornano, Colonna, Roccaserra et Pozzo di Borgo, pour jouir de tous les droits, honneurs, prérogatives et émoluments attribués à leur charge, et pour remplir les fonctions dont ils sont chargés par le susdit Règlement ; lesquelles nominations et élections MM. Antoni, de Sansonetti, de Varese, François de Casabianca, de Poli, de Morlas, Ambroise de Gentile, de Castelli, Ornano, Colonna, Roccaserra et Pozzo di Borgo, ici présents, ont acceptées avec la promesse de remplir exactement les fonctions de leur ministère et de se conformer en tout à ce qui est prescrit par le Règlement cité ci-dessus.

Après quoi s'agissant de régler les mois de tour de service que doivent faire MM. les Douze, il a été arrêté que la même Commission ferait la réunion de deux Sujets par bimestre, qu'elle a réglée ainsi qu'il suit :

MM. François de Casabianca et Pozzo di Borgo.
Antoni et Roccaserra.
De Sansonetti et Colonna.
Gentile et de Castelli.
De Morlas et de Poli.
De Varese et Ornano.

Ensuite ont été écrits sur six divers billets, les mois de la manière suivante, savoir ;

Sur le premier, Juillet et Août 1779.
Sur le second, Septembre et Octobre 1779.
Sur le troisième, Novembre et Décembre 1779.
Sur le quatrième, Janvier et Février 1780.

Sur le cinquième, Mars et Avril 1780.
Sur le sixième, Mai et Juin 1780.

Lesquels billets des Sujets de la Commission des Douze et des mois ayant été partagés et tirés au sort, sont sortis ainsi qu'il suit :

MM. De Morlas et de Poli pour les mois de Juillet et Août.
De Varese et Ornano pour Mars et Avril.
François de Casabianca et Pozzo di Borgo pour Septembre et Octobre.
Antoni et Roccaserra pour Janvier et Février.
De Sansonetti et François-Marie Colonna pour Mai et Juin.
Gentile et de Castelli pour Novembre et Décembre.

Après quoi l'Assemblée générale a observé que les Etats précédents manifestèrent leur commun désir que MM. les deux des Douze, assistants aux Etats, soient rétablis dans la jouissance de la voix passive qu'ils avaient dans les précédentes Assemblées, et qu'en outre il leur soit également attribué la voix active, ainsi qu'aux autres Députés ;
Que le Roi n'ayant fait aucune réponse sur cette demande, on croit devoir la renouveler ;
Que MM. les Députés à la Cour devront employer leur zèle afin que le vœu général de l'Assemblée soit bénignement accueilli par Sa Majesté.
Après quoi la Séance a été remise à demain, premier Juin, à neuf heures du matin.
Et la présente délibération a été signée tant par Mgr l'Evêque Président que par Mgr de Santini, Evêque du Nebbio ; et MM. Felce, Vicaire général d'Aleria ; Gabrielli et Battistini,

Piévans; de Buonaparte et Colonna, Nobles; Casanova et Peretti, Députés du Tiers-Etat.

A Bastia, les jour, mois et an susdits.

Signés, etc.

Séance du 1ᵉʳ juin 1779.

Monseigneur l'Evêque Président, Nosseigneurs les Evêques et MM. les Députés, ci-devant nommés, s'étant rendus à la salle d'Assemblée, Mgr le Président a dit que parmi les établissements utiles et flatteurs que Sa Majesté a bien voulu former en Corse pour y fixer la tranquillité, celui qui concerne la création des quatre Juntes Nationales, portée par l'Edit du Roi du 15 Août 1772, y tient le premier rang;

Que par ce moyen Sa Majesté remettant une portion de son autorité entre les mains du Pays, il rend authentique l'opinion avantageuse qu'il en a; que ce qui rend cet établissement plus glorieux pour la Corse, est de lui avoir confié la nomination des Commissaires des Juntes;

Que conformément à ce qui est prescrit par l'art. 3 du susdit Edit, l'Assemblée générale doit s'occuper à nommer quatre sujets pour chaque Junte, parmi lesquels Sa Majesté se réserve d'en choisir deux pour remplir les deux places qui devront vaquer chaque année;

Que la manière la plus sûre pour rendre la nomination réfléchie et raisonnable, est de la remettre en premier lieu aux Députés des départements respectifs des Juntes, étant ceux qui doivent avoir une connaissance plus exacte et mieux fondée du mérite des sujets à proposer;

Que chacun de ces Députés devra écrire sur un billet huit sujets de ceux qu'ils croiront les plus capables pour la Junte de son département;

Que ces billets passeront au scrutin de la manière accoutumée, et que les huit sujets qui auront eu la pluralité des voix seront proposés à l'Assemblée générale;

Que chaque Député assistant aux Etats devra écrire sur un billet quatre des sujets parmi les huit nommés pour chaque Junte, et que ceux qui par la voie du scrutin se trouveront avoir eu plus de voix, seront réputés avoir été proposés par l'Assemblée générale.

Cependant Mgr l'Evêque Président a fait connaître combien dans une opération aussi intéressante il serait nécessaire de s'occuper avec zèle et impartialité de la nomination de sujets dignes de remplir honorablement les fonctions attribuées par l'Edit à ces charges;

Que dans cette circonstance l'Assemblée générale doit témoigner le désir et l'empressement qu'elle a d'assurer de plus en plus la tranquillité de cette Isle, de répondre à la sagesse des vues bienfaisantes de Sa Majesté et de mériter la continuation des grâces et privilèges que sa généreuse condescendance accorde au Pays.

Après quoi les Députés de chaque Département des quatre Juntes respectives, ayant eu un billet sur lequel ils ont écrit les noms de huit sujets, et lesdits billets ayant été ouverts, vus et lus, on a trouvé que les sujets nommés sont les suivants.

Pour la Junte d'Orezza

MM. Antoine-François Casanova de Bastia . . deux voix.
Antoine-André Filippi . . . . douze.
Jérôme Saliceti . . . . trois.
Denis Gavini. . . . . neuf.
Paul Mattei . . . . quatorze.
Sylvestre Angeli. . . . . quatorze.
Sainte-Marie. . . . . treize.

1er JUIN 1779

Jean-Vito de Pietri. . . . . dix.
Etienne Casabianca. . . . . sept.
Joseph-Marie Sebastiani . . . . . . huit.
Charles-Antoine Mancini . . . . . . deux.
François-Marie Casabianca . . . . . seize.
Le Docteur Paul Casabianca. . . . . neuf.
Nicoroso Poli . . . . onze.
Hyacinthe Pietri . . . . un.
Joseph-Marie Saliceti . . . . douze.
Pierre Saliceti . . . . deux.
Innocent Donati . . . . quatre.
Ambroise-Marie Gentile . . . . . . six.
Ignace Agostini. . . . . trois.
Antoine-Jacques Valentini . . . . . neuf.
Negroni . . . . treize.
Joseph-Marie Guasco de Bastia . . . neuf.
Costa . . . . un.
Battesti . . . . trois.
François de Sansonetti . . . . . . six.
Antoni d'Ersa . . . . un.
François-Marie Coscetta . . . . . . un.
Paul-Mathieu Mattei . . . . trois.

Pour la Junte de Caccia

MM. Michel Monti de Rossi. . . . . . . dix voix.
Antoine Padouan Emanuelli . . . . . huit.
Antoine-Léonard Belgodere . . . . . quinze.
Antoine-Mathieu Arena . . . . cinq.
Charles Grimaldi . . . . dix.
Panattieri. . . . . onze.
Adriani . . . . six.
Le Docteur Salvatori . . . . trois.
Grimaldi de Niolo . . . . quatorze.

Mario Ciaccaldi . . . . six.
Thomas Gabrielli . . . . trois.
Defendini de Bozio . . . . dix.
Castelli de Calvi . . . . cinq.
Battestini . . . . un.
Ours-Antoine Colonna . . . . un.
Ours-André Canale . . . . un.
Negrone de Niolo . . . . un.
Battaglini . . . . un.
Dominique Arrighi . . . . un.
Thomas Gabrielli . . . . quatre.
Antoine-Léonard de Caccia . . . . un.
Ours-André Colonna . . . . un.
Ours-Antoine Colombani . . . . . un.
Jean-Baptiste Ciaccaldi . . . . . . un.
Adriani de Ziglia . . . . un.
Thomassin de Belgodere . . . . . un.

Pour la Junte de la Mezzana

MM. Dominique Paoli . . . . neuf voix.
Dominique Cuttoli . . . . treize.
De Benedetti . . . . treize.
Alphonse Pietri . . . . onze.
Poli de la Suarella . . . . dix-sept.
Paschal Ferri Pisani . . . . treize.
Pierre Colonna d'Ornano . . . . . douze.
Fiorelli d'Ajaccio . . . . un.
Sabiani . . . . quatorze.
Gentile . . . . treize.
François-Antoine Bianchi . . . . . un.
François-Antoine Gentile . . . . . deux.
Jérôme Pozzo di Borgo . . . . . . deux.
Xavier Pozzo di Borgo . . . . . . un.

Mario Peraldi . . . . un.
François Bianchi . . . . un.
Jules Gentile . . . . un.
Antoine Rocca . . . . un.
Ascagne Pozzo di Borgo . . . . . trois.
Ignace Ornano . . . . deux.
Jean-Baptiste Orto d'Ajaccio. . . . un.

Pour la Junte de Tallavo

MM. Jean-Antoine Astima . . . . . . treize voix.
Dominique Casanova de Sartene. . . . treize.
Antoine-François Casanova de Venaco . treize.
Ignace Felce de Cervione . . . . . huit.
Nicolas Battestini . . . . huit.
Ours-Jean Paoli. . . . . douze.
Marc-Aurèle Peretti . . . . . . quinze.
Grázietti de Vezzani . . . ; . . un.
Jacques-Antoine Trani. . . . . . huit.
Bernardi Peraldi . . . . trois.
Jean-Baptiste Quenza . . . . . . quatre.
Lucien Susini . . . . trois.
Ours-Jean Paoli. . . . . deux.
Paul Pietri . . . . deux.
Jacques-André Ortoli . . . . . . deux.
Jean-Baptiste Alberti . . , . . . un.
Jules Roccaserra . . . . cinq.
Ange-Marie Susini . . . . deux.
Jean-Baptiste Lanfranchi . . . . . un.
Jean-Baptiste Roccaserra . . . . . un.
Antoine Maestrali . . . . un.
Pierre-Paul Cottoni . . . . . . trois.
Dominique Giacobi . . . . un.
Antoine Roccaserra . . . . . . un.
Pierre-Paul Colonna . . . . . . un.

Ainsi on a trouvé que les sujets qui ont eu le plus de voix pour les Juntes respectives, sont les suivants :

Pour la Junte d'Orezza

MM. Antoine-André Filippi, Paul Mattei, Sylvestre Angeli, Santa Maria, François-Marie Casabianca, Nicoroso Poli, Joseph-Marie Saliceti, Joseph-Marie Negroni.

Pour la Junte de Caccia

MM. Michel Monti de Rossi, Padouan Emanuelli, Léonard Belgodere, Charles Grimaldi, Antoine Panattieri, Grimaldi de Niolo, Defendini de Bozio, Antoine Castelli, Dominique Adriani, ayant laissé subsister les deux derniers pour s'être trouvés en égalité de voix.

Pour la Junte de la Mezzana

MM. Dominique de Cuttoli, Bonaventure de Benedetti, Alphonse Pietri, Poli de la Suarella, Paschal Ferri, Pisani, Pierre Colonna d'Ornano, Sabiani de Zicavo, Jean de Gentile.

Pour la Junte de Tallavo

MM. Jean-Antoine Astima, Dominique Casanova, Antoine-François Casanova, Ignace Felce, Nicolas Battestini, Ours-Jean Paoli, Marc-Aurèle Peretti, Jacques-Antoine Trani.

Ensuite ayant procédé au second scrutin, donnant à chaque Député un billet sur lequel ont été distinctement écrits quatre sujets pour chaque Junte, tirés du nombre des huit proposés pour les Juntes respectives, après avoir fait l'examen dudit scrutin, on a trouvé que le nombre des huit proposés pour les Juntes respectives était réglé de la manière suivante :

Pour la Junte d'Orezza

MM. Antoine-André Filippi	cinquante-huit.
Paul Mattei	vingt-neuf.
Sylvestre Angeli	trente-cinq.
Santa Maria de Nebbio	vingt-quatre.
François-Marie Casabianca	trente-sept.
Nicoroso Poli	dix-huit.
Joseph-Marie Saliceti	vingt-quatre.
Joseph-Marie Negroni	quarante-cinq.

Pour la Junte de Caccia

MM. Michel Monti	dix-neuf voix.
Padouan Emanuelli	quatorze.
Léonard Belgodere	quarante-sept.
Charles Grimaldi	quarante-deux.
Antoine Panattieri	dix-sept.
Nicolas Grimaldi	trente-huit.
Defendini de Bozio	trente-deux.
Antoine Castelli	vingt-une.
Dominique Adriani	trente-six.

Pour la Junte de la Mezzana

MM. Dominique de Cuttoli	trente-cinq voix
Bonaventure de Benedetti	vingt-huit.
Alphonse Pietri	trente-cinq.
Poli de la Suarella	trente-cinq.

Paschal Ferri Pisani . . . . trente-trois.
Pierre Colonna d'Ornano . . . . vingt-six.
Sabiani de Zicavo . . . . trente-six.
Jean Gentile . . . . trente-huit.

Pour la Junte de Talavo

MM. Jean-Antoine Astima . . . . . . quarante-six v.
Dominique Casanova . . . . . . trente-deux.
Antoine-François Casanova . . . . trente-sept.
Ignace Felce . . . . vingt-quatre.
Nicolas Battestini . . . . dix-sept.
Ours-Jean Paoli . . . . trente-trois.
Marc-Aurèle Peretti . . . . . . cinquante-une.
Jacques-Antoine Trani . . . . . vingt-sept.

Ainsi la pluralité des suffrages a été :

Pour la Junte d'Orezza

En faveur de MM. Filippi, Angeli, François-Marie Casabianca, Negroni.

Pour la Junte de Caccia

En faveur de MM. Belgodere, Docteur Grimaldi, Grimaldi de Niolo, Adriani.

Pour la Junte de la Mezzana

En faveur de MM. De Cuttoli, Alphonse Pietri, Poli, Sabiani, Jean Gentile, attendu l'égalité des voix des trois premiers.

Pour la Junte de Tallavo

En faveur de MM. Astima, Antoine-François Casanova, Ours-Jean Paoli, Peretti.

Après quoi la Séance a été remise à demain, deux du présent mois de Juin, à neuf heures du matin.
Et la présente délibération a été signée tant par Mgr l'Evêque Président que par Mgr l'Evêque de Sagone et MM. Felce, Vicaire général d'Aleria; Turchini et Casabianca, Piévans; Roccaserra et de Poli, Députés Nobles; Belgodere et Monti de Rossi, Députés du Tiers-Etat.
A Bastia, les jour, mois et an susdits.

Signés, etc.

Séance du 2 juin 1779.

Nosseigneurs les Commissaires du Roi, Nosseigneurs les Evêques et MM. les Députés, ci-devant dénommés, s'étant rendus à la Salle d'Assemblée, Nosseigneurs les Commissaires du Roi ont dit que le Règlement que Sa Majesté avait fait annoncer aux Etats par les réponses qu'elle a fait faire au Cahier de 1777 contiendra les dispositions les plus propres à maintenir le bon ordre et la police dans les Assemblées générales et particulières;

Que l'article de l'élection des Députés aux différentes Assemblées et à la Cour, qui a été jusqu'ici une source de divisions et d'intrigues, y sera traité de manière à faire cesser à l'avenir toute difficulté à cet égard;

Que quoique les demandes qui se trouvaient dans les derniers procès-verbaux des Provinces sur la police des Assemblées eussent été prévues, et qu'il dût y être statué dans le règlement dont il s'agissait, Sa Majesté avait bien voulu cependant faire connaître les intentions sur chacune de ces demandes ;

Que la Province de Bastia avait proposé d'élire les Députés aux Assemblées Provinciales à tour de rôle, de faire participer chaque Piève à l'honneur de porter les vœux de la Corse aux pieds du Trône et d'ajouter un Piévan à chaque Députation à la Cour ;

Que cet expédient remédierait sans doute à une grande partie des abus dont on s'était plaint relativement aux élections des Députés ; mais qu'il en résultait aussi l'inconvénient d'avoir souvent des Députés qui ne seraient pas suffisamment instruits des affaires de la Province pour les traiter d'une manière convenable, considération qui seule rendait la proposition inadmissible ; qu'il fallait que les Pièves et les Provinces, ainsi que l'Assemblée générale pussent avoir confiance dans le zèle et les lumières de leurs Députés, ce qui ne pouvait être accordé qu'à ceux qui emportaient la pluralité des suffrages par l'élection libre des votants.

Quant à la proposition d'ajouter un Piévan à la Députation que la Province envoie au Roi, Nosseigneurs les Commissaires du Roi ont dit qu'elle avait déjà été refusée, et que ce serait charger le pays d'une dépense qu'il n'était pas en état de supporter et contrevenir à l'égalité que Sa Majesté voulait être observée dans le nombre des représentants des trois ordres ; qu'ainsi cette proposition était de nouveau rejetée.

Dudit jour 2 juin 1779.

Nosseigneurs les Commissaires du Roi ont dit que la Province de Balagne avait témoigné craindre que la faculté accordée aux Fermiers généraux de la Subvention d'assister aux Assemblées ne donnât occasion à quelques particuliers de faire prendre les baux sous le nom de leurs domestiques, ou de quelques étrangers qui ne seraient point faits pour avoir la confiance du Pays, afin de s'assurer de leurs suffrages dans les élections ;

Que le motif qui avait déterminé à admettre dans les Assemblées les fermiers de la Subvention avait été de procurer des enchérisseurs ;

Que c'était un avantage pour la Province qui aurait d'autant plus de moyens d'acquitter ses charges que le bénéfice sur la Subvention serait plus considérable ;

Qu'au surplus cette faculté était personnelle aux fermiers et qu'il serait pourvu à ce qu'ils ne pussent pas en abuser.

Dudit jour 2 juin 1779.

Nosseigneurs les Commissaires du Roi ont dit que la Province de Balagne avait fait encore des représentations sur la disproportion qui se trouvait dans le nombre des Députés que chaque Province envoyait aux Etats, et avait demandé que lorsqu'il s'agirait d'imposition ou d'autres affaires générales et particulières, chaque Province n'eût qu'une voix ;

Que cette demande n'était pas admissible ; qu'il était juste que les Provinces eussent plus ou moins de Députés à proportion de leur étendue, de leur population et des charges qu'elles supportaient ;

Qu'il était également juste qu'elles eussent influence suivant leurs forces dans les affaires communes ; que c'était une règle qui s'observait partout et qu'il convenait de maintenir en Corse.

Dudit jour 2 juin 1779.

Nosseigneurs les Commissaires du Roi ont dit que la Province du Cap-Corse avait demandé que les Nobles qui étaient Officiers Municipaux ne pussent être Députés du Tiers-Etat aux Assemblées, ni à la Cour ;

Que l'exercice des fonctions Municipales de la part des Nobles ne devait pas être un motif d'exclusion aux places des Députés aux Assemblées et à la Cour dans l'ordre du Tiers-Etat; qu'autrement il faudrait leur interdire l'entrée aux places Municipales, ce qui serait injuste et contraire aux intérêts du pays qui se trouverait par là privé de la faculté d'élire ceux qu'il trouverait capables de bien remplir ces places.

Nosseigneurs les Commissaires du Roi ont ajouté qu'enfin la même Province du Cap-Corse et celle de Sartene avaient proposé d'accorder un salaire à leur Greffier ;

Que le salaire de ces Greffiers devait être une charge du pays; qu'en conséquence Sa Majesté permettait aux Etats de délibérer sur cette demande, et d'y avoir tel égard qu'ils jugeraient à propos.

Dudit jour 2 juin 1779.

Nosseigneurs les Commissaires du Roi, ont dit que la Province du Cap-Corse avait aussi demandé que les Nobles qui exerçaient la profession de Procureur, ou qui se chargeraient des affaires d'autrui, moyennant salaires, ne pussent être admis aux Assemblées que cinq ans après qu'ils auraient quitté cette profession ;

Que quoique Sa Majesté fût disposée à accorder à sa Noblesse Corse les moyens de réparer sa fortune et de soutenir son état, son intention n'était pas de lui permettre d'exercer aucune profession mécanique; qu'elle se proposait de faire publier un règlement sur la Noblesse, et qu'elle voulait bien autoriser les Etats à lui proposer leurs vues sur ce qui pourrait intéresser cet ordre.

Nosseigneurs les Commissaires du Roi ont en conséquence invité les Etats à s'occuper pendant cette Assemblée de cet objet intéressant et d'établir, conformément aux intentions de Sa Majesté, les moyens qui leur paraîtront propres à soutenir la Noblesse Corse, sans l'exposer à déroger aux qualités qui la constituent.

Dudit jour 2 juin 1779.

Nosseigneurs les Commissaires du Roi ont dit que la Piève d'Aregno, Province de Balagne, avait demandé que le commerce en gros ne pût déroger à la Noblesse ;

Qu'il était juste de procurer à la Noblesse Corse les moyens de sortir de l'état d'indigence où était tombée la plupart des familles de cet ordre ; que non seulement il serait permis aux Nobles de faire le commerce en gros ; mais que Sa Majesté se proposait même d'accorder toutes les facilités et les encouragements qu'il serait possible à ceux qui voudraient l'entreprendre.

Dudit jour 2 juin 1779.

Nosseigneurs les Commissaires du Roi ont dit que la Province de Calvi avait demandé que Sa Majesté employât son autorité pour retirer de la banque Saint Georges les fonds appartenants au Mont de Piété fondé à Calvi par le sieur Vincentelli, pour être placés ailleurs, et qu'il fût donné des ordres pour poursuivre les particuliers qui sont débiteurs envers cette fondation ;

Que pour savoir à quel point Sa Majesté pouvait prendre intérêt à cette fondation, il était nécessaire que la Piève de Calvi qui l'avait formée, fît connaître en quoi consistaient les fonds placés sur la banque Saint Georges ; qu'elle remît aux Commissaires du Roi, pour les adresser au Sécrétaire d'Etat de la Guerre, une expédition en forme du titre de constitution et un mémoire des arrérages qui pouvaient lui être dûs.

A l'égard des débiteurs envers cette œuvre pie, qui sont domiciliés à Calvi, Nosseigneurs les Commissaires du Roi ont ajouté que M. le Procureur général du Conseil Supérieur serait chargé de faire les diligences nécessaires pour les obliger à acquitter ce qu'ils devaient.

Dudit jour 2 juin 1779.

Nosseigneurs les Commissaires du Roi ont dit que la Province de Calvi avait de plus demandé que la Pharmacie du Couvent des Mineurs Réformés d'Alziprato fût rétablie ;

Que cette demande découvrait l'usage où étaient les Religieux en Corse de faire le commerce des drogues ; que c'était un abus auquel il était important de remédier ; que l'achat, la préparation et la vente des drogues ne pouvaient et ne devaient être permis qu'aux personnes qui par état étaient chargées de les composer et débiter suivant les règles et les précautions établies en pareil cas ; que cette faculté était interdite aux Maisons Religieuses qui ne devaient en avoir tout au plus que pour le besoin de leurs Maisons.

Dudit jour 2 juin 1779.

Nosseigneurs les Commissaires du Roi ont dit que la Pièva de Talcini, Province de Corte, avait demandé que les personnes revêtues de charges municipales ne pussent être nommées ni gardiens des campagnes ni à d'autres emplois de cette espèce ;

Que cette demande était juste ; que l'intention de Sa Majesté est que les personnes qui auront exercé les fonctions municipales ne puissent par la suite être nommées gardiens des campagnes, Huissiers des Communautés, ni à d'autres emplois de cette espèce.

Dudit jour 2 juin 1779.

Nosseigneurs les Commissaires du Roi ont dit que la Communauté de Cruccini avait demandé d'être divisée pour former deux Communautés ayant Juridiction Municipale, et la Communauté de Coggia a demandé d'être reconnue Pième sous le nom de Cappella, et de jouir de tous les droits et privilèges des Pièves comme elle a toujours fait du temps de la République ;

Qu'avant de prendre un parti sur ces deux demandes, Sa Majesté jugeait convenable d'entendre les Etats sur ces changements; qu'elle leur permettait en conséquence de délibérer sur leur utilité ou inutilité, et qu'elle les chargeait spécialement d'examiner et de lui faire connaître lequel des Curés devait remplacer le Piévan dans les Paroisses et Communautés où il n'y a point de Piévan, en les exhortant à ne se déterminer qu'en faveur de l'Eglise qui a la possession la plus ancienne, sans avoir égard à aucune autre considération.

Nosseigneurs les Commissaires du Roi ont à cet égard observé que la question déjà décidée sur cet objet contre le Piévan d'Omessa en faveur du Prévot de Corte, s'était renouvelée lors de la dernière Assemblée, et que la Province a persisté dans l'exclusion du Piévan d'Omessa a cause de la décision faite antérieurement ; mais qu'elle avait cependant renvoyé le tout aux Commissaires du Roi, lesquels ont remis à l'Assemblée le mémoire présenté par le Piévan d'Omessa, les instructions du Subdélégué et leur réponse préliminaire.

Ils ont aussi rappelé à ce sujet les réclamations de l'Archiprêtre-Curé de Sainte-Marie de Bastia, revêtu également du titre de Piévan, qui prétendait l'être de la Piève, au moins en l'absence du Piévan de Lota, par préférence au Curé de Saint Jean, que les Etats de 1777 ont formellement déclaré être en droit d'assister à l'Assemblée de la Piève en l'absence du Piévan.

Ils ont ajouté qu'il résultait de ces différentes contestations la question de savoir si le titre de Piévan était attaché à une Eglise de la Piève, ou s'il dépendait de Mgrs les Evêques de le conférer à celui des Curés de la Piève qu'ils jugeraient à propos ; qu'il y avait à observer qu'en reconnaissant dans Mgrs les Evêques le droit de constituer Piévans les Prêtres les plus dignes de l'être pour maintenir la discipline Ecclésiastique, il restait à examiner si leur choix donnait au sujet qu'ils nommaient, le droit d'assister aux Assemblées des Pièves par préférence aux Curés des Eglises auxquelles il avait été attaché jusqu'à présent, et si ce ne serait point alors une atteinte aux droits que le Roi a jugé à propos de donner à l'ordre du Clergé pour entrer dans toutes les Assemblées du Pays ;

Qu'il serait possible d'admettre que Mgrs les Evêques en

accordant à un sujet la patente de Piévan ne lui conféreraient qu'un titre honorifique qui lui serait personnel, mais qui ne changerait rien à l'ancien état des choses ; qu'il devenait donc nécessaire d'éclaircir ce point et examiner jusqu'où Mgrs les Evêques pouvaient étendre à cet égard l'exercice de leur juridiction gracieuse, étant aisé de sentir l'influence qu'ils auraient dans l'administration du pays, s'ils pouvaient à leur volonté créer des Piévans dans les lieux où l'on n'en connaissait point, et les multiplier dans ceux où il n'y en avait toujours eu qu'un ; que dès lors il devenait essentiel de poser les règles et les principes que l'on aurait à suivre pour concilier les intérêts du pays avec les droits dans lesquels il était juste de maintenir Mgrs les Evêques.

Après quoi les Etats recevant avec la soumission qu'ils doivent les décisions que Nosseigneurs les Commissaires du Roi viennent d'annoncer de la part de Sa Majesté sur diverses demandes de quelques Provinces, ont dit qu'ils se feront un devoir très précis de s'y conformer entièrement ;

Qu'à l'égard des différents articles sur lesquels le Roi invite l'Assemblée générale de dire son opinion, elle apportera toute l'attention possible pour pouvoir la donner avec connaissance de cause, en y joignant toutes les réflexions capables de répandre la clarté nécessaire sur chacune des matières.

Et la présente délibération a été signée tant par Nosseigneurs les Commissaires du Roi, que par Nosseigneurs les Evêques d'Ajaccio et du Nebbio et par MM. Ogliastri et Franceschi, Piévans, de Negroni et Ambroise-Marie Gentile, Nobles, Astima et Ciaccaldi, Députés du Tiers-Etat.

A Bastia, les jour, mois et an susdits.

Signés, etc.

Dudit jour 2 juin 1779.

Après que Nosseigneurs les Commissaires du Roi se sont retirés, Mgr l'Evêque Président a dit que d'après ce qui avait été annoncé par Nosseigneurs les Commissaires du Roi dans la Séance de ce jour, il restait quelques articles sur lesquels l'Assemblée générale est invitée de donner son sentiment ;

Que le premier est celui qui regarde la fixation d'un salaire aux Greffiers des Provinces, demandée par celles du Cap-Corse et de Sartene ;

Que le second est d'examiner jusqu'à quel point doit s'étendre le droit des Piévans nommés par Nosseigneurs les Evêques dans les Piéves où ce titre n'existe pas, ou dans celles dans lesquelles il y a déjà un Piévan reconnu ;

Que le troisième concerne la demande des Communautés de Cruzini, à l'effet d'être séparée et d'en former deux ;

Que le quatrième regarde la Paroisse de Coggia qui désirerait être distraite de la Piève de Vico pour en former une par elle-même sous le nom de *Cappella di Coggia*, pour jouir de tous les droits dont jouissent les autres Piéves de la Corse ;

Que le cinquième concerne la Noblesse pour voir les moyens sûrs à prendre et les règlements à établir pour assurer les prérogatives et l'illustration de cet ordre ;

Que tous ces objets sont assez intéressants pour mériter une attention sérieuse de la part de l'Assemblée générale.

Après quoi les Etats délibérant ont observé qu'il n'est presque point possible d'assigner aux Greffiers des Provinces un salaire uniforme ;

Qu'il devrait être relatif au travail d'un chacun, lequel est ordinairement proportionné à l'étendue de la Province ;

Que la règle générale pourrait être d'assigner à chacun un salaire en proportion des journées employées aux Assemblées Provinciales; que ce salaire pourrait être fixé à raison de trois livres par jour;

Qu'à l'égard du second article, le Comité auquel préside Mgr l'Evêque du Nebbio est invité à faire ses observations pour voir quels peuvent être les effets de la création de nouveaux titres de Piévan que Nosseigneurs les Evêques font dans les Pièves où il existe déjà un Piévan reconnu, ou dans les Pièves dans lesquelles il n'y a que de simples Curés, en conciliant autant qu'il sera possible le maintien de l'autorité Episcopale avec la liberté et le bon ordre des Assemblées des Pièves, l'Assemblée se réservant de délibérer sur cette matière, après que le Comité aura fait son rapport;

Que quant à la séparation de la Communauté de Cruzini, l'Assemblée ayant demandé à Mgr l'Evêque de Sagone et à MM. les Députés de la Province de Vico les éclaircissements nécessaires, et ayant appris que la Communauté requérante se trouve dispersée, en diverses maisons isolées et distantes l'une de l'autre sur un territoire de plusieurs milles, ce qui devient trop incommode pour les habitants qui, lorsqu'ils ont besoin de recourir aux Officiers pour les affaires Municipales, ont souvent une ou deux lieues à faire, elle a reconnu l'utilité et la nécessité de la séparation requise, et acquiesçant à la demande des habitants de Cruzini, les Etats ont déclaré qu'ils verraient avec plaisir qu'elle fût accueillie;

Qu'à l'égard du quatrième article concernant la Paroisse de Coggia qui voudrait être distraite de la Piève de Vico, et sous le nom de *Cappella* jouir des mêmes droits dont jouissent les autres Pièves de Corse, il ne paraît aucunement admissible, n'étant pas convenable de multiplier le nombre des Pièves, à moins qu'on n'y voie une nécessité absolue, ou un avantage évident;

Que le cinquième article qui regarde uniquement les Gentilshommes, ceux qui assistent aux Etats devront s'occuper de la formation d'un mémoire sur les moyens qu'ils croiront les plus certains et les plus admissibles pour assurer l'honneur de l'ordre de la Noblesse, dont il sera donné connaissance aux Etats pour y ajouter les observations qu'ils croiront nécessaires.

Après quoi la Séance a été remise à après demain, quatre du présent mois, à neuf heures du matin.

Et la présente délibération a été signée tant par Mgr l'Evêque Président que par Mgrs les autres Evêques et Députés qui ont signé la précédente de ce jour.

A Bastia, les jour, mois et an susdits.

Séance du 4 juin 1779.

Nosseigneurs les Commissaires du Roi et Mgrs les Evêques, y compris Mgr Cittadella qui n'avait point assisté aux précédentes Séances par cause de maladie et MM. les autres Députés, ci-devant nommés, s'étant rendus en la Salle d'Assemblée, Nosseigneurs les Commissaires du Roi ont remis sur le Bureau des Etats le compte que rend leur Trésorier du recouvrement et de l'emploi du produit de la Subvention, depuis le 11 mai 1777, époque du dernier compte jusqu'au 31 mai de la présente année, pour être examiné sur les pièces justificatives par l'Assemblée générale et y former tels débats ou aveux qu'elle avisera, d'après lesquels ils procéderont ensuite à l'arrêté dudit compte.

Leurs Excellences ont ajouté que les Etats avaient à remarquer en premier lieu que par la nouvelle forme de ce compte, on avait cherché à y mettre plus d'ordre et de clarté ; que jusqu'à présent l'usage avait été de porter chaque objet de dépense en un seul article dans le compte, et de joindre à l'appui un état particulier de toutes les parties qui en formaient le total ; qu'il en résultait que le compte ne présentait aucun détail, et qu'il devenait pénible et embarrassant de recourir à l'état particulier pour en examiner et discuter chaque partie ; que, suivant la forme actuelle, la somme totale annoncée en tête de chaque chapitre se trouvait divisée en autant d'articles qu'il y avait eu d'ordonnances de paiement expédiées ; en sorte qu'en vérifiant chaque ordonnance, on pouvait en examiner l'objet et la nature, et porter sur chaque article les observations dont il paraissait susceptible.

Après avoir fait connaître les avantages de la nouvelle forme adoptée dans la rédaction du compte, Nosseigneurs les Commissaires du Roi ont dit que le compte en lui-même établissait la situation des finances du pays sous un aspect beaucoup plus satisfaisant que les années précédentes ;

Que la recette effective était montée à deux cent quatre-vingt-quatorze mille six cent trois livres, un sol et dix deniers, sur laquelle n'ayant été payé que cent soixante quinze mille sept cent soixante-dix livres, un sol et huit deniers pour solde de l'abonnement dû au Roi jusqu'au 1er octobre 1776, il en résultait qu'il avait été employé cent dix-huit mille huit cent quatre-vingt-huit livres et deux sols, à l'acquittement des dépenses du Pays ; qu'en se tenant à la rigueur des principes d'après lesquels le produit des impôts doit être employé, par préférence à tout, au paiement de la contribution aux charges de l'Etat, cette dernière somme aurait dû être versée sans distraction dans la Caisse Civile à compte de l'abonnement de la huitième année, sur lequel la Corse ne devrait plus pour solde que mille cent onze livres, dix-neuf sols et dix deniers ; mais que le Roi ayant bien voulu tolérer que le produit de la Subvention fût employé concurremment au paiement de l'abonnement et des charges du Pays, Sa Majesté pour le mettre en état de se libérer, s'était privée de la ressource que l'abonnement lui offrait pour soutenir le service de la Caisse Civile, et qu'elle avait été obligée d'y pourvoir de ses propres fonds ; mais qu'avec ce moyen la Corse s'était libérée de presque tous les frais de Députation aux Assemblées des Piéves, des Provinces et des Etats qu'elle devait depuis 1771 et dont l'objet, suivant les chapitres 5 et 6 du compte, est de trente-cinq mille six cent cinquante-trois livres et un sol; qu'elle s'est acquittée des avances qui formaient l'excédent de la dépense du précédent compte ; et qu'à l'exception de l'abonnement de la huitième année qu'elle doit encore en entier, elle se trouve pour le reste au niveau de ses charges ;

Qu'elle a surtout à considérer que le compte de la Subvention dans son état actuel, présente pour la première fois un excédent de recette, qui, sauf l'événement de l'arrêté et de la discussion du compte, est de vingt-huit mille sept cent quarante-trois livres, trois sols et onze deniers ;

Qu'ainsi les Etats doivent reconnaître, par le résultat de l'emploi des deniers de la Subvention, tous les ménagements dont le Roi a eu la bonté d'user pour faciliter au Pays les moyens d'acquitter ses charges, et les efforts qu'ils ont à faire pour répondre à cette marque réelle de la bienfaisance de Sa Majesté.

Dudit jour 4 juin 1779.

Nosseigneurs les Commissaires du Roi ont dit qu'après avoir exposé la situation générale du Pays relativement à ses finances et d'après le compte de la Subvention, ils avaient à faire aux Etats quelques observations sur la nature des dépenses qu'il contenait ;

Que l'objet des frais de recouvrement en méritait une particulière ;

Que suivant le chapitre trois de la dépense, le comptable faisait monter les taxations dues aux Officiers Municipaux et Trésoriers des Provinces à la somme de onze mille deux cent vingt-neuf livres, treize sols et onze deniers ;

Qu'il était à considérer que les taxations ne sont dues que sur la recette effective en deniers, et qu'il est de principe qu'il n'en est pas dû sur les non valeurs, modérations et décharges ;

Qu'ainsi le comptable ayant tiré les taxations des Officiers Municipaux sur le montant des rôles arrêtés aurait dû préalablement en distraire le montant des non valeurs, modérations et décharges qui, suivant le chapitre 17, montent à dix-sept mille six cent soixante-six livres, huit sols et deux deniers ;

Que cependant si l'on se bornait à faire cette distraction, il arriverait que les taxations seraient tirées non seulement sur ce qui a été reçu effectivement, mais encore sur ce qui reste à recevoir et dont la rentrée n'est rien moins qu'assurée ;

Qu'il semble que pour éviter toute erreur au préjudice de l'intérêt du pays, il conviendrait de ne porter en dépense les taxations des Officiers Municipaux et des Trésoriers des Provinces que sur le montant de la recette effective en deniers qui, d'après l'état joint à l'appui du chapitre de la reprise, n'est que de deux cent quatre-vingt-quatorze mille six cent trois livres, un sol et dix deniers, ce qui produirait une diminution notable de la dépense sur cet objet, considération bien suffisante pour engager l'Assemblée à y porter son attention.

Dudit jour 4 juin 1779.

Nosseigneurs les Commissaires du Roi ont dit que les Etats de 1777 avaient demandé que les sommes répétées pour l'élection des Officiers Municipaux fussent à la charge des Communautés, lorsqu'elles rendaient nécessaire la présence d'un Subdélégué ;

Que cette demande paraissait juste à Sa Majesté ; mais qu'à ce sujet ils ne pouvaient se dispenser d'observer que si les derniers Etats avaient porté l'attention qu'ils devaient à l'examen des pièces justificatives du compte qui leur était présenté, ils auraient reconnu que les ordonnances sur lesquelles le Trésorier avait payé les frais d'élection des Officiers Municipaux, laissaient au Pays le recours contre les Communautés qui, par les irrégularités qu'elles avaient commises, ou les intrigues qui y avaient régné, avaient exigé qu'on commît un Subdélégué pour présider à une nouvelle élection ;

Que le chapitre 10 du compte actuel contenait à cet égard une dépense de sept cent cinquante-deux livres, cinq sols, qui était susceptible d'un pareil examen, et qu'il était convenable que l'Assemblée s'y livrât pour exercer le recours qui lui était réservé contre les Communautés dans les cas prévus par la demande des derniers Etats.

Dudit jour 4 juin 1779.

Nosseigneurs les Commissaires du Roi ont dit que les Etats de 1777 avaient aussi demandé de n'être pas assujettis à payer plus de mille livres pour les Assemblées Provinciales, ce qui s'entendait des frais des Subdélégués ;

Qu'il serait bien à désirer qu'en effet la dépense pût se réduire à cette somme ; mais que ce qu'il y avait d'évident, c'était qu'elle concernait les Etats à quelque somme qu'elle pût monter ;

Que le chapitre 6 du présent compte portait les frais de tenue des dernières Assemblées Provinciales à sept cent treize livres, un sol seulement ; mais qu'il fallait considérer qu'il ne comprenait pas toutes les Provinces ; que celles qui y manquaient formaient le dernier article de la Province de Bastia dans le chapitre 5 montant à mille cinq cent vingt-trois livres, dix sols ; qu'ainsi l'objet total de cette dépense était de deux mille deux cent trente-six livres, onze sols, au lieu de mille livres à quoi les Etats de 1777 désiraient qu'il fût réduit ;

Que cependant il fallait observer que cette fois cette dépense comprenait les frais du transport, séjour et retour des Députés, qui ne faisaient pas partie de ce qu'on entendait par frais de tenue d'Assemblée ou de Subdélégués ; qu'ainsi en examinant les états détaillés joints à l'appui des ordonnances de paiement, l'Assemblée se convaincrait que cet objet n'est pas à beaucoup près aussi considérable qu'il le paraît, et par conséquent que la décision, qui laisse tous ces frais à la charge du Pays, n'est pas onéreuse.

Dudit jour 4 juin 1779.

Nosseigneurs les Commissaires du Roi ont dit que l'Assemblée dernière en traitant avec son Trésorier lui avait adjugé une somme de mille livres par an pour les avances dans lesquelles il pourrait entrer ; qu'en conséquence il portait dans le compte actuel au chapitre 23 une somme de deux mille livres pour deux années de cette indemnité ;

Que la délibération du douze Juillet 1777 qui accordait ce traitement particulier portait que le Trésorier se rembourserait néanmoins sur les premiers produits de la Subvention des avances dans lesquelles il se serait constitué ;

Qu'en lui donnant cette faculté les Etats n'avaient ni le droit ni l'intention de déroger au privilège établi pour le Roi qui doit être payé du prix de l'abonnement par préférence sur les produits de la Subvention ;

Que cependant le Trésorier n'avait presque payé chaque mois que ce qui lui restait de la Subvention après l'acquittement de toutes les dépenses sans distinction ;

Qu'il fallait donc en revenir à une règle plus exacte ; que pour cet effet il convenait de compter avec le Trésorier de toutes les sommes dont il était entré en avance ; qu'on y procéderait par un compte d'échelle en déduisant successivement les sommes qui avaient servi à le rembourser ; que s'il lui était dû par l'événement de ce compte plus de mille livres par an, il recevrait le surplus, comme il ne lui serait alloué que ce à quoi il aurait droit, s'il lui était dû moins de mille livres ;

Que quant aux autres dispositions arrêtées entre les Etats et leur Trésorier, elles ne présentaient aucune difficulté, et Nosseigneurs les Commissaires du Roi ont déclaré que Sa Majesté les autorisait.

Dudit jour 4 juin 1779.

Nosseigneurs les Commissaires du Roi ont dit que quelques Pièves dans les Provinces de Vico et Balagne demandaient des Trésoriers particuliers autres que ceux de la Province ;

Que quand la Subvention subsisterait sur l'ancien pied, une pareille proposition serait inadmissible, et qu'elle n'a plus d'objet depuis l'établissement de la Subvention en nature.

Après quoi l'Assemblée générale a dit qu'elle nommera incessamment quelques-uns des Sujets assistants aux Etats pour examiner, conjointement avec le Comité auquel préside Mgr l'Evêque du Nebbio, les comptes du Trésorier de la Province sur la Subvention, qui viennent d'être remis sur le Bureau par Nosseigneurs les Commissaires du Roi, et d'après ses observations et réflexions, se réserve de prendre les délibérations convenables pour arrêter définitivement les comptes dans la manière accoutumée.

Et la présente délibération a été signée tant par Mgrs les Commissaires du Roi que par Mgrs les Evêques de Sagone et de Mariana et Accia ; Antonelli et Luca, Piévans; Giubega et de Benedetti, Nobles ; Adriani et Defendini, Députés du Tiers-Etat.

A Bastia, les jour, mois et an susdits.

Signés, etc.

Dudit jour 4 juin 1779.

Nosseigneurs les Commissaires du Roi ont remis ensuite sur le Bureau des Etats le compte de l'imposition sur les maisons dont le produit est destiné à payer les loyers et réparations des emplacements occupés par les Troupes et pour le service du Roi.

Ils ont observé que ce compte comprenait la recette faite sur cette imposition depuis le 11 mai 1777 jusqu'au 31 mai de la présente année, et l'emploi qui en avait été fait, et qui était justifié par les pièces produites à l'appui de la dépense ;

Que les Etats y remarqueraient le même ordre qui avait été adopté pour le compte de la Subvention ; qu'on avait également supprimé ces états particuliers pour chaque nature de dépenses qui ne servaient qu'à en rendre l'examen plus difficile et l'arrêté plus susceptible d'erreurs ;

Qu'il y avait aussi les mêmes observations à faire sur les taxations qui ne doivent avoir lieu que sur la recette effective ; que cependant il y avait à faire une distinction à l'égard du compte de l'imposition des maisons, c'était que la recette effective était de quarante-un mille deux cent cinquante-sept livres, huit sols et huit deniers, y compris les compensations, et que le montant de l'imposition à recouvrer depuis le dernier compte n'était que de trente-cinq mille quatre cent quatre-vingt-dix-neuf livres, trois sols et six deniers ;

Qu'ainsi il ne fallait tirer les taxations que sur cette dernière somme comme recette effective, parce que l'excédent de cinq mille sept cent cinquante-huit livres, cinq sols et deux deniers, était censé être un recouvrement sur ce qui restait à payer des anciens arrérages et dont les taxations étaient déjà passées dans les comptes précédents.

Mais que l'objection subsistait dans toute sa force pour la taxation d'un pour cent accordée au Comptable sur la totalité de la recette, en ce qu'elle ne devait être exercée que sur la recette effective, déduction faite des non-valeurs, modérations et décharges ;

Que c'était des objets sur lesquels l'Assemblée devait porter son attention pour éviter les doubles emplois et établir le plus grand ordre dans la dépense.

Dudit jour 4 juin 1779.

Nosseigneurs les Commissaires du Roi ont dit que les États avaient à observer que, quoique la recette effective ne fût que de la somme de quarante-un mille deux cent trente-sept livres, huit sols et huit deniers, y compris le montant des compensations, il résultait du compte un excédent de dépense de trente-quatre mille soixante livres, deux sols et neuf deniers, dont il était justifié par les ordonnances acquittées qui étaient produites à l'appui du compte;

Qu'il était clair que l'imposition sur les maisons n'ayant pas donné un recouvrement suffisant pour acquitter les dépenses ordonnées, le Trésorier avait employé les fonds de la Subvention pour y suppléer ;

Qu'ainsi, quoique le compte de la Subvention présentât un excédent de recette de vingt-huit mille sept cent cinquante trois livres, trois sols et onze deniers, comme celui de l'imposition des maisons en donnait un de dépense de trente-quatre mille soixante livres, deux sols et neuf deniers, il en résultait qu'en compensant l'un par l'autre, le Trésorier paraissait être en avance réelle de cinq mille trois cent six livres, dix-huit sols et dix deniers ;

Qu'au surplus il restait à expliquer comment il arrivait que la copie du journal du Trésorier annonçant au 1er mai dernier une recette de soixante-six mille livres depuis le dernier compte et un emploi de soixante-quatre mille livres, le compte ne présentait cependant qu'une recette effective de quarante-un mille deux cent cinquante-sept livres, huit sols et huit deniers ;

Que l'Assemblée générale avait à se faire rendre compte des causes d'une différence aussi considérable.

Dudit jour 4 juin 1779

Nosseigneurs les Commissaires du Roi ont dit que les Etats de 1777 par leur délibération du 11 juillet, prise en conséquence des observations du Comité, ayant trouvé que ce qui restait à recouvrer de l'imposition sur les maisons louées ou occupées par les propriétaires, suffirait, au moins pour quelque temps, pour acquitter les loyers militaires et les réparations des emplacements occupés par les troupes, avaient déterminé de dispenser le Pays du supplément de douze mille livres pour les loyers et trois mille livres pour les réparations à prendre sur les produits de la Subvention ;

Qu'en conséquence de cette détermination le Trésorier n'avait fait aucune recette de ces suppléments dans le compte de l'imposition des maisons, ni aucune dépense dans celui de la Subvention ;

Que ces deux articles avaient également été portés pour mémoire dans les comptes précédents, en sorte que depuis quatre ans que ce versement aurait pu et dû être fait, la caisse de l'imposition des maisons a reçu de moins quarante-huit mille livres pour le supplément des loyers, et douze mille livres pour celui des réparations ;

Que tel était l'effet des calculs qu'un examen dirigé sur des principes erronés par le Comité de 1777 avait opéré ; que malgré les moyens employés par le Trésorier, en se servant sans autorisation des produits de la Subvention pour suppléer au défaut de recouvrement sur l'imposition des maisons, on n'a pu encore pourvoir au paiement des loyers dûs aux propriétaires que jusqu'au 1er octobre 1776 dans une partie des Provinces, et qu'il reste encore dû deux ans de loyers aux propriétaires de ces Provinces ; et que dans d'autres les propriétaires ont à répéter des loyers depuis le 1er octobre 1772 ;

Que les Etats devaient prendre cet objet en considération ; qu'en exécution de l'Arrêt du 30 septembre 1774, les maisons occupées par les propriétaires n'étaient plus sujettes à l'imposition ; que les seules maisons louées y étaient assujetties, quoique la masse des loyers à payer et des réparations à faire fût toujours à peu de chose près la même ;

qu'il fallait bien nécessairement y pourvoir, soit en rétablissant les deux suppléments de douze mille livres et de trois mille livres depuis l'époque à laquelle ils ont dû commencer, soit de toute autre manière que les Etats jugeraient convenable ;

Enfin Nosseigneurs les Commissaires du Roi ont observé à ce sujet que les rôles de l'imposition sur les maisons louées depuis le 1er octobre 1776 jusqu'au 1er octobre 1779, étaient encore à former ; que c'était un inconvénient très grand de laisser ainsi accumuler les arrérages de l'imposition, qui en devenait nécessairement plus onéreuse en même temps que le recouvrement en était plus difficile ; qu'ils ne pouvaient qu'inviter les Etats à s'occuper sérieusement du soin de mettre cet objet en règle.

Dudit jour 4 juin 1779.

Nosseigneurs les Commissaires du Roi ont dit que la demande formée par les Etats derniers en répétition des sommes payées pour l'élection des Officiers Municipaux lorsque les Communautés avaient rendu nécessaire la présence d'un Subdélégué, avait un objet bien plus réellement utile pour les sommes avancées sur les fonds du Pays pour l'acquittement des réparations dont les propriétaires devaient être chargés ;

Que le Comité de 1777 sous les yeux duquel toutes les ordonnances de payement avaient passé, n'avait pas fait attention que toutes celles qui avaient pour objet de pareilles avances, réservaient spécialement au Pays son recours contre les propriétaires pour les sommes qu'ils auraient dû payer, et dont la retenue serait faite sur les loyers qu'ils avaient à recevoir ;

Que les Etats devaient prendre cet objet en considération et se faire remettre le relevé des sommes à répéter ; ce qui serait d'autant plus facile à faire que chaque ordonnance renvoyait à l'état joint pour constater l'objet de chaque répétition.

Après quoi les Etats ont dit qu'ils connaissent combien l'imposition pour les logements militaires a besoin d'attention ; que cette partie d'administration exige beaucoup plus d'ordre et d'éclaircissement qu'aucune autre ; qu'ils feront tous leurs efforts pour répondre à l'empressement de Sa Majesté qui est égal à celui de la Corse ; que pour s'occuper avec succès de cette matière, le Comité ordinaire prendra communication de ce qui a été annoncé par Nosseigneurs les Commissaires du Roi pour rapporter, le plus promptement qu'il pourra, ses observations à l'Assemblée générale pour la mettre à portée de prendre les délibérations convenables.

Et la présente délibération a été signée comme dessus.

Dudit jour 4 juin 1779.

Après que Nosseigneurs les Commissaires du Roi se sont retirés, Mgr l'Evêque Président a dit que l'Assemblée générale, dans la délibération précédente, a connu la nécessité de nommer un certain nombre de Députés pour faire, conjointement avec le Comité, leurs observations sur les comptes présentés par le Trésorier de la Province et relatifs tant à la subvention, qu'à l'imposition sur les maisons pour en instruire les Etats et les mettre dans le cas de prendre ensuite les délibérations nécessaires ;

Que cette nomination devrait se faire pendant la présente

Séance pour n'apporter aucun retard à ce travail duquel dépend la prolongation de la tenue des Etats.

Après quoi la matière mise en délibération, il a été arrêté que les adjoints au Comité seraient MM. Xavier Casabianca, Pierre Rigo, et Casanova, et qu'ils feraient toutes les observations et réflexions nécessaires pour vérifier les comptes rendus par le Trésorier et faire leur rapport aux Etats.

Et la présente délibération a été signée tant par Mgr l'Evêque Président que par MM. les autres Députés qui ont signé les deux précédentes.

Dudit jour 4 juin 1779.

Monseigneur l'Evêque Président a dit que les derniers Etats, dans la Séance du neuf juin, animés des sentiments de respect et d'amour qui sont communs à toute la Corse et qu'ils ont voués à Mgr le Comte de Marbeuf, crurent ne pouvoir les témoigner d'une manière plus générale, qu'en consacrant par un monument durable la mémoire d'un Chef aussi respectable ;

Que du consentement unanime de tous les ordres il fut délibéré que sous le bon plaisir du Roi il serait érigé une pierre de marbre sur la façade de la maison des Douze avec l'inscription rapportée dans la susdite Séance ;

Que Sa Majesté ayant donné à Mgr le Comte de Marbeuf une nouvelle marque de sa satisfaction en érigeant en sa faveur la Colonie de Cargese en Marquisat de son nom, a par l'Arrêt du 17 juin de l'année dernière applaudi à la délibération des Etats ;

Qu'après l'approbation de Sa Majesté, il ne reste plus

qu'à exécuter la volonté de la précédente Assemblée générale, qui est celle de la Nation entière.

Que MM. des Douze furent autorisés à faire placer cette pierre avec toute la solennité qu'ils auraient jugée convenable ; qu'il serait nécessaire de les inviter à remplir une commission aussi chère à la Corse, qu'elle est flatteuse pour eux.

Après quoi la matière mise en délibération, les Etats délibérant ont dit que l'inscription déterminée par les derniers Etats pour Mgr le Comte de Marbeuf, a été dictée par la justice et tracée par la reconnaissance.

Que cette inscription n'étant que l'expression de la vérité, elle doit être exécutée sans retard ;

Que Mgr le Comte de Marbeuf acquérant de jour en jour par ses vertus et son zèle de nouveaux droits sur les cœurs des Corses, ils ne peuvent mieux témoigner leurs sentiments, qu'en les gravant sur le marbre ;

Que MM. des Douze devront donc préparer promptement la pierre et l'inscription susdite ;

Que cette pierre, conformément aux délibérations des Etats précédents, sera placée sur la façade de la maison des Douze avec la solennité qu'ils jugeront convenable.

En outre l'Assemblée générale délibérant, a arrêté qu'il sera nommé une Députation qui sera composée de Mgr l'Evêque de Sagone, de MM. Savelli et Battestini, Piévans ; Colonna d'Ornano, Poli et Benedetti, Nobles, et de MM. Casanova, Belgodere, Castelli, Mattei et Santa Maria, Députés du Tiers Etat.

Qu'elle devra se présenter à Mgr le Comte de Marbeuf pour lui renouveler les témoignages de la respectueuse considération et de la reconnaissance générale ;

Que les preuves continuelles d'attachement qu'il ne cesse de donner au Pays et le vif intérêt qu'il prend à tout ce qui peut contribuer à son avantage, et assurer sa tranquillité, seraient de nouveaux motifs d'amour et de gratitude, si ces sentiments pour Mgr le Comte de Marbeuf étaient susceptibles d'être augmentés;

Que cette Province ne cesse de former les vœux les plus sincères pour la conservation de ses jours, qui sont très précieux pour elle;

Que les Etats réclament la continuation de ses bontés pour une Province dont les besoins lui sont connus.

Après quoi la Députation après avoir rempli sa commission et être rentrée dans la Salle d'assemblée, Mgr l'Evêque de Sagone a dit que Mgr le Comte de Marbeuf a reçu avec les sentiments de la plus vive reconnaissance les témoignages qui lui ont été donnés de la part de l'Assemblée générale, et la remerciant de son attention, l'assure qu'il se fera un vrai plaisir de pouvoir contribuer à la félicité d'une Province qu'il estime et qu'il aime; qu'il exhorte le Pays à travailler à son propre bonheur et qu'il répond du succès;

Que ses efforts, réunis aux favorables dispositions du Gouvernement, rendront cette Isle une des Provinces heureuses du Royaume de France.

Après quoi la Séance a été remise à mardi, huit du courant, à neuf heures du matin.

Et la présente délibération a été signée tant par Mgr l'Evêque Président que par Mgrs les autres Evêques et Députés qui ont signé toutes les précédentes de ce jour.

A Bastia, les jour, mois et an susdits.

Signés, etc.

Séance du 8 juin 1779.

Monseigneur l'Evêque Président, Mgrs les Evêques et Députés, ci-devant nommés (Mgr Cittadella absent par indisposition), s'étant rendus à la salle de l'Assemblée, Mgr l'Evêque Président a dit que le Greffier en chef ayant communiqué à Nosseigneurs les Commissaires du Roi, le projet d'instruction qui a été lu dans la précédente Assemblée, les Etats désireraient de connaître les observations que Nosseigneurs avaient pu faire.

Après quoi l'instruction susdite ayant été relue ainsi que les diverses notes qui y ont été faites par ordre de Nosseigneurs les Commissaires du Roi, l'Assemblée délibérant a arrêté que l'instruction de la part des Etats sera réglée de la manière suivante, et sera portée sur le registre pour en être délivré un extrait à Nosseigneurs les Commissaires du Roi, qui par leur autorité et leurs lumières y mettront les modifications qu'ils croiront justes et nécessaires.

PROJET d'Instruction pour l'exécution du nouvel Arrêt du Conseil d'Etat du 23 août 1778.

L'Arrêt du Conseil d'Etat du 23 août 1778 concernant l'établissement de la subvention en nature a eu pour objet principal, le soulagement des contribuables, la facilité dans la perception et l'avantage de la Province.

Pour profiter d'un établissement suggéré par la modération et la sagesse du Gouvernement, il ne reste qu'à en faciliter l'exécution, en surmontant les obstacles qui se présentent, en levant les difficultés que l'on propose et en établissant des moyens faciles pour donner au nouvel Arrêt l'exécution qui lui est nécessaire.

Quoique la plus grande partie des Communautés de la Corse ait été déjà affermée pour trois ans, il en reste néanmoins quelques-unes qu'on n'a pu encore mettre en adjudication : il est donc nécessaire de proposer pour les unes et pour les autres des règles qui assurent à la Corse les avantages qu'on a eu en vue de lui procurer par le nouveau plan de subvention.

Pour y procéder avec ordre, ces règles seront divisées par articles.

Article Premier

Dans chaque Communauté où la subvention n'aura point été affermée, M. l'Intendant, sur la présentation des Douze, nommera le nombre de préposés qui sera nécessaire en proportion du lieu.

Art. 2.

Les percepteurs jouiront de la rétribution d'un huitième sur les récoltes de tous les fruits.

Art. 3.

Au moyen de ladite rétribution les percepteurs de la subvention en nature seront obligés de se pourvoir de chevaux, sacs, outres, tonneaux et autres ustensiles nécessaires pour la récolte et la conservation des denrées, par eux recueillies.

Art. 4.

Ils seront obligés de se transporter dans les lieux qui leur seront indiqués par les contribuables, pour recevoir le vingtième des récoltes sujettes à la subvention, et en cas de négligence de leur part, ils seront responsables de toute perte occasionnée par leur faute, et le contribuable pourra, lorsque le percepteur ne se présentera pas dans le terme indiqué, laisser sur le lieu de la récolte le vingtième des fruits et enlever le surplus conformément à ce qui est prescrit par l'article 7.

Art. 5.

Les percepteurs seront obligés de tenir une note de toutes les denrées qui se recueilleront de jour en jour, en distinguant leur qualité et quantité, et spécifiant les contribuables sur qui elles auront été perçues.

Art. 6.

Pour prévenir toutes les contestations qui pourraient survenir entre les contribuables et les préposés à la perception de la Subvention qui, suivant le susdit article 7 de l'Arrêt du 23 août, doivent être avertis du jour de la récolte avant que les propriétaires ou le colon puissent enlever les fruits du champ, il serait nécessaire que le contribuable, pour pourvoir à son indemnité, avertît les percepteurs en présence de quelque témoin, ou retirât du percepteur un billet qui fît mention de l'avertissement qui lui a été donné d'aller percevoir la subvention, et l'avis donné à la famille du préposé de la subvention devra avoir le même effet que s'il eût été donné en personne audit préposé ou percepteur. Si quelque événement empêchait que la récolte ne pût avoir lieu au jour indiqué par le propriétaire ou colon, le percepteur et fermier seront censés être avertis pour le jour suivant.

Art. 7.

Si quelqu'un des percepteurs nommés dans les Communautés non affermées, commettait des infidélités dans la déclaration des fruits qu'il aurait perçus, des prix auxquels il les aurait vendus, ou de quelque manière qu'on pût connaître sa malversation, il sera condamné à la peine du quadruple portée par l'article 6 du susdit Arrêt, en faveur du Pays, et en outre destitué de sa charge et privé de la voix active et passive dans sa Communauté.

Art. 8.

Les percepteurs de la Subvention des Communautés non adjugées devront tenir un Registre paraphé par le Subdélégué sur lequel ils devront noter distinctement toutes les quantités recueillies en spécifiant le nom de chaque contribuable et la portion pour laquelle il aura contribué ; le registre sera visé et signé par les Officiers Municipaux des Communautés qui remettront au Trésorier des Provinces respectives une note du total des récoltes de leur paroisse pour être envoyée au Bureau des Etats.

Art. 9.

Il sera formé audit Bureau un état général où l'on distinguera par Communauté toutes les diverses denrées qui se trouveront dans les Communautés respectives qui ne seront pas mises en adjudication, afin que par ce moyen MM. des Douze puissent prendre les précautions nécessaires pour l'indemnité du Pays.

Art. 10.

Les percepteurs de la subvention desdites Communautés seront autorisés à vendre le plus tôt possible, et au prix courant, les denrées qu'ils auront recueillies, et seront obligés de tenir une note de tout ce qu'ils vendront, en énonçant la denrée, le prix, la quantité et le nom de l'acheteur.

Art. 11.

Dans les Communautés non affermées et dans lesquelles il y aura deux ou plusieurs percepteurs, tous les fruits recueillis devront, autant qu'il sera possible, être remis à la garde d'un seul qui sera autorisé à en faire la vente et en exiger le prix.

Art. 12.

Pour obvier, autant qu'il est possible, à toutes les malversations, les Officiers Municipaux devront veiller sur l'administration des percepteurs et vérifier si les fruits recueillis sont bien conservés et à quel prix ils sont vendus.

Le Député des Douze du département, lorsqu'il sera invité par les deux résidents à Bastia, devra se transporter dans les Communautés de sa Province pour vérifier et constater les dépérissements qui peuvent survenir et prendre même par le moyen d'une Assemblée les renseignements nécessaires pour s'assurer de l'exactitude des percepteurs.

Art. 13.

En cas de vol ou d'autre accident, la Communauté sera responsable des denrées qui sont pour le compte des Etats.

Art. 14.

En cas de mort ou de maladie de quelqu'un des percepteurs, le Officiers Municipaux seront obligés, sous peine de payer de leur propre, de nommer immédiatement un autre sujet pour le remplacer, de la substitution duquel ils seront responsables, jusqu'à ce que M. l'Intendant en ait nommé quelqu'autre.

Art. 15.

Comme par les dispositions des articles 6 et 7 les propriétaires ne peuvent enlever aucune chose des terres contribuables que 24 heures après que les préposés ou percepteurs auront été avertis, et que l'exécution à la lettre de cet Arrêt pourrait rencontrer des difficultés pour les châtaignes, afin d'y pourvoir elles devront se payer sèches, sans tenir compte de celles qui seront consommées fraîches pour l'usage de la famille et de la maison du contribuable, pour le récompenser des peines qu'il aura prises pour les sécher et des frais de transport, devant néanmoins payer pour les châtaignes fraîches qu'il aurait veudues. Quand le contribuable aura recueilli des châtaignes dans diverses Communautés et qu'elles seront mêlées, il sera obligé de tenir compte de la quantité recueillie dans chaque paroisse pour donner à chacun des préposés des différentes Communautés la portion qui lui appartient. Ne seront point comprises dans cette règle les Communautés dans lesquelles la récolte des châtaignes n'est qu'un petit objet, parce que dans ce cas l'adjudicataire pourra prendre le vingtième dans la maison du contribuable aussitôt la récolte finie en tenant compte de celles qui auront été vendues. La récolte des olives dans le champ offrant la même difficulté que pour les châtaignes, la subvention du vingtième sera payée en huile sur la totalité de la récolte, et pour dédommager les propriétaires et ceux qui recueillent des olives, de toutes les dépenses et incommodités que leur occasionne le payement en huile, il leur sera permis de retenir sur le vingtième exigible le septième à leur profit.

Art. 16.

Les bleds de Turquie et les légumes en Corse n'étant point sujets à la dîme Ecclésiastique, elle ne peut servir de règle pour le payement de la subvention, et comme, selon le commun usage de Corse, ces produits n'ont pas coutume d'être battus dans le champ, mais dans la maison de celui qui les recueille, les adjudicataires ou percepteurs de la subvention exigeront le vingtième de ces produits avant qu'ils soient battus, et ils seront exigés à la maison du propriétaire, déduction faite en sa faveur du vingtième des frais de transport.

Art. 17.

Tous les légumes qui se conserveront ou se vendront verts, ne seront point réputés sujets à la subvention ; il en sera de même du raisin qui sera consommé pour l'usage du propriétaire et de sa famille, n'y ayant seulement d'assujetti au payement que celui qui se vend en nature, ou le vin qu'on en retire.

Art. 18.

La Subvention du vin sera payée sur le lieu même où il sera fabriqué.

Art. 19.

L'article 4 exemptant de la Subvention les jardins, cette exemption devra s'entendre pour les légumes et herbages qui y existent, mais elle ne pourra s'étendre aux arbres que le même article assujettit à l'imposition.

Art. 20.

Le tabac en herbe n'étant qu'une faible production provenant des jardins, sera exempt de la subvention, conformément à l'article 4 ci-devant cité, à moins qu'on n'en fasse un commerce.

Art. 21.

La rétribution fixée par l'article 8 pour les animaux sera due du temps où la vache aura fait le veau, la truie le cochon de lait, la brebis l'agneau, et la chèvre le cabri, et cette rétribution, conformément à ce qui a été annoncé par Nosseigneurs les Commissaires du Roi dans la Séance du 27 mai, ne sera que pour le bétail existant au terme du payement.

Art 22.

Quand le bétail sera entre le propriétaire et le berger par des contrats qu'on appelle de société ou de *capezzo*, la subvention sera partagée entre le propriétaire et le berger, et chacun payera dans la paroisse de son domicile en proportion du produit respectif.

Art. 23.

La peine du quadruple prononcée par l'article 6 du nouvel Arrêt contre les propriétaires qui, avant les 24 heures après l'avertissement fait aux préposés ou percepteurs de la subvention, emporteraient les produits des leurs terres, devra s'entendre en proportion de la quantité des fruits qu'ils auront cachés ou enlevés, ce qui doit s'entendre pour les bestiaux.

ART. 24.

L'article 19 du modèle d'adjudication attribuant aux Officiers Municipaux la faculté de connaître de toutes les contestations qui pourront s'élever entre les contribuables et les fermiers ou préposés à la perception de la subvention, cette faculté devra s'entendre encore pour le prononcé des amendes du quadruple fixé par l'article 6 contre les contribuables qui seraient trouvés en fraude, sauf le recours devant M. l'Intendant.

ART. 25.

Les fermiers devront avoir dans chaque Communauté un préposé ou percepteur qui soit connu des contribuables de la Paroisse, autrement ceux-ci ne seront point tenus de l'avertissement et déclaration prescrits par les articles 6 et 7 du nouvel Arrêt, et pour que cette notoriété ne puisse être ignorée, il en sera donné connaissance sur la place de l'Eglise Paroissiale au sortir de la messe.

ART. 26.

Les Communautés ne seront obligées que de pourvoir les adjudicataires de magasins, moyennant le payement des loyers.

Art. 27.

Les adjudicataires qui voudront avoir la copie des rôles et registres de la subvention des années précédentes et qui se trouvent au Bureau des Etats, pourront se la procurer en payant au copiste la taxe réglée par les Greffes de la Corse.

Art. 28.

La subvention étant réelle et territoriale, elle doit être payée dans la Communauté, sur le territoire de laquelle les fruits sont perçus, et s'il s'élève des difficultés territoriales entre les adjudicataires des différentes Communautés, la subvention continuera quant à présent à se payer dans la même Communauté dans le rôle de laquelle elle a été portée pour l'année précédente, et ayant été portée sur deux rôles, les propriétaires doublement imposés devront se faire décharger de celui de la Communauté dont le droit est moins clair.

Art. 29.

La subvention en nature, conformément aux dispositions des articles 2 et 3, sera payée avant qu'il ait été fait aucune distraction des dîme, *terratico*, cens, loyer et de toutes charges quelconques.

Art. 30.

Quand le propriétaire aura loué ses terres pour une somme d'argent annuelle, ou pour une certaine quantité déterminée de grain, de vin, d'huile, de châtaignes etc., le fermier pourra retenir à sa décharge le vingtième du prix du fermage, ou de la quantité de fruits qui servira à l'acquittement de l'entière subvention qu'il aura dû payer.

ART. 31.

Quand les terres seront données à *terratico* ou à culture pour en partager les fruits entre le propriétaire et le colon, la subvention devra se lever sur la masse entière du produit, et ce ne sera qu'après la distraction du vingtième dû au Roi que le colon et le propriétaire pourront partager leur récolte, ainsi qu'il est observé pour le payement de la dîme Ecclésiastique, de manière que le vingtième dû et payé au Roi, quel qu'il soit pour le partage entre le propriétaire et le cultivateur, devra être considéré comme un produit de moins.

Et la présente délibération a été signée tant par Mgr l'Evêque Président, et Mgr l'Evêque de Sagone, que par MM. le Vicaire général d'Aleria, Sebastiani et Costa, Piévans ; Costa de Castellana et de Sansonetti, Nobles ; Santa Maria et Mattei, Députés du Tiers-Etat.

A Bastia, les jour, mois et an susdits.

Signés, etc.

Dudit jour 8 juin 1779.

Monseigneur l'Evêque Président a dit qu'après avoir dans la journée d'hier examiné le projet d'instruction relatif à l'exécution et éclaircissement du nouveau plan de subvention, l'Assemblée générale entendrait volontiers la continuation des observations du Comité pour prendre en conséquence les délibérations nécessaires.

Après quoi Mgr l'Evêque du Nebbio a dit que le Comité auquel il préside a observé que le nouvel Arrêt du 23 août 1778, assujettissant les terres au vingtième de leur produit avant aucune distraction, c'est exiger une rétribution plus forte que les dîmes du produit net, et par conséquent plus considérable que celle qui a été prescrite par les précédents Arrêts ;

Que les frais pour les grains, le vin, les olives et les châtaignes surpassent la moitié des récoltes ;

Que pour les grains, les trois quarts au moins sont nécessaires pour les frais de semence et de culture ; que la preuve sensible est que le propriétaire ne loue d'ordinaire ses meilleures terres qu'à raison du quart du produit, laissant tout le reste au cultivateur comme le prix de ses fatigues et de ses dépenses, ce qui ne se serait pas s'il était possible aux propriétaires des terres d'en retirer un plus grand avantage ;

Que les vignes se louent pour la moitié, mais que le propriétaire est obligé de fournir la moitié des échalas, de faire la dépense du transport du raisin, et du pressoir, outre la clôture, la nouvelle plantation de la vigne et autres dépenses ;

Que pour les olives, la plus grande partie donne la moitié du fruit pour la cueillette, outre les frais nécessaires pour les labours, engrais et nettoyement des oliviers ;

Que pour les châtaignes, on paye dans certains endroits la moitié pour les recueillir, outre les frais pour les transporter et faire sécher etc. ;

Que quoique par le passé les Etats n'aient point réclamé contre la déduction réglée par l'Arrêt du 24 octobre 1772, le motif de leur silence pouvait provenir de ce que le payement de la subvention se réglait par les déclarations des contribuables, dans lesquelles on présumait que chacun aurait compris toutes les déductions qu'il pouvait prétendre ; que se devant actuellement payer en nature et dans le champ, le payement devient simple et les adjudicataires ont intérêt qu'il se fasse exactement.

Mgr l'Evêque de Nebbio a ajouté que le Comité a ci-devant fait ses observations sur l'objet de la subvention et a reconnu qu'il serait de l'intérêt du Pays de demander quelque modification et éclaircissement sur ledit Arrêt ;

1º Que la première serait de prier Sa Majesté que, sous le nom de bois taillis assujettis à la subvention par l'article 4, on ne dût entendre que les bois dans lesquels on fait de grandes coupes pour les mettre ensuite dans le commerce ; et que les échalas, le charbon, les souches, les makis et tout ce qui sert au propre usage, ou qui se vend en détail au compte des pauvres journaliers ne soient point réputés sujets à l'imposition ; que les échalas méritent une observation particulière, parce qu'ils servent pour les vignes qui payent déjà le vingtième ;

2º Qu'en adhérant à la demande faite par la Province de Calvi tendant à l'exemption des foins, comme un moyen sûr d'encourager l'établissement des prairies et par conséquent le bétail et la culture, Sa Majesté sera suppliée d'exempter de la subvention ce produit ;

3º Que la subvention sur la pêche des rivières rencontrant de la difficulté, sans être de la moindre utilité, pourrait être supprimée en la laissant seulement subsister sur les lacs et étangs appartenant au Domaine ou à des particuliers, et qu'on est dans l'usage de louer ;

4º Que l'imposition de huit sols par vache est trop onéreuse, si l'on considère le peu de profit que donne ici ce bétail au propriétaire ; qu'il serait nécessaire d'augmenter cette espèce, et que la diminution de l'imposition est un moyen sûr pour y parvenir ;

5° Que l'exemption sur les mûriers ou leur produit serait plus nécessaire qu'aucune autre, parce que ce ne serait que de cette production que la Corse pourrait espérer une prompte régénération ;

Que cette exemption pourrait s'étendre jusqu'à trente ans et par ce moyen en accélérer la plantation.

Après quoi le matière mise en délibération, les Etats applaudissant au zèle du Comité auquel préside Mgr l'Evêque du Nebbio, délibérant, ont dit que les observations du Comité ne peuvent être ni plus sensées ni plus raisonnables ; que la Corse ne devant véritablement payer que le dixième du produit net, le vingtième du total est trop considérable, spécialement pour les productions en grains, vin, huile et châtaignes ; que pour se convaincre de cette vérité et en connaître l'existence dans tous les points, M. l'Intendant sera prié de prendre les renseignements nécessaires, afin que reconnaissant la réalité de la représentation des Etats, il daigne l'appuyer ;

Qu'on demandera l'exemption de la subvention des mûriers et des foins, de la pêche des rivières, du charbon, des échalas, makis et souches qui se consomment pour le propre usage, ou qui se vendent en détail au compte des pauvres journaliers, et que la rétribution de huit sols par vache serait réduite à quatre, le tout conformément au sentiment du Comité ; desquelles demandes MM. les Députés à la Cour formeront un des objets de leur commission.

Après quoi la Séance a été remise à demain, neuf du présent mois, à neuf heures du matin.

Et la présente délibération a été signée comme dessus.

A Bastia, les jour, mois et an susdits.

Séance du 9 juin 1779.

Monseigneur l'Evêque Président, MM. les Evêques et Députés, ci-devant nommés, y compris Mgr Cittadella, Evêque de Mariana, s'étant rendus à la Salle d'Assemblée, Mgr Président a dit qu'après avoir réglé l'instruction sur l'exécution du nouveau plan de subvention et fait diverses demandes de modifications sur quelques produits, il reste encore un objet intéressant à discuter qui est celui des arrérages ; que c'est un des objets envoyés à l'examen du Comité dont les Etats désireraient d'entendre les observations.

Après quoi Mgr l'Evêque du Nebbio a dit que la matière dont il est question a d'autant plus besoin d'être développée qu'il se rencontre de grandes difficultés pour l'éclaircir ;

Que l'Assemblée générale ne doit pas ignorer que Sa Majesté, par son arrêt du 23 août 1778, portant une nouvelle forme d'imposition en nature de fruits, eut la générosité de faire remise des dix-huit mois de subvention qui lui étaient dûs du 1er octobre 1777 au 1er avril de la présente année ; que cette grâce ne fut pas restreinte à la seule somme de l'abonnement dû au Roi, mais qu'elle s'étendit à celle qui avait été réglée pour les charges nationales ;

Que cette grâce ne fut point absolue et indistincte, mais en faveur des contribuables qui auraient payé tous les arrérages de la subvention jusqu'au 1er octobre 1777, époque à laquelle cessait la subvention en deniers ;

Que MM. les Députés à la Cour se crurent en devoir de représenter à M. le Directeur général des Finances l'impossibilité de remplir la condition sous laquelle avait été faite la remise des dix-huit mois; que l'état d'indigence où la Corse s'était trouvée, pendant les mois passés, par la stérilité des récoltes, avait été un obstacle insurmontable au payement des dettes des années précédentes ;

Que, quoique plusieurs ayent pu avoir payé, le peuple néanmoins, malgré tous ses efforts, n'avait pu acquitter ses dettes ;

Qu'à la suite de ces remontrances Sa Majesté avait prolongé le terme du payement des arrérages jusqu'au mois d'octobre prochain ;

Que pour avoir une connaissance exacte et distincte de ce que doit chaque Province, Piève, Communauté et individu, on avait ordonné la formation d'un rôle général dans chaque Paroisse de toutes les sommes qui pouvaient être dues pour chacune des sept années, c'est-à-dire du 1er octobre 1770, au 1er octobre 1777 ;

Que quoique la subvention ait commencé au 1er octobre 1769, cette première année néanmoins devait être considérée comme soldée, sans plus revenir sur ces comptes ;

Que pour assurer le bon ordre de ce travail il fut ordonné une Assemblée de tous les contribuables de chaque Communauté auxquels on devait donner communication de ce qu'ils avaient dû payer chaque année, et des sommes que les Officiers Municipaux avaient versées chaque année en mains du Trésorier, y compris les ordonnances de décharge qu'on devait considérer comme argent comptant ;

Que dans la rédaction du rôle des sommes restant dues par les contribuables pour les sept années, l'Assemblée devait observer si, réunies aux sommes payées par les Officiers Municipaux au Trésorier de la Province, elles représentaient le véritable montant de la subvention à laquelle la Communauté se trouvait imposée par les sept années échues au 1er octobre 1777 ;

Que suivant les comptes présentés par le sieur Gautier, les diverses Provinces de la Corse doivent pour solde de ce qu'elles doivent pour les sept années deux cent quarante-trois mille sept cent quatre-vingt-trois livres ;

Que cette dette ne s'accorde point avec les sommes que présentent les rôles remis par les Communautés au Bureau des Etats ;

Que quoique les derniers ne soient point encore entièrement remis, il en résulte qu'il ne reste pas seulement arrière le quart de la Corse, et que dans ce quart il y a plusieurs Communautés, qui, selon l'avis du Trésorier, ont entièrement payé ;

Que les rôles envoyés par les Paroisses et examinés au Bureau des Etats ne présentent qu'un objet de soixante-dix mille livres ;

Que quoique l'inexactitude des autres Communautés ne permette point de faire un compte exact, il sera néanmoins permis d'en faire un par approximation avec la certitude de s'éloigner peu du compte véritable et réel ;

Qu'il pourrait être de cent mille livres environ ;

Que cette somme est bien différente de celle que présente l'état des Trésoriers qui, comme on l'a déjà dit, est de deux cent quarante-trois mille sept cent quatre-vingt-trois livres ;

Que cette grande différence peut provenir de diverses causes ;

Que la première et la plus vraisemblable est que les Officiers Municipaux n'auront pas versé dans la Caisse des Trésoriers tout l'argent qu'ils auront exigé pour la subvention, et qu'ils en auront employé une grande partie pour leur propre usage ;

La seconde que quelque Trésorier Provincial n'aura point remis au Trésorier général toutes les sommes que les Officiers Municipaux ont payé à compte de leurs Communautés respectives ;

La troisième que les contribuables auront fait entrer en

à compte du payement des sept années ce qui avait été payé pour celle du 1er octobre 1769, au 1er octobre 1770, tandis que ces payements ne doivent faire ni dette ni crédit sur ceux des sept années ;

Que dans un temps aussi court il est difficile de connaître quelle en est la véritable cause ;

Que tout examen et discussion apporteraient des retards inutiles à l'exigence des arrérages et au payement des sommes dues au Roi ;

Qu'il faut poser en fait que la dette de la Nation est de deux cent quarante-trois mille sept cent quatre-vingt-trois livres ;

Qu'il restera ensuite à examiner quels sont les vrais débiteurs ; qu'en attendant on doit fixer quelle sera la somme exigible, et quelle sera la manière de l'exiger ; qu'il faut premièrement pourvoir aux cent vingt mille livres dues au Roi, aux vingt-sept mille livres prêtées au Pays par divers particuliers et aux soixante mille livres pour supplément de cinq années dues par le Pays pour l'imposition des maisons, aux douze mille livres pour les réparations des maisons occupées pour le service militaire ;

Qu'avec la très mauvaise récolte de cette année on ne peut espérer d'exiger entièrement ce qu'il faut pour payer au Roi, et encore moins ce qu'il sera déterminé de percevoir pour les autres dettes nationales ;

Qu'il ne reste d'autre expédient que de mettre cette exigence en portions, savoir, de trente mille livres par an pour payer au Roi, et d'une somme annuelle pour les autres dettes nationales ;

Que pour ne point causer le moindre retard à cette exigence, les rôles seront faits sur des sommes déjà liquides, savoir, sur les Communautés et leurs habitants qui suivant les rôles remis au bureau se déclarent débiteurs ;

Que les premiers rôles pour l'exigence de la première portion seront formés sur les Communautés qui doivent les plus fortes sommes ; qu'en attendant que ces premiers rôles soient mis à exécution dans la forme ordinaire, on cherchera à connaître le vrai débet de chaque paroisse et les vrais débiteurs pour exiger les rôles pour les années successives jusqu'au paiement des sommes dues au Roi et de celles fixées pour le pays ;

Que les Trésoriers seront invités à remettre au bureau une note distincte pour les sept années de toutes les sommes payées entre leurs mains à compte des paroisses respectives du département ;

Que copie de cette note sera communiquée dans une Assemblée de chaque Communauté, afin qu'on puisse reconnaître si elle répond à ce que les contribuables diront avoir payé entre les mains de leurs Officiers ;

Que dans les paroisses dans lesquelles l'opération de ce compte paraîtrait difficile et embarrassante, MM. des Douze conjointement avec le Greffier en chef pourront nommer à M. l'Intendant des Commissaires pour se transporter où il sera nécessaire et travailler à les éclairer par les observations qu'ils croiront justes ;

Que pour le surplus qui pourrait rester à recouvrer, MM. des Douze et le Greffier en chef proposeront à M. l'Intendant quelles sont les Communautés qui peuvent mériter des décharges qui, réunies à la portion inexigible par l'insolvabilité des contribuables, absorberont facilement le restant de la créance.

Mgr de Santini a ajouté que ce sont là les réflexions faites par le Comité que l'on soumet à l'examen et au jugement de l'Assemblée générale.

Après quoi la matière mise en délibération, les Etats applaudissant aux observations du Comité qui répandent la clarté et l'ordre sur l'objet en question, ont délibéré :

Que Sa Majesté sera humblement suppliée de consentir

que sa créance de cent vingt mille livres soit payée en quatre années à raison de trente mille livres par an, puisque la disette de la récolte actuelle ne permet pas de recouvrir une plus forte somme ;

Qu'outre les trente mille livres pour le Roi, on exigera sur les arrérages vingt mille livres pour le paiement des vingt-sept mille livres dues à des particuliers et pour satisfaire au supplément des loyers et réparations des maisons occupées par les gens de guerre ;

Que pour l'exigence de ces cinquante mille livres par an, et pendant l'espace de quatre années, on arrêtera les rôles au Bureau des Etats dans la forme ordinaire ;

Que les rôles de la première année seront formés de préférence sur les Communautés qui sont débitrices de plus fortes sommes, suivant les rôles qu'elles mêmes ont envoyés ;

Que l'exigence des cinquante mille livres par an sera divisée en deux parties, savoir, vingt-cinq mille livres au mois d'octobre prochain, et autres vingt-cinq mille au mois de février suivant ;

Que pour connaître les véritables débiteurs qui ne paraissent point sur les rôles des Communautés, les Trésoriers devront promptement remettre au bureau des Etats une note distincte pour les sept années des sommes payées entre leurs mains par les Officiers Municipaux de chaque Paroisse de leur Province, et qu'elle sera communiquée dans une Assemblée de chaque Communauté pour vérifier si elle répond à celles que les personnes sujettes à la subvention prétendent avoir payées entre les mains de leurs Officiers ;

Qu'en cas de contestation entre les contribuables et les Officiers Municipaux sur les sommes payées ou non payées, les premiers seront réputés débiteurs, jusqu'à ce qu'ils justifient qu'ils ont payé au Podestat et Pères du Commun ;

Que dans les Communautés dans lesquelles les comptes ne pourraient point s'apurer, MM. des Douze pourront proposer à M. l'Intendant des Commissaires qui se transporteront dans les paroisses où leur présence pourra être nécessaire pour l'éclaircissement de la comptabilité et pour faire toutes les observations qu'ils croiront justes et convenables ;

Qu'après l'exigence des cent vingt mille livres dues au Roi, et des autres fixées pour le paiement des dettes du Pays, il resterait à recouvrer vingt-quatre mille sept cent quatre-vingt-trois livres ;

Qu'il n'y a rien de plus juste que de venir au secours des premiers, mais qu'il faut mettre une distinction entre l'insolvabilité absolue et l'insolvabilité passagère provenant de la mauvaise récolte ;

Que la première devra être justifiée par certificat affirmé du propre Curé et des Officiers Municipaux qui demeureront responsables pour les contribuables auxquels ils auront délivré injustement le certificat de pauvreté, ou d'une insolvabilité positive ;

Que pour la seconde on n'accordera qu'une suspension de paiement à un terme convenable ;

Qu'on n'accordera point de décharges générales aux Communautés, à moins qu'il n'y ait une erreur reconnue dans la fixation des sommes auxquelles elles sont imposées, ou qu'il n'y ait un certificat fait par tous les officiers de la Piève et approuvé dans l'Assemblée Provinciale, qui justifiera la surcharge alléguée en proportion des autres Paroisses de la Province ;

Que MM. des Douze et le Greffier en chef auxquels seront communiquées les demandes de décharge, y feront les observations nécessaires en donnant leur avis pour solliciter la décision définitive de M. l'Intendant ;

Qu'à l'égard des instances déjà faites, et que M. de Boucheporn a communiquées à l'Assemblée générale, le Comité fera connaître son sentiment pour qu'il soit pris ensuite les délibérations nécessaires.

Et la présente délibération a été signée tant par Mgr l'Evêque Président que par Mgrs les autres Evêques de Mariana et du Nebbio; Olivieri et Trani, Piévans; Xavier de Casabianca et de Varese, Nobles; Angeli et de Castelli, Députés du Tiers-Etat.

A Bastia, les jour, mois et an susdits.

Signés, etc.

Dudit jour 9 juin 1779.

Monseigneur l'Evêque Président a dit que Sa Majesté, dans la réponse aux demandes du procès-verbal des Etats de 1775, autorisa la nomination d'un certain nombre de jurisconsultes qui s'occuperaient à former des mémoires sur les loix et coutumes de la Corse ;

Que les Etats précédents profitant de la faculté qui leur avait été accordée, en nommèrent neuf, savoir, six pour les Provinces d'en deçà et trois pour les Provinces d'en delà les monts ;

Que le Roi par la réponse à la délibération des Etats précédents permet de présenter ces mémoires ;

Que pour profiter de la bénigne condescendance de Sa Majesté il reste à examiner quelle sera la règle avec laquelle les Jurisconsultes nommés devront remplir leurs commissions ; que cet objet est trop intéressant pour être perdu de vue ; que c'est à l'Assemblée à proposer les moyens d'assurer le bon succès d'un travail aussi utile et aussi nécessaire pour la Corse.

Après quoi la matière mise en délibération, les Etats délibérant ont arrêté que les Jurisconsultes nommés par la précédente Assemblée générale devront s'assembler à Bastia, sous le bon plaisir de Nosseigneurs les Commissaires du Roi ; que lorsqu'ils seront réunis, ils fixeront les divers objets dont ils devront s'occuper; que chacun de ces Jurisconsultes devra travailler sur toutes les matières de législation qu'on croira dignes d'examen et de réflexion ;

Qu'ils pourront faire ce travail séparément ; que quelque temps après, ils se rassembleront pour se communiquer leurs mémoires respectifs ; qu'on nommera entre eux des rapporteurs pour examiner réciproquement leur travail;

Que réunis tous ensemble ils détermineront quelles sont les observations et les mémoires qui mériteront d'être adoptés de préférence pour être remis au Comité établi à Paris pour la législation de Corse ;

Que les Jurisconsultes s'abstiendront de tout ce qui reregarde la forme de procéder et la grande police de la Justice en conformité de ce qui est prescrit par les deux réponses de Sa Majesté;

Que la présente délibération sera communiquée par le Greffier en chef aux Jurisconsultes ses collègues pour concerter avec eux le temps de leur réunion, après avoir pris les ordres de Nosseigneurs les Commissaires du Roi à cet égard.

Après quoi la Séance à été remise à demain, dix du présent mois, à neuf heures du matin.

Et la présente délibération a été signée par Mgr l'Evêque Président et MM. les autres Evêques et Députés qui ont signé la précédente de ce jour.

A Bastia les jour, mois et an susdits.

Séance du 10 juin 1779.

Monseigneur l'Evêque Président, MM. les Evêques et Députés, ci-devant dénommés (Mgr Guasco absent), s'étant rendus à la Salle d'Assemblée, Mgr l'Evêque Président a dit que dans la Séance du 4 Juin, quelques-uns de MM. les Députés furent nommés pour s'occuper, conjointement avec le Comité, de l'examen des comptes relatifs à la subvention rendus par M. Gautier, trésorier général ;

Qu'il serait nécessaire de connaître le résultat de leur travail pour prendre avec connaissance de cause les délibérations convenables.

Après quoi MM. les Députés chargés de ce travail ont mis sur le Bureau des Etats un mémoire sur l'objet de leur commission, de la teneur suivante :

Le Comité chargé des comptes de l'Assemblée générale, par la délibération du 4 Juin, a porté ses réflexions sur les comptes présentés par M. Gautier, Trésorier général du Pays.

Chapitre 1er

On reconnaît que le Pays est resté débiteur, par la dernière reddition des comptes de la subvention faite aux Etats de l'année 1777, d'une somme de cent quatre-vingt-douze mille cinq cent deux livres, douze sols et dix deniers, ainsi arrêtée par Nosseigneurs les Commissaires du Roi.

Chap. 2.

A cette dette on a joint vingt-sept mille livres empruntées à divers particuliers pour les besoins urgents du Pays.

Chap. 3.

A ces deux sommes on a encore ajouté les deux années de subvention, savoir celle de 1775 à 1776, consistant en cent quatre-vingt-huit mille deux cent quarante-neuf livres, dix-sept sols, trois deniers, et celle de 1776 à 1777, de cent quatre-vingt-huit mille cinq cent quatre-vingt-cinq livres, douze sols, qui forment ensemble une somme de trois cent soixante-seize mille huit cent trente-cinq livres, neuf sols, trois deniers, à laquelle ajoutant les deux autres portées dans les deux précédents chapitres, font un total de cinq cent quatre-vingt-seize mille six cent trente-huit livres, deux sols, un denier : et voilà tout ce qui constitue la dette du Pays concernant la subvention totale que M. Gautier considère comme perçue et versée entre ses mains, quoiqu'elle ne le soit pas.

On a ensuite examiné si ladite somme restante du compte précédent, arrêtée par Nosseigneurs les Commissaires du Roi, était de la quantité indiquée, et elle s'est trouvée égale, de même qu'on a trouvé conformes aux états arrêtés par le Bureau de la subvention celles des deux années de subvention de 1775 à 1777.

A l'égard des vingt-sept mille livres qui sont dues par le Pays, il est bon qu'on sache qu'elles sont un reste des quarante mille neuf cent livres déjà empruntées à divers particuliers, ainsi qu'il conste de la reddition des comptes de 1777, chap. 2.

Les dépenses qui résultent du compte sont les suivantes:

Chapitre 1er

Treize mille deux cent soixante-trois livres, sept sols, huit deniers qui sont l'excédent de la dépense du compte de l'année précédente que le Comptable a porté en dépense, selon l'arrêté de Nosseigneurs les Commissaires du Roi.

Chap. 2.

Pour payements faits au Trésorier Civil depuis le 11 mai 1777 jusqu'au 31 mai 1779 des parties suivantes, savoir : cinquante-cinq mille sept cent soixante-dix livres, un sol, huit deniers pour solde des cent vingt mille livres de subvention due au Roi pour l'année du 1er Octobre 1774 à 1775, et cent vingt mille livres pour l'année du 1er Octobre 1775 au 1er Octobre 1776.

Chap. 3.

Porte en dépense pour les deux pour cent accordés aux Pères du Commun sur cent quatre-vingt-huit mille deux cent quarante-neuf livres, dix-sept sols, trois deniers de subvention de 1775 à 1776, trois mille sept cent soixante-quatre livres, dix-neuf sols, onze deniers ; et pour l'un pour cent aux Trésoriers sur cent quatre-vingt-quatre mille quatre cent quatre-vingt-quatre livres, dix-sept sols, quatre deniers, déduction faite du deux pour cent pour les Officiers Municipaux, mille huit cent quarante-quatre livres, dix-sept sols ; et trois mille sept cent soixante-onze livres, quatorze sols, trois deniers pour l'un pour cent pour les Trésoriers sur cent quatre-vingt-huit mille cinq cent quatre-vingt-cinq livres, douze sols pour l'année de 1776 à 1777, déduction faite comme dessus des deux pour cent des Officiers Municipaux ; lesquels droits de collecte présentent un objet de onze mille trois cent vingt-neuf livres, outre mille trois cent soixante-quatre livres accordées à M. Gautier par les Etats de 1777, par la délibération du 12 Juillet sur une somme de cent trente-six mille quatre cent quatre-vingt-dix-neuf livres, huit sols, quatre deniers.

Quant à ce chapitre on observe que ladite taxation ne devrait être faite que sur l'argent effectif versé entre les mains du Trésorier, et non sur le montant total de la subvention annuelle à laquelle l'Isle se trouve imposée.

Chap. 4.

Fait voir que les trois mille deux cent quarante livres payées à MM. Viale et Guilloux sont pour les intérêts de deux années échues au 1er mai 1779, à raison de six pour cent par an et qui leur sont dues sur les vingt-sept mille livres qu'ils ont ci-devant prêtées et dont on a parlé plus haut.

Chap. 5, 6, 7, 8.

Ils présentent les dépenses des Députés à la Cour, des Députés qui ont assisté aux Assemblées Provinciales et Générales, du Bureau du Pays, des honoraires de la Commission des Douze, du salaire du domestique, des réparations faites à la maison des Douze, des cent dix-sept livres pour le Commis du Sieur Carli, Commissaire des Rôles, et autres payées à MM. les Subdélégués pour les Assemblées Provinciales, dépenses qui montent à soixante mille quarante livres.

Parmi toutes ces dépenses on en trouve cependant une de treize livres dix-sols payés à M. Bestagne pour la tenue de l'Assemblée de Vico portée au chap. 6 du Comptable, qui aurait dû être mise à la charge de cette Communauté, ou de qui a nécessité la présence du Subdélégué dans l'Assemblée.

Chap. 9.

Ici on fait mention de l'impression du procès-verbal de l'Assemblée générale de 1775 qui n'est point encore payé.

Chap. 10.

Contient une somme de sept cent cinquante-deux livres cinq sols payée à MM. les Subdélégués pour frais de voyage et de séjour par eux faits et employés à la tenue des Assemblées de diverses Communautés de l'Isle auxquelles ils ont présidé.

Dès les Etats précédents le Comité des comptes observa que les dépenses de cette nature pouvaient être mises à la charge des Communautés qui avaient requis la présence de Subdélégués, ou des personnes dont l'irrégularité avait été la véritable cause d'une pareille demande.

Le présent Comité ne peut se dispenser de renouveler ici la même observation, et de représenter en même temps à l'Assemblée générale qu'il serait bien de faire arrêter une répartition tant desdites sept cent cinquante-deux livres, cinq sols, que des treize livres, dix sols susdits, ainsi que des mille cent soixante-quatre livres résultant de la Séance du 12 Juillet 1777, qui forment en tout un objet de mille neuf cent vingt-neuf livres, quinze sols, répartition à étendre sur le montant des revenus des contribuables des Communautés qui ont eu besoin des Subdélégués dans leurs Assemblées, ou à faire supporter, ainsi qu'on l'a dit plus haut, à qui a occasionné ces dépenses, afin que la caisse des Etats se trouve indemnisée, d'autant plus que M. l'Intendant dans ses ordonnances de payement pour cet objet a réservé au Pays ses droits et actions contre la Communauté ou qui de droit.

Chap. 11.

On avertit ici que quoique les Etats généraux ayent arrêté de faire passer de la caisse de la Subvention dans celle de l'imposition un supplément annuel de douze mille livres, il y a cependant quatre années, du 1er Octobre 1773 au 1er Octobre 1777, que cela n'a point été exécuté, et que néanmoins la caisse de la subvention se trouve devoir à celle de l'imposition quarante-huit mille livres ; que l'on a pu payer au Roi ce qui lui était dû pour les deux années de 1774 à 1775 et 1775 à 1776 ; qu'on a dû emprunter des fortes sommes pour subvenir aux dépenses courantes, et que comme les vingt-sept mille livres empruntées ne sont point encore remboursées, il ne sera rien pris dans la caisse de la subvention pour le supplément des maisons, tout ceci n'étant que pour observation.

Chap. 12.

Les mêmes observations faites au susdit chap. 2, se font encore ici pour les trois milles livres annuelles destinées par les Etats pour les réparations des logements Militaires. Elles sont dues pour quatre années du 1er Octobre 1773 au 1er Octobre 1777, et font une somme de douze mille livres que le Comptable porte pour observation.

Chap. 13.

Comprend les dépenses des réparations faites au chemin Royal de Bastia à Saint-Florent qui montent à deux mille cent cinquante livres, dix-huit sols, et quelques payements faits à divers propriétaires pour les intérêts sur la valeur du terrain qu'ils ont perdu dans la construction du chemin, et aux experts de Bastia et du Nebbio pour l'estimation qu'ils ont faite de la part du Pays des biens pris pour ledit chemin, consistant lesdits payements en trois cents trois livres, quinze sols, quatre deniers, et au total en deux mille quatre cent cinquante-quatre livres, treize sols quatre deniers.

On fait observer que quand l'Assemblée générale n'adopterait point le parti de nommer des Commissaires pour les chemins ou de mettre en adjudication les réparations d'iceux, il ne serait point mal qu'avant de faire à l'avenir la moindre réparation audit chemin, la Commission des Douze en fût préalablement informée, afin qu'elle connaisse ce qu'il est nécessaire de réparer.

Chap. 14.

On porte pour mémoire que le Sieur Caffesi n'a point été payé de ses appointements comme Archiviste pour ne les avoir point encore demandés ; on voit en outre trois cent quarante-huit livres, dix sols de dépenses faites, savoir, deux cent quatre-vingt-une livres pour réparations des chambres des archives et soixante-sept livres, dix sols pour un fourneau ou poêle de fer et bois de chauffage.

Ce fourneau et ce bois sont pour la commodité et l'usage des commis qui travaillent aux dites archives et par conséquent devraient être retranchés du compte du Pays.

Chap. 15.

Contient cinq cent quatre-vingt-huit livres, dix-huit sols, huit deniers pour payements, savoir, quarante-huit livres au

Podestat major de Rostino pour indemnité des dépenses qu'il pouvait avoir faites dans la tournée des Communautés de ladite Piève pour le recouvrement de la subvention ; cinq cent trente-trois livres, six sols, huit deniers payés au sieur Salvini, et sept livres, douze sols remboursés par M. Joseph de Sansonetti, alors un des Douze, pour port d'un paquet à la poste contenant un rôle à son adresse.

Des cinq cent trois livres, six sols, huit deniers, le Pays dans les précédents Etats ne se détermina qu'à payer au Sieur Salvini la moitié montant à deux cent soixante-six livres, treize sols, quatre deniers, le payement de l'autre moitié étant mise à son compte par erreur.

Chap. 16.

Présente mille deux cent soixante-dix livres, savoir, pour le salaire ordinaire de l'Huissier cent livres, pour gratification à lui accordée par les Etats de 1777, cinquante livres, et mille cent vingt livres de gratification distribuées aux Employés du Bureau des Etats.

Chap. 17.

Offre un objet de dix-huit mille huit cent soixante-six livres, sept sols, deux deniers pour décharges et modérations accordées à plusieurs Communautés de l'Isle.

Parmi les dernières il doit y en avoir en faveur de personnes pauvres qui pourraient peut-être former la plus grande partie du montant de cette somme.

Le Comité dit qu'à cet égard il serait bien que les Etats s'occupassent à trouver un moyen pour que le montant des décharges de cette classe pût rentrer dans la caisse Nationale; celui que le Comité propose à l'Assemblée générale est de faire supporter ces décharges et modérations par les habitants des Communautés qui ont des pauvres déchargés.

Il croit devoir utilement observer ici que sur les dix-sept mille huit cent soixante-six livres, sept sols et deux deniers entre décharges et modérations, il ne serait dû ni aux Trésoriers l'un pour cent, ni le deux aux Officiers Municipaux, parce que les ordonnances de décharges et modérations ne sont point une dépense réelle, ledit droit ne devant se percevoir que sur l'argent effectif, comme on l'a déjà fait observer, et dans ce cas il faudrait défalquer du compte de M. Gautier sept cent cinq livres, quatorze sols, trois deniers.

Chap. 18.

Il y a mille neuf livres, quinze sols, qui ont été dépensés pour expéditions de procès-verbaux de l'Assemblée générale, d'ordres et de rôles de subvention faites par les Trésoriers et Subdélégués pour les Provinces respectives de l'Isle.

Chap. 19.

Contient les dépenses accordées au prieur de l'Eglise de la Conception qui sert de salle pour les Etats, à celui de Saint-Jean Baptiste de Terre vieille, du Saint-Sacrement de Terre neuve, de Saint-Roch pour les tapisseries, et à M. le Prévôt Battestini pour le *Te Deum* et Messe du Saint Esprit à l'ouverture et clôture de l'Assemblée générale qui montent en totalité à sept cent soixante-trois livres.

Chap. 20.

Sont employées mille vingt livres, savoir, pour frais de la garde d'honneur des Etats, sept cents vingt livres; pour les appointements du Héraut d'armes, deux cents livres, et cent livres pour gratification à lui accordée par les Etats de 1777.

Chap. 21.

Présente une somme de trente livres payées à M. de la Fizeliere, Subdélégué, pour s'être transporté, et avoir présidé à la division de la plaine de Tavaria entre les Communautés d'Arbellara et Vigianello; à l'égard des dépenses de cette nature, on en a parlé au chapitre 10.

Chap. 22.

On voit ici qu'il a été payé neuf cent trente-quatre livres, six sols et neuf deniers pour réparations faites par M. Barral, Ingénieur en chef des ponts et chaussées, dans les logements des deux Juntes d'Orezza et Caccia ; elles auront été faites avec toute l'économie possible, néanmoins il convient, ainsi qu'on l'a dit au chapitre 13, qu'avant qu'on en fasse à l'avenir, la députation des Douze en soit informée.

Chap. 23.

Comprend deux mille livres que le Comptable s'abonne en vertu de la délibération des Etats du 12 juillet 1777, à raison de mille livres par an.

Chap. 24.

On observe enfin que M. Gautier a renouvelé la demande qu'il avait faite aux Etats de 1777, d'une gratification pour ses Commis.

Le Comité s'en remet à la prudence de l'Assembée générale pour délibérer sur cet objet.

Tous les chapitres ci-dessus relatés qui contiennent des dépenses pour décharges ou modérations se sont trouvés appuyés des ordonnances nécessaires de M. l'Intendant.

De tout ce qui a été dit ci-dessus il résulte que la recette, le résidu du précédent compte compris, les vingt-sept mille livres et les trois cent soixante-seize mille huit cent trente-cinq livres, neuf sols, trois deniers, qui est la quote de subvention des deux années de 1775 à 1777, franches du droit de collecte pour les Trésoriers et Officiers Municipaux, est de cinq cents quatre-vingt-seize mille six cent trente-huit livres, deux sols, un denier.

La dépense et reprise, de cinq cent soixante-huit mille quatre-vingt-quatre livres, dix-sept sols, deux deniers, et la créance en faveur du Pays de vingt-huit mille cinq cent cinquante-trois livres, quatre sols, onze deniers.

Il paraîtra surprenant à l'Assemblée générale que la Corse puisse être créancière de ladite somme, sachant que d'un autre côté elle est débitrice d'une somme plus forte.

Mais quoique le Pays paraisse ici être en avance de vingt-huit mille cinq cent cinquante-trois livres, quatre sols, onze deniers, il est cependant en arrière d'une centaine de mille livres.

Pour s'en convaincre il faut observer que de cinq cent soixante-huit mille quatre-vingt-quatre livres, dix-sept sols, deux deniers que le Comptable porte en recette et en dépense, il n'en a réellement reçu que trois cent vingt-trois mille quatre cent quatre-vingt-dix-neuf livres, trois sols, onze deniers, savoir : deux cent quatre-vingt-quatorze mille neuf cent quarante-cinq livres, dix-neuf sols, résultant de payements, décharges et modérations, ainsi qu'on l'a reconnu et vingt-huit mille cinq cent cinquante-trois livres, quatre sols et onze deniers doivent être entre ses mains.

Qu'on déduise à présent lesdites trois cent vingt-trois mille quatre cents quatre-vingt-dix-neuf livres, trois sols, onze deniers, des susdites cinq cent soixante-huit mille quatre-vingt-quatre livres, dix-sept sols, deux deniers, on trouve qu'il reste deux cent quarante-quatre mille cinq cent quatre-vingt-cinq livres, treize sols, trois deniers ; lesquelles, selon le Comité, formeraient la dette du Pays y compris les vingt-sept mille livres empruntées.

De cette somme due étant juste de déduire deux cent soixante-six livres, treize sols, quatre deniers payés de plus au Sieur Salvini, et sept cent cinq livres, quatorze sols, trois deniers du 3 pour cent qui ne sont point dus ni aux Officiers Municipaux, ni aux Trésoriers sur le montant des ordonnances de décharges et modérations, qui font en tout neuf cent soixante-douze livres, sept sols, sept deniers, la dette du Pays est de deux cent quarante trois mille six cent treize livres, cinq sols, huit deniers.

Telles sont les observations que le Comité, chargé de l'examen des comptes de la subvention, a l'honneur de soumettre au sage discernement de l'Assemblée générale.

Signés : Casanova, Castelli, Rigo, Xavier de Casabianca.

Après quoi la matière mise en délibération, les Etats, applaudissant au travail du Comité des comptes, ont dit que des sommes portées au compte du Pays on doit en distraire quelques-unes qui ne le regardent pas ;

Que l'intérêt des vingt-sept mille livres dues à MM. Viale et Guilloux ne peut être fixé qu'à raison de cinq pour cent, ainsi que le prescrit l'ordonnance du Roi ; que cet objet présentant une dépense de trois mille deux cent quarante livres, on doit en déduire l'excédent qui consiste dans la sixième partie et est par conséquent de cinq cent quarante livres ;

Que la rétribution fixée par les Podestats et Pères du

Commun pour les Trésoriers Provinciaux et pour le Trésorier général ne doit être abonnée que sur les sommes véritablement exigées et versées dans la Caisse nationale et non sur celles qu'on n'exige point, ou qui se déchargent en vertu d'ordonnances de M. l'Intendant ;

Que ces décharges étant de dix-sept mille huit cent soixante-six livres, on doit soustraire de l'état de dépense de M. Gautier cinq cent trente-cinq livres, dix-neuf sols, neuf deniers ;

Que les sept cent cinquante-deux livres contenues dans le chapitre 10 pour les treize livres, dix sols, portées au chapitre 8 et les trente livres employées au chapitre 21, payées aux Subdélégués pour les voyages qu'ils ont faits à l'effet d'assister aux Assemblées des diverses Communautés ne peuvent point être mises à la charge du Pays, mais selon les précédentes délibérations de l'Assemblée générale doivent être exigées sur les Paroisses qui ont eu besoin de l'assistance des Subdélégués ;

Que les dépenses de bois ou charbon que l'Archiviste Caffesi consommait, pendant l'hiver, n'étant que pour sa commodité, ne peuvent être qu'à sa charge, et qu'on doit par conséquent déduire du compte de dépenses les soixante-sept livres, dix sols ;

Que l'objet de dépense de neuf cent trente-quatre livres portées dans le Chapitre 22, pour réparations des logements des deux Juntes de Caccia et Orezza ne peut être payé par le Pays parcequ'elles ont été faites sans intervention ni communication à MM. des Douze ;

Qu'à l'avenir les états des frais que présentent les Subdélégués et Trésoriers pour envois des rôles et autres ordres, seront examinés par la Commission des Douze ;

Que la précédente Assemblée générale n'ayant accordé au sieur Salvini qu'une gratification de deux cent soixante-six livres, treize sols, quatre deniers, cette somme se trouvant doublée par erreur dans le compte du Trésorier, elle devra être distraite de son état de dépense rapporté au chap. 15;

Que les quarante-huit livres payées au Podestat-Major de Rostino pour l'indemniser de ses frais de tournée dans ladite Piève pour exiger la subvention, ne peuvent point être abonnées, sans donner lieu à un grand nombre de prétentions semblables ;

Que les sommes susdites présentant un objet de trois mille cent quatre-vingt-six livres, l'Assemblée générale a cru qu'elles ne peuvent point être portées en compte de la dette nationale ;

Qu'il soit accordé aux employés du Bureau de M. Gautier, Trésorier, une gratification de trois cents livres ;

Après quoi la Séance a été remise à demain, onze du présent mois, à neuf heures du matin. Et la présente délibération a été signée tant de Mgr l'Evêque Président que de Mgr l'Evêque du Nebbio, MM. le Vicaire général d'Aleria, Trani et Pianelli, Piévans ; de Cuttoli et Colonna d'Ornano, Nobles ; docteur Charles Grimaldi et Colonna de Leca, Députés du Tiers-Etat.

A Bastia, les jour, mois et an susdits.

Signés, etc.

Séance du 11 juin 1779.

Monseigneur l'Evêque Président, MM. les Evêques et Députés dénommés dans la précédente Séance, compris Mgr de Sagone, absent dans la journée d'hier, s'étant rendus à la Salle d'Assemblée, Mgr l'Evêque Président a dit que depuis l'examen des comptes relatifs à la subvention dont les Etats s'occupèrent dans la Séance d'hier, il reste à fixer les charges nationales, conformément à ce qui a été pratiqué dans les précédentes Assemblées générales ;

Que ces charges doivent regarder l'année du 1er avril 1779 au 1er avril 1780 et celle du 1er avril 1780 au 1er avril 1781, si avant ce temps il n'y avait pas de convocation d'Etats.

Après quoi la matière mise en délibération, les Etats délibérant ont arrêté que l'état susdit serait réglé de la manière suivante :

Pour l'abonnement de la subvention du 1er avril 1779 au 1er avril 1780, cent vingt mille livres.

Pour la Commission des Douze, trois mille six cents livres.

Pour l'homme d'ordonnance des Douze et du Bureau, trois cent soixante livres.

Pour honoraires des Députés des Assemblées des Pièves, et Provinces et générales, six mille quatre-vingt-sept livres.

Pour orner la Salle de l'Assemblée, quatre cent vingt-cinq livres.

Pour cire, musique et ornement de l'Eglise de Saint-Jean dans les deux jours d'ouverture et de clôture, deux cent trente-huit livres.

Au Héraut d'armes, deux cents livres.

A l'Huissier, cent livres.

Pour l'impression des rôles, instructions et autres ordres, mille cinq cents livres.

Pour gratification aux Subdélégués présidents aux Assemblées Provinciales, mille livres.

Pour les Députés à la Cour, neuf mille cinq cents livres.

Pour gratifications que lesdits Députés distribuent, mille huit cent quinze livres.

Pour supplément aux loyers des logements Militaires, douze mille livres.

Pour réparations desdits logements, trois mille livres.

Pour l'entretien des chemins, deux mille livres.

Pour rétribution aux propriétaires des terres employées dans les chemins, mille livres.

Pour le Bureau de la Nation, huit mille quatre cents livres.

Pour M. Caffesi archiviste, trois cents livres.

Ensuite les Etats ont observé que les dépenses assignées pour les Députés des Assemblées des Pièves, des Provinces et générales, pour les Députés à la Cour, ainsi que pour toutes les autres relatives à la tenue des Etats, doivent s'entendre pour les années dans lesquelles les Assemblées susdites seront convoquées ;

Qu'on a laissé subsister la fixation pour le Bureau des Etats pour la même somme des années précédentes ; que présentement il n'y a point de diminution, mais plutôt une augmentation de travail, parce qu'outre la confection des rôles pour l'exigence des arrérages et pour celle de l'imposition sur les maisons, le nouveau plan de subvention ne fait que donner des nouveaux soins ;

Que les Etats prochains pourront régler sur cette dépense une diminution proportionnée à celle du travail.

Et la présente délibération a été signée tant par Mgr l'Evêque Président que par MM. les Evêques de Sagone et de Mariana ; Marchetti et Gabrielli, Piévans ; de Gentili et Ornano, Nobles ; Rigo et Gavini, Députés du Tiers-Etat.

A Bastia, les jour, mois et an susdits.

Signés, etc.

Dudit jour 11 juin 1779.

Monseigneur l'Evêque Président a dit qu'il vient en ce moment de recevoir une lettre de Nosseigneurs les Commissaires du Roi relativement au Bureau des Etats qu'il remet au Greffier pour qu'il en fasse lecture, et qui est de la teneur suivante :

A Bastia, le 11 juin 1779.

Nous sommes informés, Monseigneur, qu'on vous a présenté un mémoire par lequel on propose de diminuer les frais du Bureau des Etats dont le travail va en effet devenir moins considérable au moyen du nouveau plan de la Subvention. Comme une pareille proposition n'est qu'avantageuse pour le Pays, nous vous invitons à la mettre sous les yeux des Etats pour en délibérer et prendre à cet égard une détermination qui concilie leurs intérêts avec la nature et l'objet du travail du Bureau des Etats. Nous avons l'honneur d'être avec autant d'attachement que de respect, Monseigneur, vos très humbles et très obéissants serviteurs.

Signé : Le Comte de Marbeuf, De Boucheporn.

Ensuite Mgr l'Evêque Président a remis sur le Bureau un mémoire duquel a été faite aussi lecture et qui est de la teneur suivante :

Monseigneur Doria, Evêque Président, toujours occupé du bien public du Pays, a reconnu dans le nouveau plan de la subvention à percevoir en nature, que lorsqu'il serait établi, elle devait être directement payée par les fermiers aux Trésoriers respectifs des diverses Provinces, et par ceux-ci au Trésorier général. Un si sage règlement, outre d'avoir produit tous les avantages que Nosseigneurs les Commissaires du Roi ont si bien su indiquer dans les discours qu'ils ont prononcés à l'ouverture de la présente Assemblée générale, a produit encore celui de pouvoir soulager le Pays d'un Bureau trop dispendieux pour elle.

En effet, dit-il, si l'on considère bien qu'un tel plan réduit les opérations actuelles et arithmétiques du Bureau à la simple et seule liquidation des anciennes dettes du Pays, il en résulte la diminution d'une grande partie du travail qu'on avait coutume de faire par le passé, et par conséquent la diminution des frais qui, dans les temps présents, sont très-onéreux à la Corse.

Monseigneur représente qu'en vertu d'une délibération de l'Assemblée générale des Etats du 1er Juin 1775, M. Giubega pour témoigner son attachement au Pays consentit volontairement de se charger du Bureau, d'en payer les Commis et de faire toutes les autres dépenses nécessaires, moyennant la somme de huit mille quatre cents livres par an, payables par chaque mois, à raison de sept cents livres; mais que cette somme ne serait que provisionnelle, afin de l'augmenter ou diminuer en proportion du travail qu'on devra faire dans la suite. Le travail étant donc aujourd'hui considérablement diminué par le sage règlement adopté pour les contributions, et les opérations arithmétiques pour liquider les anciennes dettes devant encore diminuer de jour en jour, il est également juste de diminuer l'émolument annuel que l'on paye pour l'entretien du Bureau et décharger ainsi le Pays le plus qu'il sera possible.

Sur quoi Mgr Président propose de restreindre les frais du Bureau qui, joints aux dépenses extraordinaires, montent à près de dix mille francs par an : il propose, dis-je, de les réduire à quatre cents livres au lieu de sept cents jusqu'à l'Assemblée générale prochaine, qui devra examiner si l'on continuera ou modérera ledit émolument. Cette réduction donnerait au Pays un bénéfice annuel de presque six mille livres ; et dans le cas où M Giubega ne pourrait plus prendre la même peine pour les nouvelles conditions qu'on propose, Mgr Président est assuré d'une personne capable qui les acceptera, et qui sera en état de bien remplir cet objet.

Après quoi la matière mise en délibération, après avoir été bien examinée, et demandé si l'Assemblée voulait persister dans la délibération déjà prise, ou adhérer à la proposition de diminuer de trois cents livres par mois l'honoraire du Bureau, ayant recueilli et compté les suffrages, on a trouvé que la volonté unanime des Etats, à l'exception seulement de cinq voix contraires, a été de persister dans la délibération déjà prise, et de laisser subsister jusqu'à la convocation de la nouvelle Assemblée générale le traitement déjà réglé, sauf les modifications qu'on croira alors raisonnables.

Et la présente délibération a été signée comme dessus.

Dudit jour 11 juin 1779.

Monseigneur l'Evêque Président a dit qu'un des objets remis à l'examen du Comité a été celui de l'imposition pour les logements des gens de guerre et des réparations qu'il faut y faire ;

Que l'Assemblée générale entendrait volontiers le rapport de ses réflexions pour en délibérer ensuite.

Après quoi Mgr l'Evêque de Nebbio a dit que le Comité a observé que la demande faite par les précédents Etats avait été d'être exempts des réparations à faire dans les maisons du Domaine et des Religieux moyennant une rétribution de dix pour cent en sus des loyers dont le Roi et les Religieux propriétaires auraient fait la remise ;

Que Nosseigneurs les Commissaires du Roi, dans la Séance du 28 Mai dernier, firent connaître de la part de Sa Majesté que cette demande ne pouvait être accueillie ; que si le Pays ne trouvait point d'avantage dans la remise faite par le Roi et les ordres Religieux, des loyers de leurs maisons occupées pour les services des troupes, moyennant l'entière obligation des réparations nécessaires, il était le maître d'y renoncer ;

Que sur cet objet il est difficile de prendre actuellement un parti décisif ;

Qu'il serait nécessaire d'avoir un état distinct du montant des loyers remis par le Roi et les Religieux, ainsi que celui du montant des réparations faites, ou qu'il faut faire dans ces bâtiments ;

Que l'on devrait faire cette balance au Bureau des Etats et que si on trouvait que les réparations faites ou à faire surpassent le montant des loyers, le Pays pourrait prendre les loyers à sa charge ;

Que les Etats précédents connurent la nécessité de remédier aux autres réparations qui se font sans économie et peut-être avec peu de fidélité de la part des adjudicataires ;

Que le moyen proposé fut celui de nommer un ou deux Commissaires caserniers, ou Inspecteurs, pour visiter fréquemment les bâtiments occupés pour le service des gens de guerre, et reconnaître les réparations nécessaires pour y pourvoir sans retard, après la communication à MM. des Douze et l'autorisation de M. l'Intendant ;

Que l'expérience a fait connaître que certaines dégradations légères qui pourraient être réparées facilement, sont devenues un grand objet de dépenses pour le Pays et pour les propriétaires ;

Que les Caserniers, outre de reconnaître les réparations à faire, devraient assister au travail, et veiller à ce qu'elles soient faites d'une manière durable et régulière ;

Que la dépense pour ces Caserniers se devrait partager entre le Pays et les propriétaires des maisons occupées pour le service des troupes ;

Que de toute façon on observe une difficulté qui est celle des voyages que devront faire ces Inspecteurs, s'ils doivent souvent visiter tous les bâtiments occupés par les troupes, et assister aux travaux qu'il écherra de faire dans les différents lieux où il y a garnison ; que quand la nécessité requerra de faire dans un même temps des réparations en divers endroits, ils ne pourront être présents partout ;

Qu'on pourrait, sans multiplier les dépenses, pourvoir à cet inconvénient en établissant un Commissaire Casernier dans chaque poste ;

Que la totalité des frais ne devrait point excéder deux mille livres par an, dont une moitié serait supportée par le Pays, et l'autre par les propriétaires des maisons ;

Que les précédents Etats, pour rendre l'imposition la moins onéreuse possible, demandèrent à Sa Majesté qu'il fût fait une nouvelle visite des logements, en n'accordant aux troupes et aux Officiers que ceux qui sont d'une absolue nécessité ;

Que Sa Majesté dans ses réponses au procès-verbal des Etats précédents a acquiescé à leur demande en donnant à M. l'Intendant les ordres nécessaires pour faire la répartition des logements la plus juste qu'il serait possible et la moins onéreuse pour la Province ;

Qu'il serait bien de demander à M. l'Intendant cette inspection à laquelle devraient assister MM. des Douze ;

Que jusqu'ici on n'a pu avoir un état général des logements occupés pour le service des Troupes de Sa Majesté, ce qui provient de l'inaction des Officiers Municipaux, ou des Commissaires des Guerres ;

Que M. l'Intendant sera prié de donner les ordres convenables pour qu'on exécute les dispositions qui ont été déjà publiées sur cet objet.

Après quoi la matière mise en délibération, les Etats ont observé, et délibérant, ont arrêté, qu'effectivement la nomination de deux Commissaires Caserniers ne pourvoirait point à l'objet pour lequel ils sont proposés ;

Que sous le bon plaisir de Sa Majesté on en nommera un pour chaque endroit où il y a Garnison ;

Que l'objet de la dépense pour les Commissaires Caserniers n'excédera pas deux mille livres par an, à supporter entre le Pays et les propriétaires des maisons occupées pour le service des Gens de Guerre ;

Que les mille livres à charge du Pays feront une somme de plus sur celle de l'imposition des logements susdits ;

Que conformément à la réponse de Sa Majesté à la demande des Etats, on fera l'inspection et visite des logements militaires pour les réduire au pur nécessaire ;

Que M. l'Intendant sera prié de donner les ordres convenables pour que dans les lieux respectifs où il se trouve des Troupes, on forme des états des bâtiments et maisons occupés pour le service du Roi, et l'état du montant de l'imposition.

Ensuite ayant procédé à la fixation des lieux dans lesquels il convient de nommer des Commissaires Caserniers et de l'honoraire respectif qu'il convient de leur assigner, les lieux et salaires ont été réglés de la manière suivante :

Pour le Casernier de Bastia, trois cent soixante-six livres, treize sols, quatre deniers ;

D'Ajaccio, Mezzana et Bogognano, trois cent soixante-six livres, treize sols, quatre deniers ;

De Calvi, l'Isle-Rousse, Algajola et Calenzana, trois cent soixante-six livres, treize sols, quatre deniers ;

De Bonifacio, cent livres ;

De Saint-Florent, cent livres ;

De Vico, cent livres ;

De Corte, cent livres.

De Sartene, cent livres ;

De Cervione, cent livres ;

De Rogliano, Ersa, et Macinaggio, cent livres ;

De Portovecchio, cent livres ;

De la Porta d'Ampugnani, Caccia et Orezza, cent livres ;

Que Nosseigneurs les Commissaires du Roi seront priés de solliciter auprès de Sa Majesté l'approbation de la présente délibération, qui n'a d'autre objet que celui du bien de son service et l'indemnité de la Corse ;

Que dans le cas où ce qui vient d'être arrêté par les Etats ne serait point approuvé par le Roi, MM. les Douze pourront restreindre la nomination de ces Commissaires Caserniers à deux seuls pour les endroits où ils seront le plus nécessaires ;

Que la nomination à faire des sujets dans cette Assemblée générale s'entend toujours sous le bon plaisir des Etats prochains.

Après quoi l'Assemblée a été remise à demain, douze du présent mois, à neuf heures du matin.

Et la présente délibération a été signée tant par Mgr l'Evêque Président que par MM. les autres Evêques et Députés qui ont signé les précédentes de ce jour.

A Bastia, les jour, mois et an susdits.

Séance du 12 juin 1779.

Monseigneur l'Evêque Président, MM. les Evêques et Députés, ci-devant dénommés, s'étant rendus à la Salle de l'Assemblée, Mgr l'Evêque Président a dit qu'on a renvoyé à MM. les Députés Nobles l'examen de la proposition sur la fixation des moyens capables de soutenir l'ordre de la Noblesse sans l'exposer à y déroger ;

Que l'Assemblée désirerait d'entendre le résultat des observations de MM. les Députés Nobles, pour délibérer en conséquence.

Après quoi MM. lesdits Députés ont dit qu'ils ont senti toute la nécessité de fixer des règles démonstratives des cas dans lesquels on déroge à la Noblesse; que ces règles sont contenues dans le mémoire dont suit la teneur :

MÉMOIRE de MM. les Députés Nobles assistants à l'Assemblée générale de mil sept cent soixante-dix-neuf.

Les Députés Nobles assistants à l'Assemblée générale, y compris ceux qui représentent le Tiers-Etat, ayant porté leur attention sur ce qui a été annoncé par Nosseigneurs les Commissaires du Roi relativement à la Noblesse Corse pour la fixation des moyens valables pour soutenir l'ordre Noble, sans l'exposer à déroger aux qualités qui le constituent, ont senti la nécessité qu'il y aurait de fixer des règles démonstratives des cas dans lesquels on déroge à la Noblesse ;

Que ces règles, jusqu'ici ignorées en Corse, font que peut-être plusieurs personnes ont joui et toutefois continuent de jouir d'un droit et d'une distinction qui ne convient ni à leur état, ni à leur fortune ;

Que cette matière pourrait se diviser en deux articles ;

Le premier serait de fixer les cas pour lesquels on déroge à la Noblesse reconnue ou accordée ;

Le second serait de prendre des précautions pour empêcher la surprise dans la reconnaissance de la Noblesse à venir ;

Que le premier article semble exiger des observations détaillées ; qu'il faudrait indiquer quelles sont les professions et les arts qui peuvent être exercés par les Nobles, et quels sont ceux qui y font déroger ;

Qu'il y a des arts dont l'exercice déroge visiblement ; que dans cette classe doivent être compris tous les arts mécaniques, et travaux serviles ; que parmi ces derniers devront être compris la Pharmacie, la Chirurgie et l'office de Procureur postulant ;

Les percepteurs des dîmes Ecclésiastiques et les fermiers

des biens particuliers dérogeront ; mais les fermages des biens incultes ne seront point sujets à cette règle ;

Ceux qui travaillent les terres d'autrui et font le commerce en détail, ainsi que ceux qui tiennent boutique etc., devraient déroger à la Noblesse.

On pourrait laisser aux Nobles Corses le libre exercice du commerce en gros et des arts libéraux, tels que la Musique, la Peinture, la Sculpture et l'Architecture ; on pourrait permettre aussi la culture de ses propres terres sans craindre de déroger ;

Que les précédents Etats, en reconnaissant en quelque partie la nécessité de ces règles, indiquèrent encore le moyen d'en assurer l'observance ;

Que le moyen proposé fut celui de charger la Commission des Douze de voir quelles sont les familles Nobles qui, exerçant actuellement des arts mécaniques et des métiers serviles, ont dérogé et dérogeront à la Noblesse ;

Qu'il y aurait toutefois un moyen plus sûr et plus simple, tel que celui de nommer à chaque tenue d'Assemblée générale une Commission de six Députés Nobles assistants aux Etats, savoir, quatre de l'en deçà et deux de l'en delà des monts, pour faire leurs observations sur les familles Nobles qui ont dérogé, ou qui dérogeraient à l'avenir à la Noblesse ;

Que leurs observations seraient déposées au Greffe des Etats pour en être donné communication aux Députés de l'ordre Noble qui assisteront aux futures Assemblées générales, lesquels Députés réunis, pourraient avec connaissance de cause, et sous le bon plaisir du Roi, déclarer quelles sont les familles qui ont dérogé ;

Que, pour agir avec plus de ménagement, on pourrait dire que leur Noblesse restât seulement suspendue, et qu'ils ne fussent réintégrés dans la jouissance d'icelle, que lorsque l'accroissement de leur fortune, l'exercice de quelque profession honnête, ou quelque faveur du Roi les pourrait tirer de l'état d'indigence où ils se trouvent, réintégration d'ailleurs qui ne pourrait avoir lieu que cinq ans après l'abandon du métier dérogeant ;

Que cette Commission devrait exercer gratuitement ses fonctions et se contenter de la confiance dont l'ordre Noble l'aurait distinguée ;

Que pour remédier promptement aux inconvénients actuels, cette Commission, si Nosseigneurs les Commissaires du Roi le permettent, pourrait se nommer dans la présente Assemblée ;

Que le second article serait celui qui mérite plus d'attention qu'aucun autre ;

Que Sa Majesté sera priée d'ordonner que, quand quelqu'un se présentera pour demander la reconnaissance de sa Noblesse, on devra communiquer la demande à la Commission proposée, ou au moins à celle des Douze ;

Qu'elle sera obligée de faire sur les demandes de cette nature les observations qu'elle croira justes après avoir pris, sur les familles qui demandent la Noblesse, les plus exactes informations.

En attendant MM. les Députés, renouvelant la demande faite par les précédents Etats, ont humblement supplié Sa Majesté de ne point leur laisser ignorer les droits et privilèges qui sont attachés à l'ordre Noble, afin qu'ils puissent en connaître l'étendue et jouir des grâces du Roi.

Enfin MM. les Députés ont unanimement imploré la bonté paternelle du Roi pour qu'il daigne prendre en considération l'état d'indigence de la plus grande partie des Nobles de Corse, qui par les fâcheuses vicissitudes des temps passés, ont eu leurs biens dévastés, et manquent de moyens pour soutenir leur rang, si la bienfaisance du Roi ne vient à leur secours.

Après quoi la matière mise en délibération, MM. les Députés du Tiers-Etat ont observé qu'avant de délibérer sur cette matière ils désirent d'avoir en communication le mémoire de MM. les Députés Nobles, pour être à portée d'y faire les observations qu'ils croiront utiles et nécessaires à leur propre intérêt.

Après quoi il a été arrêté par l'Assemblée que le mémoire présenté par l'ordre Noble sera rapporté sur le registre, et que les Députés du Tiers-Etat pourront en prendre communication pour y faire toutes les observations qu'ils voudront.

Et la présente délibération a été signée tant par Mgr l'Evêque Président que par MM. l'Evêque du Nebbio, le Vicaire général d'Aleria, Battestini et Turchini, Piévans ; de Buonaparte et Colonna d'Istria, Nobles ; François de Casabianca et Valentini Députés du Tiers-Etat.

A Bastia, les jour, mois et an susdits.

Signés, etc.

Dudit jour 12 juin 1779.

Nosseigneurs les Commissaires du Roi s'étant rendus à la salle de l'Assemblée, ont dit qu'ils étaient instruits que les Etats s'étaient assemblés Lundi dernier, sept de ce mois, quoiqu'il eût été arrêté qu'il n'y aurait point d'Assemblée ce jour-là, afin de laisser au Comité des impositions, le temps de s'occuper des objets qu'il était chargé d'examiner ;

Qu'à la vérité Mgr l'Evêque du Nebbio leur ayant exposé que le Comité était prêt de mettre sous les yeux des Etats le projet d'instruction à arrêter pour déterminer les obligations respectives des adjudicataires, ou préposés de la subvention en nature, et des Communautés, et les circonstances exigeant que les Etats ne perdissent point un moment pour en délibérer, il était nécessaire qu'ils fussent réunis à cet effet dès ce même jour, ils avaient observé à Mgr l'Evêque du Nebbio qu'ils permettaient l'Assemblée sans difficulté, mais que la règle exigeait qu'il se fût adressé à Mgr l'Evêque Président afin qu'il pût lui-même requérir les Commissaires du Roi d'y donner leur agrément ;

Que Mgr l'Evêque du Nebbio en les quittant avait paru déterminé à suivre cette forme indispensable, et en conséquence ils étaient restés assemblés pour recevoir Mgr l'Evêque Président et lui donner sur le champ, d'après sa demande, la permission dont les Etats avaient besoin pour s'assembler et délibérer sur les objets que le Comité devait rapporter ;

Qu'ils avaient inutilement attendu jusqu'à deux heures après midi, et qu'ils avaient appris avec une extrême surprise, que les Etats avaient été non seulement convoqués et réunis sans leur permission, mais encore que, présumant trop favorablement des dispositions où ils avaient paru être, ils avaient délibéré en forme sur des objets qui leur avaient été proposés ;

Qu'une semblable conduite étant une violation manifeste des règles prescrites aux Etats, ils ne pouvaient se dispenser de rendre compte à Sa Majesté de tout ce qui s'était passé, et qu'en attendant qu'il lui ait plu de faire connaître ses ordres à cet égard, ils croyaient devoir abroger des actes aussi irréguliers.

En conséquence Nosseigneurs les Commissaires du Roi ont déclaré, que l'Assemblée des Etats du sept de ce mois était irrégulière, parce qu'elle a été tenue sans leur permission, et contre les formes prescrites, et que toutes les délibérations qui ont été prises seraient considérées préalablement comme nulles et non avenues, jusqu'à ce qu'il plaise à Sa Majesté de donner les ordres qu'elle jugera à propos sur ce qui s'était passé.

Dudit jour 12 juin 1779.

Nosseigneurs les Commissaires du Roi ont dit que Sa Majesté ayant bien voulu continuer pour trois ans l'abonnement de la subvention de la Corse à la somme de cent vingt mille livres par an, avait expressément déclaré par l'art. 20 de l'Arrêt de son Conseil d'Etat du 23 août 1778, que c'était à la charge que ladite somme serait payée par le Trésorier général des Etats à la Caisse Civile en quatre payements égaux de trois mois en trois mois;

Que les adjudications de la subvention ayant eu lieu à compter du 1er Avril dernier, il avait été imposé aux adjudicataires la condition de payer également le prix de leurs baux par quartier; qu'ainsi au premier Juillet prochain ils devaient tous remettre aux Trésoriers des Provinces le quart du prix des adjudications; que par conséquent le Trésorier général des Etats serait sans doute à portée de verser luimême à cette époque dans la Caisse Civile la somme de trente mille livres pour le premier quart échu de celle de cent vingt mille livres;

Que cependant ce recouvrement pourrait éprouver des retards, soit à l'époque du 1er Juillet, soit à l'échéance des autres trimestres;

Qu'il convenait de pourvoir à l'inconvénient qui en résulterait pour le service de la Caisse Civile qui n'a que trop souffert jusqu'à présent de la lenteur du recouvrement et du non payement de l'abonnement dont la huitième année est encore due;

Qu'ainsi l'Assemblée générale avait à s'occuper des moyens de faire verser exactement au 1er de chacun des mois de Juillet, Octobre, Janvier et Avril de chaque année la somme de trente mille livres par le Trésorier général des Etats dans la Caisse Civile, pour se conformer aux volontés du Roi, et mettre la Caisse Civile en état de soutenir son service avec l'exactitude qu'il exige.

Dudit jour 12 juin 1779.

Nosseigneurs les Commissaires du Roi ont dit que le Sieur Giubega s'était adressé à M. le Directeur général des Finances pour obtenir une gratification en faveur du Sieur Muselli, chef du Bureau des Etats; que M. le Directeur général avait renvoyé cette demande à l'Assemblée générale pour y prononcer, en observant néanmoins que si les Commissaires du Roi jugeaient le Sieur Muselli susceptible de cette grâce, ils pourraient consentir, pour favoriser les dispositions de l'Assemblée, à ce que Sa Majesté fût chargée de payer la moitié de la gratification qui serait réglée;

Qu'ils devaient au Sieur Muselli la justice de dire que pendant l'absence du Sieur Giubega, ils avaient reconnu dans ledit Sieur Muselli beaucoup d'intelligence des affaires, une conduite sage et honnête et une connaissance exacte des bons principes d'administration;

Qu'ils ne doutaient pas que les Députés des Douze, sous lesquels il avait travaillé constamment, ne rendissent de lui le même témoignage;

Qu'il leur paraissait convenable à tous égards de donner à un sujet méritant des marques de satisfaction; que si l'Assemblée générale le jugeait ainsi, ils consentaient pour le Roi à ce que Sa Majesté fût chargée de la moitié de la gratification qu'elle accorderait au Sieur Muselli.

Dudit jour 12 juin 1779.

Nosseigneurs les Commissaires du Roi ont dit que les établissements formés pour l'instruction publique n'ayant pas entièrement rempli les vues de Sa Majesté, elle avait chargé un Ecclésiastique instruit de faire la visite des Collèges, et de lui proposer les moyens de donner à ces établissements et au plan d'études que l'on y suit, la perfection dont ils pouvaient être susceptibles ; que ce sera d'après les éclaircissements et les lumières que l'on devait se promettre de son travail que Sa Majesté pourra prendre en considération les demandes des Provinces relatives à l'éducation en général.

Dudit jour 12 juin 1779.

Nosseigneurs les Commissaires du Roi ont dit que la Province de Sartene avait demandé que l'on établît des écoles de Grammaire et d'Humanités pour l'éducation des enfants dans tel lieu de la Province qu'il plairait au Roi ;

Qu'il y avait eu en 1777 des représentations de la part de la Communauté de Bonifacio pour qu'on obligeât les Dominicains qui y sont établis, à enseigner la Grammaire, la Rhétorique et la Philosophie, comme on prétendait qu'ils y étaient tenus aux termes de leur fondation ;

Que si la Communauté justifiait par titres de cette obligation, Sa Majesté pourrait interposer son autorité pour la faire remplir, et qu'alors la Province aurait des secours suffisants pour l'éducation ; que si au contraire la Communauté n'avait aucun titre pour obliger les Religieux à enseigner, c'était à la Province à payer le maître qu'elle demandait.

Nosseigneurs les Commissaires du Roi ont ajouté à ce sujet que, dès le mois de Mars 1777, ils avaient eu ordre d'exiger la représentation des titres que la Communauté de Bonifacio pouvait avoir pour établir l'obligation des Dominicains, et qu'en conséquence ils s'étaient adressés aux Officiers Municipaux de cette Communauté ; que ce n'avait été que dans les premiers mois de cette année qu'ils en avaient reçu un mémoire dont ils croyaient devoir donner communication à l'Assemblée ; qu'il en résultait que les Dominicains n'étaient point tenus par le titre de leur fondation de tenir école à Bonifacio ; qu'ainsi c'était à la Province, si elle n'avait rien à y opposer, à se charger des frais d'un maître pour l'enseignement.

Dudit jour 12 juin 1779.

Nosseigneurs les Commissaires du Roi ont dit que la Province de Bastia avait demandé que l'on proposât aux Etats de délibérer sur les moyens qu'il conviendrait d'employer pour que le brûlement des makis et des chaumes pût se faire dans des temps et avec les précautions convenables pour qu'il n'occasionnât aucun dégât ni dommage ;

Que cette demande, très-juste et très-bien motivée, méritait la plus grande attention ; que l'usage où l'on était en Corse de brûler les makis, sur les terres que l'on voulait ensemencer ensuite, entraînait avec soi les plus fâcheux inconvénients ; qu'il était important de prévenir le mal qui pouvait en résulter, soit en défendant absolument de brûler des makis, soit en prescrivant des règles et des précautions assez sûres pour empêcher les ravages que le feu pouvait occasionner dans les campagnes ;

Que Sa Majesté ordonnait aux Etats d'en délibérer, afin que, d'après leurs observations, elle pût prendre le parti le plus convenable sur cette demande.

Dudit jour 12 juin 1779.

Nosseigneurs les Commissaires du Roi ont dit que les différentes demandes qui avaient été faites par les Provinces de Calvi et Balagne, relativement aux Gardiens et à la Police des Campagnes, n'étaient qu'une répétition de celles qui avaient été faites dans les précédentes Assemblées des Etats ;

Que les réponses que Sa Majesté avait fait faire au dernier cahier, où elles étaient comprises, dispensaient d'entrer dans aucun détail à ce sujet ;

Qu'il en était de même des demandes qui avaient été faites pour que les Officiers Municipaux pussent juger jusqu'à cent livres, pour qu'il fût fait un tarif des droits des Notaires, et pour que l'ordonnance des poids et mesures eût son entière exécution ;

Qu'elles étaient toutes traitées dans le Cahier de 1777, et n'exigeaient d'autres réponses que celles qui y avaient été faites.

Nosseigneurs les Commissaires du Roi ont ajouté que la Province du Cap-Corse avait demandé que tous les comestibles fussent taxés par les Officiers Municipaux ;

Que cette demande était inadmissible en ce qu'elle était contraire à la liberté du commerce et aux règlements rendus sur cette matière ;

Que la demande de la Piève de Giussani tendante à ce que l'on changeât tous les ans les Huissiers des Communautés suivant l'ancien usage, était également refusée, comme contraire aux dispositions de l'Edit sur la Municipalité.

Dudit jour 12 juin 1779.

Nosseigneurs les Commissaires du Roi ont dit que la Province de Balagne avait demandé que les biens fonds vendus avant la soumission de l'Isle fussent exempts de la loi du retrait, quand même les déclarations n'auraient pas été publiées à temps ;

Qu'elle avait pareillement demandé que les propriétaires des moulins ne pussent prendre la mouture que sur le pied du vingtième, conformément aux règles établies ;

Que la Province du Cap-Corse avait demandé que l'on défendît les chèvres, brebis et moutons à cause du tort que ce bétail faisait à la culture ;

Qu'enfin la Piève de Talcini, Province de Corte, avait demandé que le chap. 23 du Statut Criminel de Corse, touchant les voies de fait, fût exécuté selon sa forme et teneur ;

Que toutes ces demandes méritaient d'être approfondies et discutées avec soin ; que l'intention du Roi était que les Jurisconsultes nommés par les Etats pour dresser des mémoires sur les lois données à la Corse, en prissent connaissance pour proposer les observations qu'ils croiraient capables d'éclairer l'Administration.

En conséquence Nosseigneurs les Commissaires du Roi ont invité l'Assemblée à donner communication des demandes ci-dessus énoncées aux Jurisconsultes, en leur recommandant de leur remettre sans délai leurs observations, qu'ils feraient ensuite passer au Ministre pour prendre les ordres de Sa Majesté.

Dudit jour 12 juin 1779.

Nosseigneurs les Commissaires du Roi ont dit que la Piève d'Ornano s'était plainte de ce que les Procureurs allongeaient les procès pour constituer les parties en frais ;

Que les plaintes de cette Piève étaient injustes en ce qu'elle tendait à insinuer que tous les Procureurs de la Justice d'Ajaccio se conduisaient par des vues d'intérêt personnel préjudiciables à leurs clients, ce qu'il n'était pas naturel de supposer ; qu'elles ne méritaient par conséquent aucune confiance ; que d'ailleurs c'était au Juge que les parties devaient s'adresser lorsqu'elles avaient à se plaindre de leurs Procureurs.

Dudit jour 12 juin 1779.

Nosseigneurs les Commissaires du Roi ont dit que la Piève de Cauro avait demandé que la terre de Testino, qui appartient à M. l'Evêque d'Ajaccio, fût assujettie, comme elle l'a toujours été, aux pâturages des bestiaux de la Piève dans le temps où elle n'était pas en culture ;

Que l'Administration ne pouvait prendre connaissance de cette demande ; que si la Piève de Cauro se croyait fondée dans le droit qu'elle réclamait, elle devait s'adresser aux Tribunaux pour se faire rendre justice, après néanmoins qu'elle serait munie de l'autorisation de l'Intendant et Commissaire départi, conformément aux dispositions de l'Edit de la Municipalité.

Dudit jour 12 juin 1779.

Nosseigneurs les Commissaires du Roi ont dit que la Piève de Talcini avait demandé le payement des loyers pour les logements militaires, et qu'en attendant on donnât des billets de compensation à tous ceux à qui il en était dû ;

Que les retards que les propriétaires des maisons occupées par les Troupes avaient soufferts ne provenaient que de la lenteur de l'exigence de l'imposition destinée à payer les loyers ; que les Etats s'en seront convaincus par l'examen du compte de cette imposition ; que la distribution en avait été faite exactement, non seulement à mesure de la rentrée des fonds, mais encore par des avances sur les produits de la subvention ; qu'au surplus ils pourraient proposer à cet égard les observations qu'ils jugeraient convenables.

Dudit jour 12 juin 1779.

Nosseigneurs les Commissaires du Roi ont dit que la Piève de Celavo Province d'Ajaccio, avait demandé que la Communauté de Bocognano fût indemnisée du dommage qu'elle avait souffert de la part des Troupes par la destruction d'un bois planté en yeuses et qu'il fût donné des ordres pour faire cesser ce dégât ;

Que si la Communauté de Bocognano avait souffert quelques dommages de la part des Troupes, il était juste de l'indemniser, mais qu'il fallait auparavant qu'elle justifiât de sa propriété sur le bois dont il s'agissait, et qu'elle se pourvût aux fins de faire constater l'objet du dommage par les Officiers des Bois et Forêts.

Après quoi la matière mise en délibération, les Etats ayant témoigné leur entière soumission à la déclaration faite par Nosseigneurs les Commissaires du Roi, ont promis de s'occuper des divers objets qu'ils leur ont annoncés et de remplir de leur côté toutes leurs commissions.

Et la présente délibération a été signée tant par MM. les Commissaires du Roi que par MM. les Evêques et Députés qui ont signé la précédente.

Dudit jour 12 juin 1779.

Après que Nosseigneurs les Commissaires du Roi se sont retirés, Mgr l'Evêque Président a dit qu'ayant été délibéré dans la Séance d'hier de nommer un Commissaire Casernier pour les divers postes aux fonctions qui sont portées dans ladite délibération et celles que M. l'Intendant et MM. des Douze croiront nécessaires pour pourvoir à l'indemnité du Pays et à celle des propriétaires des maisons, il serait bon de procéder à la susdite nomination.

Après quoi la matière mise en délibération, les suffrages ayant été donnés et recueillis, la pluralité s'est trouvée réunie, savoir :

Pour le Commissaire Casernier de Bastia, en faveur du sieur Antoine-François Casanova ;

Pour celui d'Ajaccio, du sieur Nicolas Paravisino ;

Pour celui de Calvi, Isle Rousse, Algajola et Calenzana, du sieur Anaclet Guidi ;

Pour celui de Corte, du sieur Thomas Gabrielli ;

Pour celui de Bonifacio, du sieur Antoine-Jacques Trani ;

Pour celui de Saint-Florent, du sieur Santa Maria ;

Pour celui du Cap-Corse, du sieur Antoine Antoni de Morsiglia ;

Pour celui de Vico, du sieur Henry Colonna ;

Pour celui de Sartene, du sieur Dominique Casanova ;

Pour celui de Portovecchio, du sieur Paul Roccaserra ;

Pour celui de la Porta d'Ampugnani, du sieur Joseph-Marie Sebastiani ;

Pour celui de Cervione, du sieur Jean-Antoine Astima, avec trente-huit voix favorables en concurrence avec le sieur Felce.

Lesquels ont été nommés et élus, comme la présente Assemblée nomme et élit lesdits Sieurs Casanova, Paravisino, Guidi, Gabrielli, Trani, Santa Maria, Antoni, Colonna, Dominique Casanova, Roccaserra, Sebastiani et Astima, pour Commissaires et Inspecteurs Caserniers des maisons et bâtiments occupés au service des Gens de Guerre, aux émoluments qui ont été réglés dans la Séance d'hier, et aux fonctions qui seront jugées nécessaires pour le bien du Pays et des Propriétaires des maisons et logements militaires.

Après quoi la Séance a été remise à demain, treize du présent mois, à neuf heures du matin.

Et la présente délibération a été signée tant par Mgr l'Evêque Président que par MM. les autres Evêques et Députés qui ont signé les précédentes de ce jour.

A Bastia, les jour, mois et an susdits.

Signés, etc.

Séance du 13 juin 1779.

Monseigneur l'Evêque Président et MM. les Evêques et Députés, ci-devant dénommés, s'étant rendus à la Salle de l'Assemblée, Mgr l'Evêque Président a dit qu'il serait bien que le Comité, chargé de l'examen des comptes, fît ce matin son rapport sur ce qui concerne l'imposition des maisons.

Apres quoi MM. les Députés de ce Comité ont remis un mémoire de la teneur suivante.

Le Comité chargé de l'examen des comptes, après s'être occupé de celui de la subvention, s'est ensuite appliqué à examiner les comptes de l'imposition des maisons.

Huit chapitres, sont contenus dans le compte donné en détail aux Etats par le Trésorier général sur cet objet, savoir : deux de recette et six de dépense.

RECETTE :

Dans le premier chapitre de celle-ci on porte, ainsi qu'il a été arrêté par MM. les Commissaires du Roi dans la précédente reddition de comptes de 1777, soixante-six mille quatre cent vingt-trois livres dont le Pays resta dès lors débiteur, tant sur les impositions des maisons habitées par les propriétaires de 1769 à 1774 que sur celles louées de 1769 à 1773.

Dans le second et dernier, trente-cinq mille quatre cent quatre-vingt-dix-neuf livres, trois sols, six deniers, montant du rôle des trois années des maisons louées de 1773 à 1776 : ces deux sommes qui, jointes ensemble, montent à cent-un mille neuf cent vingt-deux livres, trois sols, six deniers, forment la dette du Pays sur l'imposition des maisons, et la recette pour le Comptable.

DÉPENSES :

Dans le premier chapitre on porte quinze mille huit cent cinquante-quatre livres, onze sols, cinq deniers, excédent des dépenses résultantes du compte rendu aux Etats de

1777, ainsi qu'il fut alors arrêté par MM. les Commissaires du Roi.

Dans le second, deux mille cent quatre-vingt-quinze livres, cinq sols pour droit de collecte dû aux Podestats et Pères du Commun à raison de quatre, et d'un pour cent aux Trésoriers Provinciaux et général.

Dans le troisième, onze mille neuf cent quatre-vingt seize livres, dix-huit sols, trois deniers employés en réparations faites aux maisons qui servent de quartier à la Troupe et aux magasins qui renferment les effets du Roi.

Dans la quatrième, trente-sept mille quatre-vingt cinq livres, neuf sols, six deniers des loyers dûs et payés à divers particuliers pour lesdits quartiers et magasins.

Dans le cinquième, deux mille cent quatre-vingt onze livres, seize sols, huit deniers, montant des décharges et modérations.

Dans le sixième et dernier, neuf mille neuf cent vingt-six livres, deux sols, cinq deniers pour compensations accordées à divers particuliers.

Toutes lesquelles parties forment une dépense de soixante dix-neuf mille deux cent cinquante livres, trois sols, trois deniers. Le Comptable y joint, et pour reprise, les cinquante-six mille sept cent trente-deux livres, trois sols, dûs par le Pays, ainsi qu'il conste d'un état général par lui présenté de ladite dette, et il en résulte cent trente-cinq mille neuf cent quatre-vingt-deux livres, six sols, trois deniers, desquelles, déduisant les cent-un mille neuf cent vingt-deux livres, trois sols, six deniers, on voit que le Trésorier a dépensé de plus trente-quatre mille soixante livres, deux sols, neuf deniers.

Le Comité fait observer qu'à l'égard des deux chapitres de la Recette et du premier de la Dépense il n'a rien à opposer.

Le premier et le dernier sont arrêtés par MM. les Commissaires du Roi, et le second est le résultat d'un état réglé par le Bureau des Etats.

Dans le second chapitre de la dépense on observe que les deux mille cent quatre-vingt quinze livres, cinq sols, de droit de collecte pour les Podestats et Pères du Commun et Trésoriers, ne devaient être calculés que sur l'argent effectif et non sur les décharges consistant en deux mille cent quatre-vingt-onze livres, seize sols, huit deniers ; le Pays se trouve chargé à cet égard d'un surplus de cent vingt-neuf livres, dix sols, neuf deniers.

Dans le troisième, les onze mille neuf cent quatre-vingt seize livres, dix-huit sols, trois deniers employés aux réparations des quartiers, sont véritablement un objet qui a mérité toutes les réflexions du Comité. Il observe que, pendant l'espace de neuf mois, à commencer du neuf Février 1777, jusqu'au dix-neuf Novembre dudit an, le Pays a dépensé sept mille six cent quatre-vingt-onze livres, cinq sols, onze deniers, c'est-à-dire huit cent cinquante-quatre livres, onze sols et neuf deniers par mois, et depuis le 14 Janvier 1778, jusqu'au 10 Avril 1779, qui ne font pas quatre mois, quatre mille trois cent cinq livres, douze sols, quatre deniers, c'est-à-dire, mille soixante-six livres, huit sols et un denier par mois.

Qu'on calcule à présent, à raison de huit cent cinquante-quatre livres, onze sols, neuf deniers par mois, combien le Pays devrait dépenser chaque année pour réparations, et l'on trouve que cette dépense monterait à dix mille deux cent cinquante-cinq livres, un sol.

Les Etats passés ont cru que la fixation de trois mille livres par an devait suffire pour cette dépense ; par le compte exposé elles ne suffisent pas ; il faut donc que le Pays pense à y ajouter sept mille deux cent cinquante-cinq livres, un sol.

Il est inutile d'objecter ici que les réparations qui se font dans un quartier peuvent durer quelques années, il est constant au contraire qu'il faut chaque année y en faire de nouvelles, parce que chaque année il survient de nouvelles nécessités qui exigent quelquefois une dépense plus forte que les premières.

L'Assemblée générale a déjà pris des déterminations pour remédier autant qu'il est possible à un courant de dépenses préjudiciables à la Caisse Nationale, en nommant des Commissaires Caserniers.

C'est par cette considération que le Comité se dispense de faire des propositions ultérieures sur cet objet, parce qu'il croit que les déterminations adoptées par la sagesse des Etats, sont les plus capables de procurer l'avantage du Pays dans une affaire d'aussi grande importance.

Ces Commissaires Caserniers doivent néanmoins connaître leurs obligations. Le Comité de son côté en fait observer cinq :

1º Que sous le bon plaisir de MM. les Commissaires du Roi, les Commissaires Caserniers, aussitôt qu'ils seront mis en charge, doivent former un état de toutes les maisons qui servent de quartier à la Troupe et des magasins où l'on conserve les effets du Roi dans leur département respectif, en désignant à qui elles appartiennent, de combien de pièces elles sont composées, de quel numéro elles sont marquées, combien de Troupe il y habite par chambre et le nom du Régiment ;

2º Qu'ils doivent se faire donner une copie du procès-verbal de l'état des quartiers, ou par les Officiers Municipaux du lieu, ou par les Officiers des Régiments auxquels on aura fait la remise des quartiers et magasins, pour reconnaître en quel état ils ont été reçus lorsque la Troupe y est entrée, et dans le cas où il n'existerait aucun procès-verbal, ils devront en faire un sur le champ ;

3º Qu'ils formeront une note détaillée de toutes les réparations dont les quartiers ont besoin, en expliquant quelles elles sont, si elles sont à la charge du Pays ou des propriétaires ; à l'effet de quoi la Députation des Douze pourrait donner aux Commissaires une instruction afin qu'ils puissent en distinguer les objets ;

4º L'Assemblée pourrait prier M. l'Intendant de prévenir les Commissaires des Guerres des départements respectifs de l'Isle, de procéder à la formation desdits états et procès-verbaux conjointement avec le Commissaire Casernier et de les signer ensemble pour leur donner plus de validité ;

5º Que de ces états et procès-verbaux les Commissaires en devront laisser en mains des Officiers des Régiments chargés des logements, et du Commissaire des Guerres, une copie signée de lui et par eux ; en conserver une, et envoyer l'autre signée comme dessus, au Bureau des Etats ;

Dans le quatrième, les trente-sept mille quatre-vingt cinq livres, neuf sols, six deniers, sont un objet d'obscurité. Sans avoir un état sous les yeux, comment peut-on connaître si les décomptes faits pour le payement des loyers sont justes ou non ?

Les décharges dans le cinquième, et les compensations dans le sixième et dernier chapitre, sont en règle.

Par le compte du Trésorier on voit que le Pays est débiteur de deux sommes, l'une de trente-quatre mille soixante livres, deux sols, neuf deniers, l'autre de cinquante-six mille sept cent trente-deux livres, trois sols.

La première résulte de ce que le Trésorier l'a donnée en compte pour dépense en surplus de sa recette, et la seconde d'un état général par lequel on fait voir les sommes que doit respectivement chaque Province de l'Isle.

Si l'on exige entièrement cette somme, le Pays non seulement est en état de faire face à la dette susdite, mais il lui resterait encore un objet de vingt-deux mille six cent soixante douze livres, trois deniers, qui augmenterait si on faisait tenir compte au Trésorier des cent vingt-neuf livres, dix sols, neuf deniers pour les droits de collecte qui ne devaient pas être pris sur les décharges, ainsi qu'il a déjà été observé.

Enfin le Comité se trouvant satisfait de l'assistance qu'il a reçue du Sieur Santelli, employé au Bureau des Etats, ne peut se dispenser d'en faire son rapport à l'Assemblée générale afin qu'elle daigne lui accorder la gratification qu'il mérite.

Ce sont là les faibles réflexions que pour la seconde fois le Comité des comptes à l'honneur de soumettre à l'examen de l'Assemblée générale.

Signés: Casanova, Mattei, Xavier de Casabianca, de Castelli.

Après quoi la matière mise en délibération, les Etats après avoir manifesté leur entière reconnaissance du zèle et de l'attention avec lesquels le Comité des comptes a rempli ses commissions, ont arrêté que les Commissaires Caserniers se conformeront dans leur travail aux règles indiquées par ledit Comité, en y ajoutant l'obligation de visiter, au moins une fois par semaine, les maisons et bâtiments occupés pour le service des Gens de Guerre dans les lieux de leur résidence, et dans les autres de leur département au moins une fois le mois, et toutes les fois que MM. des Douze jugeront la visite nécessaire, pour observer toutes les dégradations qui surviennent et pour en solliciter les réparations.

Les Commissaires Caserniers d'Ajaccio et de la Porta ne seront obligés de visiter les logements de Bocognano, Orezza et Caccia, que de deux en deux mois, à moins qu'il ne se présente quelque cause urgente ;

Que dans le Bureau des Etats il sera fait un dépouillement de toutes les réparations faites jusqu'à ce jour dans les maisons et bâtiments occupés pour le service militaire, en distinguant, suivant les règles prescrites par l'Arrêt du Conseil d'Etat de 1774, celles qui sont à la charge des propriétaires, de celles qui doivent être au compte du Pays ;

Que le Pays ayant jusqu'à présent supporté en entier toutes les réparations, on devra par un décompte l'indemniser sur les loyers dont il reste débiteur envers lesdits propriétaires ;

Que dans ledit bureau on formera des rôles pour l'exigence des deux années de l'imposition sur les maisons louées du premier Octobre 1776 au premier Octobre 1778 ;

Que l'on fera un état général de ce que le Pays doit et de ce qui lui est dû sur cette partie d'administration, pour le présenter à la première Assemblée générale.

Ensuite les Etats, satisfaits du travail du Sieur Santelli, adhérant à la proposition du Comité, lui ont accordé une gratification de trois cents livres à payer par le Trésorier de la Caisse Nationale.

Et la présente délibération a été signée tant par Mgr l'Evêque Président que par MM. les Evêques de Sagone, Mariana et Accia, et MM. Casabianca et Ogliastri, Piévans ; Roccaserra et de Poli, Nobles; de Pietri et Filippi, Députés du Tiers-Etat.

A Bastia, les jour, mois et an susdits.

Signés, etc.

Dudit jour 13 juin 1779.

Monseigneur l'Evêque Président a dit que MM. les Commissaires du Roi dans la Séance d'hier annoncèrent que le Sieur Giubega, pendant son dernier voyage en France, avait demandé à M. le Directeur général des Finances une gratification en faveur du Sieur Muselli qui, dans son absence, avait fait ses fonctions pour la direction du Bureau des Etats ;

Que M. Necker avait dit que cette demande devait être

présentée à l'Assemblée générale, et puisque MM. les Commissaires du Roi l'avaient jugé digne de la grâce qu'il sollicitait, il les autorisait à faire payer, au compte de Sa Majesté, la moitié de la gratification qui lui serait fixée par l'Assemblée générale;

Que leurs Excellences dans la Séance d'hier rendirent au Sieur Muselli un témoignage assez flatteur de son zèle et de son intelligence;

Qu'il reste donc à délibérer sur cet objet.

Ensuite, la matière mise en délibération, après avoir pris l'avis de MM. des Douze, et l'expression de leur entière satisfaction du travail du Sieur Muselli, les Etats lui ont accordé une gratification de mille deux cents livres, dont la moitié lui sera payée par le Trésorier de la Caisse Nationale.

Et la présente délibération a été signée comme dessus.

Dudit jour 13 juin 1779.

Nosseigneurs les Commissaires du Roi s'étant rendus à la salle de l'Assemblée, ont dit qu'ils avaient pris connaissance de la délibération tenue par l'Assemblée générale le neuf de ce mois sur le payement de la somme de 120.000 livres dues au Roi pour l'abonnement de la Subvention pour la huitième année, échue au premier Octobre 1777;

Qu'ils avaient remarqué que pour parvenir au payement de cette somme, de celle de 27.000 livres dues à différents particuliers, auprès de qui l'emprunt en avait été fait pour subvenir aux dépenses de la Caisse Civile et qui avait été mise à la charge du Pays, et de celle de 60.000 livres d'une part, et 12.000 livres de l'autre, pour servir de supplément au produit de l'imposition sur les maisons, à l'effet de payer les arrérages des loyers des maisons et bâtiments occupés par les Troupes, l'Assemblée générale avait déterminé d'exiger de tous les contribuables une somme de cinquante mille livres par an payable en deux termes et par moitié, savoir, 25.000 livres au premier Octobre, et 25.000 livres au premier Février suivant ;

Que de cette perception annuelle de 50.000 livres, il y aurait 30.000 livres qui seraient destinées au payement de l'abonnement de la huitième année, et 20.000 pour servir au remboursement de l'emprunt de 27.000 livres et au payement des loyers et réparations des maisons occupées par les Troupes ;

Qu'ainsi par cet arrangement, l'abonnement de la huitième année de subvention qui aurait dû être payé au premier Octobre 1777, que le Roi avait bien voulu ne demander que pour le premier Avril dernier, et que par un effet des bontés de Sa Majesté, elle avait encore reculé jusqu'au premier Octobre prochain, ne se trouverait soldé qu'au premier Février 1783.

Nosseigneurs les Commissaires du Roi ont observé que cette proposition faite par le Comité et adoptée avec éloge par l'Assemblée générale, était tellement contraire aux intentions du Roi qu'ils lui avaient annoncées, qu'ils ne croyaient pas pouvoir se dispenser de les rappeler à l'Assemblée pour lui faire sentir la nécessité absolue de s'y conformer et de prendre en conséquence les moyens d'assurer pour le premier Octobre le payement en entier de la somme de 120.000 livres pour l'abonnement de la huitième année ;

Qu'ils répétaient de nouveau que la destination que Sa Majesté avait faite de ces 120.000 livres pour subvenir aux dépenses de l'Administration, ne permettait pas de laisser espérer aux Etats que la condescendance dont le Roi avait daigné user, pût être portée plus loin que le premier Octobre ;

Qu'il fallait donc poser en fait qu'à cette époque, sans aucun délai, ni remise, le Trésorier des Etats devait verser dans la Caisse Civile ladite somme de 120.000 livres ;

Que l'Assemblée générale avait encore à observer qu'au premier Juillet prochain et au premier Octobre suivant, la Caisse Civile avait à recevoir indispensablement une somme de trente mille livres à compte de l'abonnement actuel ; qu'ainsi il était vrai de dire qu'à l'époque du premier Octobre, et avant toute autre dépense, quelque privilégiée qu'elle fût, la Caisse des Etats aurait à payer 180.000 livres à la Caisse Civile ; que l'Assemblée générale se ferait illusion, si elle se flattait que cette obligation pût être éludée ou reculée ; que par conséquent elle devait s'occuper sérieusement des moyens de se libérer ;

Que ceux que le Comité avait proposés pouvaient être convenables relativement aux facultés des contribuables et aux ménagements qu'il paraissait juste d'avoir, en exigeant une imposition en argent, en même temps qu'une perception en nature ; mais qu'ils étaient insuffisants envers le Roi qui n'entendait pas supporter de nouveaux délais, et qui étaient même déplacés après toutes les grâces que le Pays en avait reçues ;

Que le retard qui résultait du même arrangement pour les créanciers du Pays n'était ni plus juste ni plus praticable, en ce qu'il ne dépendait point de l'Assemblée générale de reculer sans leur aveu le terme de leur remboursement ;

Que bien loin d'y adhérer de leur part, le Sieur Viale, l'un d'eux, sollicitait depuis longtemps d'être remboursé ; qu'il renouvelait dans ce moment ses instances avec le plus vif empressement ; que l'Assemblée générale pourrait en juger par la lettre que M. l'Intendant avait reçue de ce créancier qu'ils remettaient à cet effet sur le Bureau ; que le motif que le Sieur Viale employait pour obtenir son payement étant le service dont il était chargé pour le Port de Toulon, devenait dans les circonstances présentes une considération supérieure, qui ne permettait pas à l'Assemblée de différer à le rembourser ;

Qu'elle se devait également à elle-même de faire les plus grands efforts pour mettre la Caisse en état de payer les loyers militaires qui étaient dûs depuis le premier Octobre 1772 dans la plus grande partie des Provinces, et dans quelques-unes depuis le premier Octobre 1774 ou au moins depuis 1776 ;

Qu'il était injuste de priver en même temps les propriétaires de leurs maisons, ainsi que du loyer qu'ils pouvaient en espérer, et de les obliger en même temps à en supporter une partie des réparations et à payer exactement leur part dans la contribution générale aux fonds destinés au payement des loyers ;

Qu'ainsi il fallait regarder comme arrêté que le Pays avait à pourvoir à payer sans délai :

1° L'abonnement de la huitième année de Subvention due au Roi, de . . . . fr.	120.000
Aux Créanciers qui avaient prêté leurs fonds et qui les réclamaient	27.000
Les deux premiers quartiers de l'abonnement actuel, à écheoir au 1er Octobre prochain . . .	60,000
Le supplément à prendre sur la Subvention pour le payement des loyers militaires pour quatre années échues et la courante, à raison de 12.000 livres par an.	60.000
Celui de 3.000 livres pour subvenir aux réparations des maisons occupées par les Troupes pour le même espace de temps	15.000
Ce qui formait un total de . . . fr.	282.000

Que l'Assemblée devait sentir que les moyens qu'elle avait arrêtés pour faire face à cette masse de dépenses privilégiées, loin d'opérer sa libération, ne serviraient qu'à multiplier les embarras de sa situation actuelle ;

Qu'il fallait donc absolument qu'elle prît un parti qui conciliât les ménagements qu'elle doit avoir pour les Contribuables avec l'indispensable nécessité d'acquitter ce qu'elle devait et de mettre de l'ordre dans ses finances ;

Que le seul moyen d'y parvenir était de faire un emprunt qui fût au moins de trois cent mille livres.

Nosseigneurs les Commissaires du Roi ont dit à ce sujet que la nécessité démontrée de cet emprunt avait été tellement sentie par le Gouvernement, qu'ils étaient autorisés à offrir toutes les sûretés qu'on pourrait stipuler pour prévenir tous les doutes sur la solidité du Pays et que ce n'était pas une des moindres grâces qu'ils avaient eu à annoncer, puisqu'il était bien assuré qu'avec les sûretés du Gouvernement, le Pays trouverait sans difficulté tous les fonds dont il aurait besoin ;

Que la considération d'ajouter les intérêts de cette somme à la masse des charges Nationales ne devait point arrêter, parce qu'il n'y avait aucune compensation entre la contribution du Pays pour y subvenir et le tort irréparable que le retard des payements apporterait au Pays ;

Qu'il était temps enfin que la Corse secondât les efforts du Gouvernement pour sa régénération ; que cet objet était digne de la plus sérieuse attention ;

Que l'Assemblée devait considérer que les sommes dues au Roi pour solder l'abonnement de la subvention, étaient destinées à acquitter les charges de l'Administration du Pays dans le Pays même ;

Que les loyers des maisons occupées par les Troupes étaient dûs aux habitants même ; qu'en acquittant actuellement tout ce qui était échu, c'était mettre dans la circulation un fonds considérable et qui allait devenir pour les propriétaires et les cultivateurs une ressource d'autant plus précieuse qu'ils venaient de supporter plusieurs années de disette ; qu'en les mettant à portée d'en réparer les maux, en soutenant la culture des terres, c'était les encourager puissamment à faire de nouveaux efforts pour l'augmenter et la porter au point où il était bien intéressant qu'elle parvînt pour le bonheur de la Corse ;

Qu'il n'y avait pas d'autre moyen de l'enrichir que d'augmenter la masse de ses productions ; que plus le Pays produirait, plus il y resterait d'argent ; qu'il était bien reconnu que l'on était forcé de se pourvoir à l'étranger même des denrées de première nécessité ; qu'ainsi tout l'argent que l'Administration versait en Corse, s'y répandait infructueusement parce que la forte partie passait à l'Etranger, ce qui n'arriverait pas si le Pays était en état de faire un commerce d'échange en portant à l'étranger ses propres productions pour valeur de celles qui lui manquent ;

Que pour y parvenir il faut commencer par faciliter les communications intérieures par la construction des chemins et des ponts, objets dont l'utilité a été sentie par plusieurs Provinces qui ont formé des demandes à cet égard ; que le Roi désirant de procurer cet avantage à la Corse, avait bien voulu par ses réponses au cahier des Etats de 1777, proroger pour dix ans la charge que Sa Majesté s'est imposée en faveur du Pays par l'Arrêt du 24 Octobre 1772, de contribuer à une partie de cette dépense ;

Qu'elle l'offrait encore pour la réparation du port de Macinagio dont elle voulait bien supporter la moitié de la dépense ; mais qu'elle exigeait que l'autre moitié restât à la charge des Etats, sauf à y faire contribuer la Province du Cap-Corse à raison de l'avantage particulier qu'elle en retirait ;

Qu'en même temps que l'on pourvoirait ainsi à la facilité des transports, il fallait procurer au Pays les moyens d'encourager les productions auxquelles il est propre, qui peuvent rétablir un jour la balance de son commerce et le rendre aussi avantageux pour lui, qu'il lui est onéreux actuellement ;

Qu'il suffit, pour en démontrer la nécessité pressante, de dire aux Etats qu'il résulte des calculs modérés qui ont été faits et dont l'exactitude ne peut être révoquée en doute, que pendant l'année échue au premier Octobre 1778, le commerce de la Corse a porté extérieurement un fonds d'un million huit cent trente-sept mille six cent soixante-neuf livres, et n'a retiré en bénéfice que cent vingt-deux mille cent soixante-douze livres, en sorte que la perte réelle du commerce a été d'un million sept cent quinze mille quatre cent quatre-vingt-dix-sept livres ;

Qu'on ne peut donc trop s'empresser de faire cesser une situation aussi fâcheuse, parce que tant qu'elle durera, la Corse forcée de porter hors d'elle-même tous les fonds qu'elle reçoit, sera sans cesse privée de tous moyens de soutenir et augmenter la culture de ses terres, source unique des richesses réelles dont elle est susceptible ;

Que ce n'est point une vaine spéculation que de compter sur les ressources que la Corse doit trouver dans ses propres productions ; qu'elle en a une bien intéressante dans ses bois ; que l'espérance d'en tirer un parti avantageux pour la Marine se réalise enfin ; que le Gouvernement avait entrepris, dans cette vue, l'exploitation de la forêt de Stella et n'avait pas hésité à y dépenser plus de quatre-vingt mille livres ; qu'une compagnie opulente avait fait une dépense plus forte pour procurer un débouché utile au bois de la forêt de Parma ; mais que l'entreprise du sieur Viale présentait des succès assurés et fixait l'opinion avantageuse que l'on avait prise de la qualité des bois de la Corse ; que l'on ne pouvait mieux démontrer l'utilité réelle dont cette entreprise était déjà pour le Pays, que par l'état que Nosseigneurs les Commissaires du Roi ont remis à l'instant sur le bureau, des traités passés par ledit Sieur Viale, des dépenses qu'il a à faire et des bois à fournir dans la présente année ; qu'il en résultait qu'il allait répandre actuellement dans des parties où la circulation de l'espèce était nulle, soixante-trois mille livres pour la conduite et la façon des bois qu'il avait à fournir pour la Marine et l'Artillerie ;

Que c'était pour faire face aux engagements qu'il a contractés avec les gens mêmes du Pays qu'il répétait avec autant d'instance que de justice le remboursement des sommes qu'il avait prêtées à la Caisse Civile et dont la Corse était chargée ;

Que d'après cette exposition fidèle de sa situation, l'Assemblée pouvait juger s'il était raisonnable de remettre un payement aussi pressant dans le cours de quatre années et si ce n'était pas un avantage réel de mettre ce Citoyen zélé en état de suivre son entreprise, puisque les fonds qui lui étaient dûs et dont il sollicitait le payement, allaient sur le champ porter la vie et l'aisance dans une partie de la Corse qui jusqu'à ce moment avait langui dans la privation des premiers moyens de subsister.

Nosseigneurs les Commissaires du Roi ont dit ensuite qu'une autre branche d'industrie s'annonçait avec le plus grand succès et qu'en l'excitant dès sa naissance, elle pouvait arriver rapidement au point de perfection qu'il était bien à désirer qu'elle atteignît, que c'était la production de la soie ;

Que les essais qu'on en avait faits aux frais et sous la protection du Gouvernement, avaient donné les plus heureuses espérances ; que le Sieur Brueys, fabricant, plein de zèle et d'intelligence, était venu seconder les efforts de l'Administration ; qu'en distribuant de la graine de vers à soie, qu'en donnant à crédit des mûriers pour lui en payer le prix en plusieurs années, et non pas en argent, mais en cocons, il était parvenu à exciter l'émulation de la manière la plus avantageuse ; que, dès l'année dernière, il avait trouvé des cocons à acheter pour vingt-sept mille livres, et que cette année il y en avait pour une plus forte somme ;

Que l'Administration voulant connaître ce qu'on pouvait attendre de la qualité des soies de Corse, avait fait faire un triage séparé des cocons de différentes parties de l'Isle ; que M. l'Intendant y avait fait procéder en présence des Officiers Municipaux de Bastia avec toutes les précautions qui pouvaient constater la véritable qualité et l'origine des soies ; qu'il en avait envoyé des échantillons à Aix, à Nîmes, à Lyon et à Paris, pour être examinés par les Chambres de Commerce, et être déterminé par elles ce qu'on devait espérer des soies de Corse ;

Que rien n'était plus avantageux que les rapports qui en avaient été faits, et pour mettre l'Assemblée en état d'en juger par elle-même, Nosseigneurs les Commissaires du Roi ont remis sur le bureau une expédition du procès-verbal de tirage, la copie des procès-verbaux faits à Paris, Aix, Nîmes et Lyon, et un échantillon des différentes qualités de soie qui ont subi cet examen.

Ils ont dit que rien ne prouvait d'avantage l'utilité de cette production pour la Corse que le résultat de cet examen général et fait avec la plus sévère attention ;

Que le Gouvernement, convaincu de la nécessité d'encourager cette production par les plus puissants moyens, ordonnait l'établissement des pépinières ;

Que le Sieur Giubega, pour concourir, autant qu'il est en lui, à des vues aussi sages, avait entrepris le desséchement du *Stagnone* près Calvi ; que par une suite des secours qui lui avaient été accordés à ce sujet, il s'était engagé à fournir cent mille pieds de mûriers de la pépinière qu'il allait y former, et ce dans l'espace de quinze années, à raison de dix mille pieds par an, à commencer de la cinquième année ;

Qu'on était sur le point de faire un pareil traité pour une pépinière deux fois plus grande dans le territoire de l'Arena près de Bastia ;

Que la Province d'Ajaccio en demandait une, et que s'il se présentait un entrepreneur aux mêmes conditions, on traiterait avec lui ;

Que le Roi, par une de ses réponses au cahier, réglait le partage du prix entre Sa Majesté, les Etats et les particuliers auxquels il serait distribué des mûriers ;

Qu'ainsi cet objet prenait la forme et la consistance qui lui étaient propres ; mais que ces dispositions faites pour l'avenir, supposaient que l'on prendrait pour le présent les mesures les plus certaines pour en assurer le succès ;

Que le moyen plus efficace à employer était indiqué par le Sieur Brueys ; qu'il ne s'agissait que d'acheter dès à présent des mûriers, de les distribuer dans les différentes parties de la Corse à tous ceux qui en demanderaient, de n'en point exiger le prix en entier, ni même promptement, de ceux qui en prendraient, de faire des conditions aux propriétaires qui en auraient soin et en tireraient plutôt le profit qu'on attendait ; qu'une somme de cinquante mille livres employée, dès à présent, à un achat aussi utile, accélérerait avec une rapidité dont les Etats seraient surpris, la production de la soie ; que dès la troisième année les arbres ainsi distribués pourraient fournir à la nourriture des vers à soie ; que, bientôt après, les pépinières établies se trouvant en état de donner des arbres bons à planter, le goût de cette production s'étendrait et n'aurait plus besoin que du bénéfice assuré qu'on en tirerait pour être excité et soutenu ; mais qu'il fallait d'abord que le Pays fît la première avance, et que ce devait être là un des objets privilégiés de l'emprunt qu'elle avait à faire ;

Que l'aisance ainsi répandue refluerait avec avantage sur la culture des terres en ce que la Corse, rendant bientôt en soie tout ce qu'elle retire de l'étranger, conserverait les fonds qu'elle y porte, et augmentant ainsi successivement la masse de l'argent qu'on y verse, les propriétaires se trouveraient en état de faire les dépenses d'amélioration qu'exige la culture des terres ; que, par une suite nécessaire, la masse des productions augmentant aussi, le commerce d'échange deviendrait toujours plus avantageux, et procurerait bientôt à la Corse un bénéfice égal à la perte qu'elle fait actuellement ;

Que tel était le but que l'Assemblée générale devait se proposer et les efforts qu'elle avait à faire ; qu'au lieu de se borner à gémir sur la misère dans laquelle plusieurs années de stérilité et l'inculture des terres faisaient languir la Corse, elle devait, en prenant les mesures que la prudence lui inspirait pour diminuer le fardeau des charges publiques aux contribuables, faire en même temps les dispositions les plus sûres pour tirer la Corse de cet état d'oppression et de langueur, et la rendre enfin une Province utile et heureuse ;

Que plus elle réfléchirait avec désintéressement sur ce qui venait de lui être exposé, plus elle reconnaîtrait la nécessité de faire un emprunt qui la mette sur le champ au niveau de ses charges et à portée de procurer à la Corse les moyens de se régénérer ;

Qu'elle devait considérer que les premiers pas seraient suivis des succès les plus rapides ; qu'une production utile une fois encouragée influait sur toutes les autres ;

Que le cultivateur excité et instruit par l'expérience porterait ses soins sur la culture de l'olivier et la fabrication de l'huile dont les vices étaient du plus grand désavantage pour la Corse, tandis qu'elle pouvait en tirer une source toujours abondante de richesses ;

Qu'il en était de même des vins et des grains de toute espèce ;

Qu'au surplus il ne fallait pas perdre de vue que le nouveau plan de la Subvention annonçait déjà un avantage bien précieux, et offrait aux Etats des ressources assurées pour acquitter successivement les sommes qu'ils emprunteraient et en payer les intérêts sans ajouter aux charges du Pays ;

Que pour s'en convaincre l'Assemblée générale reconnaîtrait, par l'état que Nosseigneurs les Commissaires du Roi ont remis sur le bureau du montant des adjudications qui ont été passées, comparé avec celui de la Subvention en argent que les Communautés avaient eu à payer, qu'il en résultait une augmentation réelle au profit du Pays de trente deux mille livres par an au delà du bénéfice ordinaire de la Subvention ; qu'ainsi, pendant les trois premières années, le Pays, après avoir payé l'abonnement, aurait à sa disposition cent mille livres par an pour subvenir à ses charges particulières et payer les intérêts des capitaux qu'il aura empruntés ;

Que puisque dans une année de sécheresse, après plusieurs mauvaises récoltes, les adjudications de la subvention offraient déjà un bénéfice de cette considération, ce n'était pas trop présumer que d'en attendre une plus considérable lorsqu'on les renouvellerait ;

Qu'il était donc bien réel que, délivré par un effort indispensable des embarras où le jettait la masse des charges qu'il devait en ce moment, il retrouverait dans les produits ordinaires de la subvention une ressource assurée pour s'acquitter des emprunts qu'il fallait qu'il contractât.

Enfin Nosseigneurs les Commissaires du Roi ont observé que Sa Majesté avait annoncé que la somme de cent mille livres appartenante à l'Instruction publique, allait être incessamment versée dans la Caisse du Pays ; mais comme elle était destinée à un emploi particulier, l'Assemblée ne devait pas songer à l'intervertir en rien ;

Qu'ainsi c'était indépendamment de ce fonds extraordinaire qu'il devait faire l'emprunt qui lui était proposé sous la garantie et les sûretés du Gouvernement, et que c'était de l'espèce de ces sûretés dont il avait à s'occuper, en déterminant celles qu'il croirait devoir supplier le Roi d'accorder pour la tranquillité des prêteurs et la solidité des engagements du Pays.

Après quoi, la matière mise en délibération, les Etats ont unanimement remercié Nosseigneurs les Commissaires du Roi de la manière avec laquelle ils ont développé une matière aussi intéressante, et ont fait sentir qu'ils se feront un plaisir de concourir par leurs efforts au moyen proposé pour satisfaire à leurs devoirs ;

Qu'ils sentent toute la force des observations faites par MM. les Commissaires du Roi, et connaissent qu'elles n'ont d'autre objet que celui de la régénération de la Corse et l'avantage du service du Roi ;

Que, dans la Séance de demain, on s'occupera avec empressement des moyens de faire l'emprunt nécessaire, d'assurer les prêteurs, de destiner l'emploi de l'argent aux objets les plus pressants et de régler la manière d'éteindre cette dette Nationale.

Après quoi la Séance a été renvoyée à demain, quatorze du présent mois, à neuf heures du matin.

Et la présente délibération a été signée tant par MM. les les Commissaires du Roi que par MM. les Evêques et Députés qui ont signé les précédentes de ce jour.

A Bastia, les jour, mois et an susdits.

Séance du 14 juin 1779.

Monseigneur l'Evêque Président et MM. les Evêques et Députés, ci-devant dénommés, s'étant rendus à la Salle de l'Assemblée, Mgr l'Evêque Président a dit que, dans la Séance d'hier, MM. les Commissaires du Roi annoncèrent la nécessité et la convenance qu'il y avait que le Pays satisfît à la dette qu'il a envers le Roi de cent vingt mille livres pour l'abonnement de la Subvention de la huitième année du 1er Octobre 1776, au 1er Octobre 1777, aux vingt sept mille livres dues à divers particuliers, aux soixante dix mille livres dues aux différents propriétaires des maisons occupées pour le service des Troupes, aux douze mille livres pour les réparations des mêmes bâtiments, ainsi que les avantages certains que ce payement procurait au Pays ;

Que le zèle et les lumières de leurs Excellences ont suggéré un moyen prompt et assuré avec lequel on puisse pourvoir à tous ces objets ;

Que ce moyen a été celui de recourir à un emprunt ; que l'Assemblée générale en sentit aussitôt l'utilité, et dans sa délibération promit de s'occuper aujourd'hui des moyens de se procurer l'emprunt nécessaire, d'assurer les prêteurs, l'emploi de l'argent emprunté et l'extinction de la dette ;

Qu'il ne faut pas la restreindre à la seule somme qui peut être nécessaire à l'extinction des dettes Nationales ; mais qu'il faut avoir en vue les objets d'agriculture et les manufactures ;

Que de ces établissements dépend la véritable régénération de la Corse ;

Que nous pouvons espérer des secours de Sa Majesté pour des établissements aussi utiles et aussi intéressants ;

Qu'il croirait faire tort à la sagesse et à la pénétration de cette Assemblée, s'il voulait insister à lui faire connaître tout l'avantage qui doit résulter pour cette Isle de l'emprunt proposé ;

Qu'il est visible, et qu'il faudrait en profiter sans aucun retard.

Après quoi, la matière mise en délibération, les Etats

après avoir apporté toute leur attention sur l'emprunt proposé, après avoir pris l'opinion de MM. les divers Députés, délibérant, ont arrêté ce qui suit :

1º La Corse fera l'emprunt d'une somme de trois cents mille livres argent de France ;

2º L'intérêt de ce capital ne pourra excéder le cinq pour cent par an ;

3º L'intérêt de cinq pour cent sera payé aux créanciers en entier, sans la moindre déduction ou retenue ;

4º Pour garantie et sûreté de ce capital de trois cents mille livres et de ses intérêts, on obligera généralement, mais non solidairement, les revenus appartenant à la Corse et spécialement le bénéfice de la subvention qui reste en faveur du Pays après l'abonnement auquel Sa Majesté a borné sa demande ;

5º MM. les deux des Douze, résidant à Bastia, seront autorisés à passer avec les prêteurs les contrats nécessaires pour ledit prêt et ses intérêts, sous les obligations portées à l'article 4 précédent, et non autrement ;

6º Le Trésorier du Pays devra recevoir l'argent qui sera donné en prêt, et en fournira quittance par acte passé pardevant Notaire, après que MM. des Douze en auront passé contrat avec les prêteurs ;

7º Les trois cents mille livres empruntées ne pourront être employées qu'aux objets qui seront délibérés par les Etats et approuvés par Sa Majesté, et desquels MM. des Douze devront suivre l'exécution sous l'autorité de MM. les Commissaires du Roi et sur l'ordonnance de M. l'Intendant ;

8º Que l'intérêt des trois cents mille livres sera payé de préférence avec le bénéfice de la Subvention ;

9º Que chaque tenue des Etats on examinera quelles seront les sommes rentrées dans la Caisse Nationale, et quelles sont celles qui y restent, pour les appliquer à l'extinction d'une partie du capital de trois cent mille livres ;

10. Sa Majesté sera humblement suppliée d'autoriser la présente délibération des Etats et de leur accorder des Lettres-Patentes qui leur permettent de faire cet emprunt sous les conditions rapportées, lesquelles Lettres-Patentes seront remises au Conseil Supérieur pour y être enregistrées, afin de donner la forme légale aux droits des prêteurs ;

11. Que pour mieux assurer aux prêteurs le susdit capital et ses intérêts, Sa Majesté sera suppliée de se déclarer garant pour l'un et l'autre objet.

Après quoi la Séance a été remise à demain, quinze du présent mois, à neuf heures du matin.

Et la présente délibération a été signée tant par Mgr l'Evêque Président que par MM. l'Evêque du Nebbio, le Vicaire général d'Aleria et MM. Franceschi et Antonelli, Piévans ; de Morlas et de Negroni, Nobles ; Ferri Pisani et Pozzo di Borgo, Députés du Tiers-Etat.

A Bastia, les jour, mois et an susdits.

Signés, etc.

Séance du 15 juin 1779.

Monseigneur l'Evêque Président et MM. les Evêques et Députés, ci-devant dénommés, s'étant rendus à la Salle de l'Assemblée (Mgr de Mariana absent par indisposition). Mgr l'Evêque Président a dit que dans la Séance d'hier les Etats délibérèrent d'emprunter trois cents mille livres pour être employées au payement de ses dettes et à quelque établissement utile d'agriculture et d'autres objets capables de contribuer au bonheur de cette Isle ; qu'il serait bien de distinguer l'emploi de ces fonds, afin qu'on puisse plus promptement ressentir les avantages que l'Assemblée a eu en vue de procurer à ce Pays en contractant cette dette.

Après quoi, la matière mise en délibération, les Etats ont arrêté que l'emploi des trois cents mille livres qu'on doit emprunter, sera réglé de la manière suivante :

1º Que l'on payera à Sa Majesté les cent vingt mille livres dues par le Pays pour le payement de la huitième année de la subvention ;

2º Qu'on remboursera au Sieur Viale et autres, les vingt-sept mille livres dont ils sont créanciers ;

3º Qu'on payera aux propriétaires les loyers de leurs maisons et bâtiments employés pour le service des Gens de Guerre, et ce payement aura lieu jusqu'au 1er Octobre 1778 ;

Que sur ce payement on devra imputer toutes les réparations qui ont été faites jusqu'à ce jour aux frais du Pays ou à ceux du Roi, et dont Sa Majesté a fait remise en faveur de la Corse ;

4º Qu'on payera toutes les dépenses légalement faites pour les réparations desdites maisons et bâtiments et qui ne seraient point encore payées ;

5º Qu'on achètera incessamment cent mille arbres de mûriers, à la dépense desquels Sa Majesté sera humblement suppliée de concourir pour un tiers, et pour les deux autres tiers, les propriétaires ou colons qui voudront les planter ainsi que le Pays ;

6º Que ces mûriers seront distribués à Ajaccio, Bastia, Calvi, Bonifacio, Saint-Florent, Vallinco, Foce di Golo, Rogliano, Prunete, Sagone, Corte et Isle-Rousse, pour être plantés dans les diverses Communautés et Provinces ;

7º Que la distribution ne pourra s'en faire qu'aux personnes qui justifieront par le certificat des Officiers Municipaux qu'elles ont des terres propres à cette plantation, et des moyens pour en assurer le bon succès ;

Que les personnes chargées de cette distribution ne pourront donner les arbres à qui les demandera, qu'en vertu d'une ordonnance de M. l'Intendant, rendue d'après l'avis de MM. des Douze ;

8º Qu'il sera accordé quatre mille livres pour la réparation du Port du Macinaggio ;

9º Qu'il sera accordé une somme de quarante mille livres pour les ponts qui ont le plus besoin d'une prompte réparation en construction ; qu'au moyen de cette somme, jointe à celles que Sa Majesté, par un effet de sa libéralité, veut bien donner, et celles que les Provinces qui en ressentiront le plus grand avantage devront contribuer, on pourra pourvoir aux besoins les plus urgents ;

Que pour les connaître plus aisément, MM. les Douze, retournés dans leurs Provinces, feront leurs observations, en les détaillant dans un mémoire qui devra être adressé à MM. des Douze résidant à Bastia, pour les soumettre à l'examen et au jugement de MM. les Commissaires du Roi et s'occuper de préférence de ceux qui sont les plus nécessaires ; que dans les Provinces où il n'y a point de Député des Douze, il sera par eux nommé un ou plusieurs sujets pour faire les mémoires demandés.

Après quoi, la Séance a été remise à demain, seize du présent mois, à neuf heures du matin.

Et la présente délibération a été signée tant par Mgr l'Evêque Président que par MM. les Evêques de Sagone et du Nebbio, et MM. Franceschi et Antonelli, Piévans ; Gentile et Giubega, Nobles ; Casanova et Sabiani, Députés du Tiers-Etat.

A Bastia, les jour, mois et an susdits.

Signés, etc.

BULLETIN

DE LA

SOCIÉTÉ DES SCIENCES

HISTORIQUES & NATURELLES

DE LA CORSE

PUBLICATION TRIMESTRIELLE

XXIIIe ANNÉE — 2e TRIMESTRE 1903.
269e & 270e FASCICULES.

BASTIA
IMPRIMERIE ET LIBRAIRIE OLLAGNIER
1903.

SOMMAIRE

DES ARTICLES CONTENUS DANS LE PRÉSENT BULLETIN

                                                                  Pages

Procès-Verbaux des Assemblées générales des Etats de Corse, tenues à Bastia en 1779, 2ᵉ partie, publiés par M. l'abbé LETTERON. 177-315

MAI & JUIN 1903

Pour paraître prochainement:

Lettres de l'amiral Nelson pendant sa croisière sur les côtes de Corse. — Traduction de l'anglais par M. SÉBASTIEN DE CARAFFA, Avocat.

Procès-Verbaux des Assemblées générales des Etats de Corse, tenues à Bastia en 1781, 4ᵉ vol., publiés par M. l'Abbé LETTERON.

Lettres diplomatiques de A. P. Sorba: (Avril 1763 à Août 1764), publiées par le R. P. PH.-GRÉGOIRE VARINI, moine bénédictin.

Osservazioni storiche sopra la Corsica dell'Abbate Ambrogio Rossi, Livre XVI, publié par M. l'Abbé LETTERON.

LAURENT BASTIANI, GÉRANT

Séance du 16 juin 1779.

Monseigneur l'Evêque Président, et MM. les Evêques et Députés, ci-devant dénommés, s'étant rendus à la Salle de l'Assemblée (Mgr de Mariana absent), Mgr l'Evêque Président a dit que MM. les Commissaires du Roi ont annoncé, dans la Séance du 13, que le Gouvernement, considérant l'utilité de l'établissement des pépinières comme une source sûre de richesses, était disposé à en faciliter les moyens ;

Que le Sieur Giubega, voulant de son côté concourir à des vues aussi bienfaisantes, s'était soumis à en établir une à Calvi avec l'obligation de distribuer, pendant quinze ans, cent mille arbres, c'est-à-dire dix mille par an, après la cinquième année ;

Que l'obligation du Sieur Giubega était de préparer le terrain nécessaire pour cette plantation, de le pourvoir d'eau, le clorre et le mettre en état de fournir lesdits mûriers et de contribuer à toutes les dépenses qu'il conviendra de faire ;

Que les arbres à distribuer devaient se payer à raison de cinq sols par pied, c'est-à-dire, deux sols par les propriétaires ou colons auxquels ils devaient être distribués, un sol six deniers par le Roi, et un sol six deniers par le Pays ;

Que le Sieur Giubega avait fait connaître que l'objet de dépense de ce nouvel établissement ne laisse pas d'être considérable ; qu'il se fera un devoir d'y contribuer de toutes ses forces, mais que ce qui lui est plus onéreux est l'entretien d'un ou deux Pépiniéristes ;

Qu'il avait demandé les secours du Pays ;

Qu'il pouvait l'aider sans le moindre préjudice ;

Qu'il demandait un secours de cinquante francs par mois pour le salaire desdits Pépiniéristes ;

Qu'au moment de la distribution des arbres il tiendra compte de cette avance, et que sur le sol six deniers que le Pays doit payer pour chaque arbre, il se remboursera de la somme avancée.

Mgr l'Evêque Président a ajouté qu'il ne voyait aucun inconvénient à cette demande ; que c'est aux Etats à en délibérer.

Après quoi, la matière mise en délibération, les Etats délibérant ont arrêté que la Caisse du Pays fournira au Sieur Giubega, à titre d'avance, cinquante francs par mois pour l'entretien des cultivateurs de la pépinière dont il est chargé ;

Que le secours de chaque mois ne devra commencer que du jour auquel le terrain pour la pépinière sera préparé et disposé pour cet objet, ce qui sera vérifié par l'Inspecteur d'Agriculture, ou par le Député des Douze du département ;

Que le Pays devra se rembourser de cette avance sur la portion du prix qu'il doit payer lui-même pour les arbres qui seront distribués, en donnant au Sieur Giubega autant de moins qu'il lui aura été avancé.

Et la présente délibération a été signée tant par Mgr l'Evêque Président que par MM. l'Evêque du Nebbio, et le Vicaire général d'Aleria , MM. Casabianca et Savelli, Piévans ; Jean-Quilique de Casabianca et de Benedetti, Nobles ; Peretti et Belgodere, Députés du Tiers-Etat.

Après quoi la Séance a été remise à demain, dix-sept du présent, à neuf heures du matin.

A Bastia, les jour, mois et an susdits.

Signés etc.

Séance du 17 juin 1779

Monseigneur l'Evêque Président et MM. les Evêques et Députés, ci-devant dénommés, s'étant rendus à la Salle de l'Assemblée (Mgr Cittadella, Evêque de Mariana, absent par indisposition), Mgr l'Evêque Président a dit que le jour de la clôture des Etats s'approchant, il serait bien que l'Assemblée générale s'occupât des demandes qui peuvent contribuer à l'honneur et à l'avantage du Pays ;

Que la bonté avec laquelle le cœur paternel du Roi a toujours accueilli les demandes de cette Assemblée générale, doit remplir les esprits de MM. les Députés d'une respectueuse confiance pour régler celles qui peuvent être plus relatives aux besoins de cette Province ;

Qu'il faut profiter des vues bienfaisantes du Gouvernement et s'occuper en conséquence des objets qui peuvent être dignes de son approbation.

Après quoi, la matière mise en délibération, les Etats ont arrêté :

Que Sa Majesté sera humblement suppliée de prendre en considération le mémoire que les Etats ont donné sur les abus champêtres et qui sera rapporté à la fin de la présente délibération, dont dépend la sûreté de l'accroissement de l'agriculture ;

Que les étangs et marais desséchés seront exempts pour vingt ans de la subvention, et que Sa Majesté daignera accorder quelques secours à ceux qui s'obligeront au dessèchement des étangs et marais ;

Que pour exciter et faciliter la culture des terres incultes, il sera accordé une exemption de la subvention pendant dix ans pour les terres dans lesquelles on fera des défrichements, consistant en coupe et déracinement des makis ou fougères dont la superficie de la terre est couverte. MM. les Evêques et Députés Ecclésiastiques ont observé que l'exemption demandée ne devra jamais apporter le moindre préjudice au payement accoutumé des dîmes Ecclésiastiques, se réservant dans tous les cas de faire valoir leurs raisons, qui seront encore utiles à l'intérêt du Roi ;

Que pour encourager l'agriculture, de laquelle dépend uniquement le bonheur de cette Isle, on promettra un prix ou récompense aux particuliers qui planteront avec succès un certain nombre d'arbres d'oliviers, de mûriers, d'orangers ou de châtaigniers, ou qui recueilleront une certaine quantité de grains ;

Que personne ne sera admis à l'exercice de la médecine, chirurgie, ou pharmacie, s'il n'est pas revêtu de Lettres-Patentes de quelque Université ou Collège, ou au moins, s'il n'est examiné par des Professeurs qui seront nommés ;

Qu'on visitera au moins une fois l'an les Pharmacies pour connaître les qualités des médicaments qu'on y conserve et qui s'y distribuent ;

Que les pères de famille qui auront huit enfants seront exempts de la subvention ;

Que l'on effectuera l'établissement de l'Université, et que pour cet objet il sera pris un secours annuel de douze mille francs sur la subvention ;

Que Sa Majesté sera suppliée de prendre en considération la demande de la Province de Sartene tendant à avoir une école composée de deux maîtres.

MÉMOIRE SUR LES ABUS CHAMPÊTRES.

Le Comité a observé qu'il n'est guère possible de comprendre sous une règle générale la conservation des chèvres ; que ce qui conviendrait à une Province pourrait être très préjudiciable à une autre; que toutes n'ont ni la même étendue, ni la même qualité de territoire;

Qu'on pourrait arrêter que dans une Assemblée de chaque Communauté, on devra spécifier quels sont les lieux incultes et abandonnés dans lesquels, suivant l'article 8 de l'Edit des abus champêtres, le pâturage des chèvres est permis;

Que dans cette Assemblée les seuls propriétaires de biens de campagne auront voix; que s'y trouvant une diversité d'opinion dans la fixation de l'étendue du territoire on enverra le Podestat Major de la Piève dans la Communauté pour examiner ledit territoire et rendre compte à M. l'Intendant de ses observations;

Que quand le territoire de la Communauté sera resserré et cultivé, les chèvres seront absolument défendues;

Que les chèvres qui seront trouvées à pâturer dans d'autres lieux que ceux assignés par la Communauté, seront sujettes à une amende de vingt sols pour chacune, et les bergers seront tenus de tous les dommages et intérêts, outre huit jours de prison;

Que de cette amende il y en aura un quart pour le Roi, un quart pour le propriétaire du fond sur lequel les chèvres seront trouvées à faire du dommage, un quart pour le gardien ou dénonciateur, et un quart au profit des Officiers Municipaux, du Greffier et de l'Huissier.

Les chèvres domestiques seront absolument défendues, ainsi qu'au Cap-Corse celles qu'on conduit à la main, à moins qu'on en ait besoin pour maladie qu'on justifiera par un certificat affirmé du Médecin ou du Curé;

Que les porcs domestiques ne pourront être tenus qu'enfermés ou liés, et si l'on en trouve de déliés et faisant dommage dans les biens d'autrui, le propriétaire sera, dans ce cas, sujet à l'amende de deux livres par chaque porc, laquelle sera répartie de la manière et ainsi qu'il a été dit à l'article des chèvres, outre la restitution du dommage et intérêt:

Que la règle fixée pour les chèvres sera la même pour les porcs allant par bande, et il leur sera assigné des lieux pour le pâturage ;

Qu'il serait à désirer que les chevaux, mulets, ânes, bœufs et vaches ne pussent se tenir que sous la garde, ou dans des écuries ou des lieux fermés, ou fussent entravés, et que dans le cas contraire, le propriétaire fût condamné à une amende de quarante sols pour chacun desdits animaux qui causerait du dommage, outre la restitution des dommages et intérêts, ce qui doit s'entendre pour les lieux clos, ou plantés d'arbres, ou gardés ;

Que dans chaque Communauté on élise des gardiens des biens de campagne, et les Communautés qui négligeront de faire cette élection seront condamnées à une amende de cent livres, quand cette négligence ne viendra pas de la part des Officiers Municipaux, auquel cas, l'amende serait encourue par eux.

Les gardiens élus ne pourront refuser cette charge sous peine de cinquante livres, à moins qu'ils n'aient un juste motif de refus au jugement de M. l'Intendant ;

Qu'il soit prononcé une amende de vingt-cinq livres contre ceux qui, de leur propre autorité, retireront du gardien ou du propriétaire du bien endommagé, le bétail sequestré pour les abus champêtres, ou qui le retireront sans la permission requise ;

Que pour remédier à tous les inconvénients qui résultent du brûlement des makis, personne ne puisse y mettre le feu sans prévenir vingt-quatre heures auparavant les Officiers Municipaux pour en obtenir la permission et avertir les propriétaires confinants ; et que ceux qui ne feront point cette déclaration préalable soient condamnés à la somme de cent livres et tenus, en outre, de tous les dommages et intérêts qui surviendraient, et que le délinquant, manquant de moyens pour y satisfaire, soit condamné à une peine corporelle;

Qu'il soit permis au patron qui aura reçu le dommage, ou à son colon, d'arrêter le bétail sans lui faire de tort, et d'en faire le rapport au Greffe Municipal, et qu'ils soient obligés de le rendre au propriétaire aussitôt qu'il offrira une caution valable pour le payement des dommages et amendes ;

Que pour les dommages qui n'excéderont pas la somme de trois livres, le gardien pourra servir d'estimateur, pourvu qu'il ne soit pas responsable du dommage même ; que ses dénonciations et rapports des abus champêtres auront pleine foi pour quelque somme que ce soit, quand même ils manqueraient d'autres témoins, et que l'on donne la même croyance au propriétaire du bien endommagé, ou à son colon ;

Que toute personne qui osera enlever la haye dont on a coutume d'entourer les jeunes châtaigniers, ou jeunes plants, soit condamnée à une amende de cinq livres par plant, et à payer le dommage que pourraient en avoir souffert lesdits arbres ; que la même amende soit encourue par ceux, qui détruisent les hayes des biens clos, ou les barrières qui ferment les terrains eusemencés.

Les Officiers Municipaux seront obligés de veiller à l'exécution de ces délibérations quand elles seront approuvées par le Roi, à peine de vingt-cinq livres d'amende si elles ne sont point observées dans leurs Communautés.

MM. les Commissaires du Roi seront priés d'appuyer les demandes rapportées par le Comité et approuvées par l'Assemblée générale, afin que la plantation des mûriers et autres arbres ne soit point inutile, et pour préserver les campagnes de tous dommages. Il a été ensuite observé de la part de quelques uns des Députés de Vico, Corte et Nebbio, qu'ils ne sont point d'accord sur la demande relative au gros bétail pour lequel on sollicite l'amende de quarante sols par tête, quand il causera du dommage dans des lieux clos, plantés d'arbres et gardés ; qu'ils acquiescent quant aux lieux fermés, mais que pour les lieux ouverts, quoiqu'ils soient plantés d'arbres, ou gardés, ce règlement ne serait point admissible, sans que la destruction du bétail s'ensuivît, ou que du moins on n'y comprenne point les biens communaux ; et le Sieur Colonna, Député de Vico, a ajouté qu'il ne croit point qu'il y eût de règlement plus convenable que celui qui a déjà été publié et qui est l'Edit des abus champêtres.

Et la présente délibération a été signée tant Mgr l'Evêque Président que par MM. les Evêques de Sagone et du Nebbio ; MM. Sebastiani et Poli, Piévans ; Costa de Castellana, et Xavier de Casabianca, Nobles ; Astima et Ciaccaldi, Députés du Tiers-Etat.

A Bastia, les jour, mois et an susdits.

Signés, etc.

Dudit jour 17 juin 1779.

Monseigneur l'Evêque Président, a dit que les Etats précédents, dans la Séance du douze Juillet, fixèrent les conditions que devait observer le Trésorier général de la Province et la rétribution qu'il devait avoir pour le dédommager des peines de sa gestion et des avances qu'il devait faire pour satisfaire aux différents objets plus urgents ;

Qu'il faudrait s'occuper de cette matière et délibérer sur ce qui convient le mieux au Pays.

Après quoi, la matière mise en délibération, les Etats ayant pris communication de la susdite délibération, délibérant ont arrêté :

Que les conditions prescrites dans cette délibération au Trésorier de la Caisse Nationale continueront à être remplies dans toutes leurs parties ; qu'il y ait ou qu'il n'y ait point dans la Caisse des fonds du Pays, il devra pourvoir aux honoraires des Députés aux Assemblées générales et provincinciales, à ceux de MM. les Douze et du Bureau National à chaque échéance, de MM. les Députés à la Cour, le salaire de trente livres par mois pour l'homme d'ordonnance des Douze et du Bureau, et des cinquante livres par mois pour la pépinière de Calvi, après qu'elle aura été visitée et reconnue, ainsi que les autres dépenses et gratifications qui sont et seront ordonnées dans la présente Assemblée générale ;

Que pour cette avance il lui sera accordé mille livres par an ;

Que si l'année prochaine la Caisse Nationale, sur le compte qui en sera rendu à MM. les Douze, n'a besoin d'aucune avance, ladite rétribution devra cesser ;

Que la présente délibération sera sous le bon plaisir des Etats prochains.

Cependant l'Assemblée fait observer au Sieur Gautier qu'ayant employé au payement des avances faites pour l'imposition des Maisons trente-quatre mille soixante livres qu'il avait entre ses mains provenant de la subvention, cet emploi devra diminuer en proportion de la dette que l'on avait rapporté sur le supplément supposé arriéré de douze mille livres qui se déduisent du bénéfice de la subvention.

Et la présente délibération a été signée comme dessus.

Dudit jour 17 juin 1779.

Monseigneur l'Evêque Président a dit que par les derniers courriers on a appris la mort de M. le Comte, cousin germain de Madame l'Intendante ;

Qu'il croyait qu'il serait convenable de faire connaître par une Députation à Mme de Boucheporn toute la part que les Etats prennent à sa douleur.

Après quoi, la matière mise en délibération, l'Assemblée générale délibérant a arrêté que M. l'Abbé Felce, Vicaire général d'Aleria et MM. Poli et Trani, Piévans ; Jean-Quilico de Casabianca et Costa de Castellana, Nobles ; Belgodere et Astima, Députés du Tiers-Etat, conjointement à deux membres de la Commission des Douze, se rendront chez Madame l'Intendante pour lui témoigner par les plus vives expressions que l'Assemblée partage avec Madame la perte de M. de Comte.

Après quoi la Députation ayant rempli sa commission, M. l'Abbé Felce a dit que Mme de Boucheporn a marqué toute sa reconnaissance du devoir de condoléance qu'on lui a rendu au nom de cette Assemblée à laquelle elle fait ses sincères remerciements.

Et la présente délibération a été signée comme dessus.

Dudit jour 17 juin 1779.

Monseigneur l'Evêque Président a dit que les Sieurs Antoine, Philippe-Marie et Pasquin Romei, ou comme l'on dit actuellement, *Innocenti*, ont remis un mémoire par lequel ils réclament la jouissance de leurs propres biens ;

Que cet objet a été présenté aux Assemblées générales des années 1773, 1775, 1777 ;

Qu'il ne reste rien à dire sur l'innocence des suppliants de l'homicide du Sieur Gafforio depuis qu'elle a été déclarée par Sa Majesté, reconnue par le Sieur Gafforio, fils du défunt, et avouée par les Etats précédents ; que l'état d'indigence dans lequel se trouvent les suppliants doit attendrir l'âme des Etats et les engager à venir, autant qu'il est possible, à l'appui de leur demande.

Ensuite la matière mise en délibération, l'Assemblée générale délibérant a arrêté que M. l'Intendant sera prié de vouloir bien exécuter le plus promptement possible les déterminations qui ont été prises sur cette matière ; que la misère des Sieurs Antoine, Philippe-Marie et Pasquin intéresse en leur faveur; qu'il semble que la portion de biens que l'Arrêt du Conseil d'Etat de 1774 leur a laissée devrait leur être remise pour en jouir;

Qu'on pourrait réserver à l'Université le droit de racheter les cinq huitièmes du Jardin, quand elle aura les fonds nécessaires pour cette acquisition ;

Que de cette manière on rendra justice aux pauvres suppliants, sans léser les droits de l'Instruction publique.

Et MM. les Douze devront témoigner à M. de Boucheporn l'intérêt que l'Assemblée générale prend aux réclamants.

Après quoi la Séance a été remise à demain, dix-huit du présent mois, à neuf heures du matin.

Et la présente délibération a été signée tant par Mgr l'Evêque Président que par MM. les autres Evêques et Députés qui ont signé les précédentes de ce jour.

A Bastia, les jour, mois et an susdits.

Séance du 18 juin 1779.

Monseigneur l'Evêque Président et MM. les Evêques et Députés dénommés dans la Séance d'hier s'étant rendus à la Salle de l'Assemblée, Mgr l'Evêque Président a dit qu'il a été renvoyé au Comité auquel préside Mgr l'Evêque du Nebbio un dire de MM. les Commissaires du Roi relativement aux Piévans et Curés qui doivent assister aux Assemblées des Pièves ;

Que les Etats voudraient connaître leurs observations pour délibérer en conséquence.

Ensuite Mgr de Santini a dit que, suivant les règlements publiés sur la tenue des Assemblées des Pièves, le Piévan est Député Ecclésiastique de droit ;

Que les difficultés surviennent quand dans la Piève il n'y a point de Piévan, et que celui qui y est se trouve empêché ;

Qu'il naît une autre difficulté à l'égard des Piévans honoraires qui sont nommés par les Evêques, pour savoir si cette nomination peut préjudicier au Piévan existant, ou au moins au Curé doyen qui a joui jusqu'à présent de la prééminence de la Piève à défaut du Piévan ;

Qu'on n'a pu prendre sur cette matière une opinion unanime ; que l'Assemblée générale pourra prendre en considération ces difficultés et les lever de la manière qu'elle trouvera plus juste.

Après quoi, la matière mise en délibération, les Etats délibérant ont arrêté que dans la Piève où il n'y a qu'une simple Paroisse, en cas de maladie ou autre légitime empêchement du Piévan, le plus ancien Curé de l'Eglise filiale, ou le Vicaire Forain suppléera ;

Que dans les Pièves composées de diverses Paroisses, le Piévan étant empêché, le doyen d'icelles y assistera ;

Que dans les Pièves où il y a divers Curés qui portent le titre de Piévan, le seul qui sera Piévan de droit avec une portion de dîme, aura droit d'assister à l'Assemblée ;

Que dans les Pièves où n'y ayant point de Piévan de la Piève, MM. les Evêques en ont déjà nommé un, l'assistance à l'Assemblée appartiendra aux Piévans ainsi nommés ;

Que les nominations qui pourraient se faire à l'avenir par MM. les Evêques ne donneront au Curé nommé Piévan aucun droit d'assister aux Assemblées, mais ce droit demeurera au Curé doyen de la Piève ;

Que le titre de Piévan d'une seule des Paroisses d'une Piève ne donnera point le droit d'assistance aux Assemblées ;

Qu'à l'égard de la question mue entre le Prévôt de Corte et le Piévan d'Omessa, l'Assemblée générale a observé qu'elle était déjà décidée en faveur du Prévôt de Corte par ce qui a été annoncé de la part de Sa Majesté par Nosseigneurs ses Commissaires aux Etats de 1775, dans la Séance du 7 juin.

De la part de MM. les Députés de la Province du Cap-Corse et du Député de la Piève d'Orto, Province de Bastia, il a été opposé contre la délibération de l'Assemblée en faveur des Piévans nommés par MM. les Evêques de préférence aux Curés plus anciens, parce qu'elle est contraire aux précédentes décisions de Sa Majesté, desquelles oppositions Mgr l'Evêque Président a donné acte.

Et la présente délibération a été signée tant par Mgr l'Evêque Président que par MM. les Evêques du Nebbio et Vicaire général d'Aleria ; par MM. Costa et Olivieri, Piévans ; de Varese et de Cuttoli, Nobles ; Casanova de Venaco et Defendini, Députés du Tiers-Etat.

A Bastia, les jour, mois et an susdits.

Signés, etc.

Dudit jour 18 juin 1779.

Monseigneur l'Evêque Président a dit que l'Assemblée générale renvoya à l'examen du Comité Ecclésiastique, auquel préside Mgr l'Evêque de Sagone, les divers articles annoncés par Nosseigneurs les Commissaires du Roi dans la Séance du 27 Mai ; qu'il entendrait avec plaisir le résultat de ses observations pour délibérer en conséquence.

Ensuite Mgr Guasco a dit que le Comité auquel il a présidé, a porté toute son attention sur les matières renvoyées à son examen, et qu'il va les soumettre à la censure de l'Assemblée générale ;

Que le Sieur Piévan Casabianca, doyen des Députés Ecclésiastiques de la Province de Bastia, invité à faire le mémoire sur le droit de dépouille que réclame le Saint Siège Apostolique à la mort des Curés, a rédigé celui qu'il remet sur le bureau, et est de la teneur suivante :

Messieurs,

En exécution de la commission qui m'a été donnée par MM. du Comité des Ecclésiastiques, qui consistait à vous exposer la nature de ce qu'on appelle entre nous, *droit de dépouille*, afin de mieux délibérer sur les représentations qui ont été faites sur cet objet à l'Assemblée des Etats, voici ce que je puis avoir l'honneur d'en dire en abrégé.

Ce droit appartient à la Chambre Apostolique sur les biens que les Ecclésiastiques décédés avaient quelquefois acquis avec les fruits de leurs Bénéfices, sans en avoir fait ou pu faire testament, en vertu du privilège accordé par le Saint Siège, et ne comprend que les Bénéfices qui n'excèdent point le revenu annuel de trente ducats d'or.

Il paraît que l'origine de ce droit est fort ancienne et qu'il a été tiré du chap. final *de peculio Clericorum*, où il est expressément ordonné que les biens provenants des revenus Ecclésiastiques et existants après la mort du Bénéficier, comme ne pouvant être appliqués qu'à une cause pie, doivent retourner à l'Eglise. Vers le treizième siècle, les Souverains Pontifes, se fondant sur ce principe, commencèrent dans certains endroits à disposer de pareils biens en faveur des Eglises Métropolitaines, ou Cathédrales, et dans d'autres à se les réserver pour les besoins de ladite Chambre Apostolique.

Sous le Pontife Sixte Quint, pour éviter les inconvénients qui en résultaient, on commença à faire des transactions, ou pour mieux dire, des conventions entre ladite Chambre et les Chapitres et Collégiales, dans lesquelles on réglait que les possesseurs des Bénéfices payeraient annuellement une certaine somme à la Chambre, au moyen de laquelle ils seraient libres de disposer par testament des biens trouvés à leur mort, et que leurs héritiers légitimes seraient habiles à succéder en cas qu'ils mourussent ab intestat.

Or il paraît qu'anciennement les Bénéficiers de Corse se sont conformés à cet usage, mais aujourd'hui que nous avons le bonheur d'être réunis à la France, où comme chez d'autres Nations du Monde Catholique, on n'observe point cette pratique, ou droit de dépouille, MM. les Députés de l'ordre Ecclésiastique ont en conséquence représenté à ladite Assemblée des Etats qu'il conviendrait de supplier Sa Majesté de vouloir bien daigner faire de manière que le Clergé de Corse jouisse aussi du même privilège.

Signé : D. Joseph Casabianca, Archiprêtre du Vescovato et Piève de Casinca, Député aux Etats.

Mgr de Sagone a fait ensuite observer que, sur la demande du Piévan de Pino, Province de Calvi, tendante à réclamer des secours pour établir l'Eglise de Lunghignano que l'on dit interdite, quoiqu'elle n'ait été que menacée, il proteste de se conformer en tout et pour tout, aux règles et aux dispositions prescrites par les art. 22 et 23 de l'Edit du mois de Septembre 1769, sur la Juridiction Ecclésiastique ;

Que le Sieur Chanoine Felce, Vicaire général d'Aleria, invité par Nosseigneurs les Commissaires du Roi de leur remettre une expédition de la Bulle d'Innocent XI et l'extrait d'un tarif des droits perçus dans le Greffe Episcopal d'Aleria, a satisfait à sa commission et a remis en outre un mémoire de son Prélat conçu dans les termes suivants.

MÉMOIRE ABRÉGÉ

Sur certaines propositions ou déclarations faites dans l'Assemblée générale des Etats de Corse de l'année 1779 concernant le Diocèse d'Aleria.

Le Sieur Chanoine Felcé, qui représente Mgr l'Evêque d'Aleria en qualité de Vicaire général, écrivit le 31 Mai à son Evêque qu'il lui avait été envoyé une lettre de MM. les Commissaires du Roi dans laquelle ils l'invitaient à leur donner la Bulle d'Innocent XI, concernant la taxe des Greffiers et le tarif des droits qui se perçoivent dans le Greffe Episcopal d'Aleria, et de l'envoyer à Mgr l'Evêque d'Aleria afin qu'il procurât ces deux pièces.

Après quoi Mgr l'Evêque chargea ledit Sieur Chanoine Felce de demander l'expédition de quelques actes de l'Assemblée précédente relatifs à cette demande ; les susdits actes furent attendus jusqu'au neuf juin, jour auquel le Sieur Chanoine Felce les envoya par un exprès à Mgr l'Evêque d'Aleria, en lui marquant que l'Assemblée des Etats déjà prête à être terminée ne serait point close avant qu'on lui eût donné lesdites pièces ou une réponse sur cette demande.

Ce qui fait que, pour les motifs susdits et attendu le court espace de temps, la présente réponse ne peut être détaillée autant que la matière l'exigerait.

Mgr d'Aleria voulant donc témoigner son empressement à se conformer aux ordres du Roi, au nom duquel ladite demande est faite, sans causer le moindre retard à la clôture des Etats, dont les membres ont besoin de retourner chez eux, attendu l'approche de la récolte,

Répond : 1e Qu'il n'est point à sa connaissance, ni à celle de son Greffier que la Bulle d'Innocent XI existe dans le

Greffe Episcopal d'Aleria, ce qui le met dans l'impossibilité d'en donner copie ; qu'on pourra la trouver dans divers livres, comme par exemple dans le Bullaire, et qu'il autorise le Sieur Chanoine Felce à en faire extraire une copie à ses frais dont il le remboursera, s'il la trouve dans quelque livre en bonne forme, sauf néanmoins etc., etc., si l'on juge qu'elle soit absolument nécessaire ;

2° Qu'il ne fait point difficulté de faire connaître les choses qui concernent son administration et jurisdiction, n'étant pas dans l'usage d'agir en cachette ; il adresse en conséquence la copie du tarif des Droits qui se payent pour les diverses expéditions qui se font à son Greffe ; et pour donner encore plus d'éclaircissements sur cette partie, il envoye également un état du produit du Greffe pendant un an entier, et depuis que le Greffier actuel en est chargé.

On verra par cet état combien est modique la rétribution des fatigues du Greffier, au moins si l'on considère qu'il est juste qu'un Greffier trouve, comme il est d'usage immémorial, un salaire honnête dans le produit du Greffe. Elle paraîtra encore plus modique, si l'on considère l'incertitude de ce produit ; enfin si l'on considère que pour procurer au Diocèse un service plus prompt et plus assidu, outre le Greffier, il faut encore un Sous-Greffier auquel on passe deux cents livres d'appointement par an ;

3° Que si ce produit paraît encore trop fort, on devra prier, et en cas de besoin requérir Messeigneurs les Evêques, de communiquer également leurs tarifs et le produit annuel de leurs Greffes, afin que par la comparaison on puisse reconnaître si celui du Greffe d'Aleria est plus fort que les autres.

4° Renouvelant, sans s'éloigner du profond respect qu'il doit au Roi, les représentations et protestations qu'il fit dans le procès-verbal de l'Assemblée générale des Etats de 1777, le 4 juin, il observe qu'il n'a pu entendre sans surprise les nouvelles plaintes portées au sujet de son Greffe ;

Qu'il ne lui a jamais été fait de réclamation à cet égard par aucuns particuliers, ainsi qu'on aurait dû faire en premier lieu, et s'il lui en fût parvenu quelqu'une, il n'aurait pas manqué d'y remédier suivant la justice ; au reste qu'il n'est ni nouveau ni rare qu'il ait suppléé au défaut de facultés des pauvres, en leur faisant remise, ou payant du sien les droits du Greffe ;

Que la formation du tarif des Greffes Episcopaux est un droit dont jouissent tous les Evêques de France, auxquels Sa Majesté a bien voulu assimiler ceux de Corse par son Edit de 1769 concernant leur jurisdiction, dans lequel il y a même un article particulier sur la présente question ; ainsi ce droit, intéressant le Corps entier du Clergé Gallican, il paraît juste qu'il soit consulté ;

Qu'il y a tout lieu de croire que la Bulle d'Innocent XI, loin de convenir au temps présent par les changements survenus pendant une si longue suite d'années, n'a point été mise en usage en Corse, ou au moins qu'elle n'y a point été suivie depuis longtemps, ainsi qu'on le croit dans la plus grande partie de l'Italie et même dans les domaines du Pape ;

Enfin qu'il supplie humblement Sa Majesté de lui permettre toutes les réserves et protestations convenables à cet égard.

Il proteste spécialement contre tout ce qui aurait été traité, délibéré et arrêté contre les droits du Clergé, et se réserve de faire sur cet objet ses respectueuses remontrances à Sa Majesté en temps et lieux, et en tant que besoin en demande acte.

5° Il ne juge point nécessaire de parler de quelques autres demandes, soit à l'égard des torts qu'occasionnent, à ce que l'on dit, les visites qu'il fait dans son Diocèse, soit sur l'érection d'un Evêché à Corte, soit à l'égard du Séminaire, parce que, quant à la première, il est notoire, si la vérité prévaut, qu'il ne cesse jamais de recommander qu'on ne fasse aucune dépense pour le recevoir ; que spécialement pour ce qui concerne la Piève de Niolo, il n'y a rien de plus contraire à la justice et à la vérité que sa représentation.

Quant aux autres demandes, elles sont réglées par les lois Canoniques et Civiles.

Fait à Cervione, le dix juin mil sept cent soixante dix-neuf.

Signé † J.-J. M. Evêque d'Aleria.

De la part du Sieur Grimaldi, Député de la Province de Corte, il a été observé que Mgr d'Aleria en déclarant que les remontrances qui ont été faites par la Piève du Niolo sont contraires à la vérité et à la justice, il se croit obligé de dire que les représentations de cette Piève sont communes à toute la Province de Corte, puisqu'elles seront reçues et admises dans l'Assemblée Provinciale ; qu'il ne peut s'empêcher de protester contre les expressions de Mgr de Guernes et demander le temps convenable afin que la Piève de Niolo et la Province de Corte puissent justifier la vérité des représentations qu'elles ont faites ;

Que MM. les Commissaires du Roi ayant adressé ces écrits au Comité Ecclésiastique en y joignant une lettre par laquelle ils invitaient MM. les Députés du Diocèse d'Aleria d'intervenir au Comité pour lui faire part des réflexions dont ils étaient susceptibles, MM. lesdits Députés demandèrent une copie dudit tarif, et ils feront passer incessamment leurs observations à MM. les Commissaires du Roi par le moyen d'un mémoire ;

Que sur la demande de la Piève de Niolo à ce que Mgr l'Evêque d'Aleria ne puisse envoyer dans les Paroisses des Vice-Curés que du consentement des Curés, MM. les Piévans de ce Diocèse ont observé que les Vice-Curés envoyés jusqu'à présent par Mgr de Guernes l'ont été de leur plein consentement, que pour cela ils ont lieu de croire qu'à l'avenir dans toutes les nominations que pourra faire ce Prélat, il y interviendra également le consentement des Curés, pour établir de plus en plus l'harmonie entre eux et le respect qu'on doit aux ordres du Supérieur.

Enfin Mgr de Sagone a dit que pour satisfaire au mémoire circonstancié sur la jurisdiction gracieuse de MM. les Evêques, ainsi que sur tous les points de discipline qui sont en usage en Corse, et demandé aux Etats par MM. les Commissaires du Roi, afin qu'après en avoir pris connaissance, Sa Majesté daigne prendre quelque intérêt à la demande faite par la Province de Sartene pour obtenir du Saint Père que les Evêques de Corse puissent accorder les dispenses de mariage au troisième et quatrième degré, même avec inceste, il a eu l'honneur de consulter les autres Prélats ses confrères et tous se sont réunis pour former le mémoire qu'on remet sur le Bureau et dont suit la teneur.

MÉMOIRE

sur la Jurisdiction Ecclésiastique de MM. les Evêques de Corse.

Suivant la commune opinion de tous les Canonistes, la jurisdiction Ecclésiastique et Episcopale se divise en volontaire, ou gracieuse, et en contentieuse. On se dispensera de parler de la seconde qui, du temps du Gouvernement de la Sérénissime République de Gênes, était beaucoup plus ample et étendue pour les Evêques de la Corse, ainsi qu'elle est encore actuellement dans presque tous les Evêchés d'Italie, et qui est présentement resserrée dans les mêmes bornes que l'exercent déjà depuis longtemps les Evêques de France;

on se bornera seulement à faire des observations sur ce qui concerne la jurisdiction volontaire.

On divise donc la jurisdiction volontaire, l'une en for intérieur et l'autre en for extérieur. La première concerne le Sacrement de la Pénitence et s'appelle Pénitentielle, avec faculté de lier et absoudre, même pour ce qui concerne les peines comminatoires et l'absolution des censures ; la jurisdiction du for intérieur est beaucoup plus étendue, quoiqu'en matière de censure elle soit encore limitée dans les cas plus graves qui exigent la rémission du Souverain Pontife ; mais elle est beaucoup plus restreinte, quand les censures regardent ou sont déduites dans le for extérieur.

Il serait trop long d'expliquer le tout en détail, attendu le grand nombre et la variété des cas qu'on appelle réservés au Pape. Il est certain que dans les Diocèses de la Corse de pareilles réserves sont en plus grand nombre que celles qui existent dans les Diocèses de France, où en vertu des libertés de l'Eglise Gallicane, on a refusé de se soumettre à plusieurs réserves antérieures au Concile de Trente, et on a encore moins adopté celles postérieures au même Concile, ce qu'on ne peut pas dire de la Corse qui les a toutes indistinctement embrassées.

La jurisdiction volontaire qui regarde le for extérieur, et que l'on appelle communément gracieuse parce que de sa nature elle n'est point sujette à appel, a aussi des bornes fixées par les Sacrés Canons ; j'ai dit que de sa nature elle n'est point sujette à appel, parce que l'usage pratiqué en Corse, et qu'on observe encore pour les Diocèses d'Italie, peut encore en matière de jurisdiction gracieuse donner le recours au Supérieur et spécialement au Pape dans certains cas, ainsi qu'il est arrivé plusieurs fois pour déni d'Ordres Sacrés, pour prétendu mal jugé dans la collation des Bénéfices Cures.

Mais pour établir quelque chose de positif, nous ferons

remarquer que la juridiction gracieuse des Evêques de Corse consiste :

1º A conférer les Ordres Mineurs et Sacrés à tous ceux qui par les Sacrés Canons n'en sont point expressément empêchés, et encore relativement aux Ordres Mineurs, à pouvoir accorder des dispenses pour certaines légères irrégularités, surtout quand elles sont secrètes, et qu'elles ne sont pas positivement contraires à loi Ecclésiastique ; à donner des démissoires pour se faire ordonner par un Prélat d'un autre Diocèse, et à dispenser des intervalles et temps fixés par l'Eglise et qui doivent s'écouler entre un ordre et l'autre, pourvu cependant qu'il y ait une nécessité positive, ou que l'utilité de l'Eglise le requière, ce qui est remis à leur volonté et conscience, sans qu'il soit besoin de détailler et exprimer le cas de nécessité et d'utilité ;

2º A approuver les Confesseurs, Prédicateurs, Vicaires de Paroisses, Maîtres et Maîtresses d'école, et à l'égard des Confesseurs, de leur limiter l'autorité *ad tempus*, de les soumettre nouvellement à l'examen, de la leur ôter même avant le temps expiré, et de la restreindre à un lieu déterminé, et encore aux seules personnes du sexe masculin, ce qui a encore lieu pour les Confesseurs réguliers lesquels, quoiqu'approuvés par leur Religion, ne peuvent entendre les confessions, sans en avoir obtenu préalablement la faculté de l'Evêque Diocésain qui peut les soumettre et les soumet en effet à l'examen ;

3º Dans la collation des bénéfices pendant quatre mois de l'année qui leur appartiennent de droit, même en vertu des réserves du Greffe Apostolique, savoir, pendant les mois de Mars, Juin, Septembre et Décembre.

Il est pourtant vrai que l'on obtient très facilement du Pape le droit d'alternative, et alors les Evêques pourvoient à tous les Bénéfices qui vaquent dans l'année pendant le cours de six mois, savoir, Février, Avril, Juin, Août, Octobre et Décembre. Certains Bénéfices néanmoins sont toujours dévolus au Pape dans quelque mois qu'ils viennent à vaquer, et ceux-ci sont les premières dignités tant des Cathédrales que des Collégiales. Les Bénéfices se divisent en simples sans résidence, en Canonicats et Mansionnaires qui exigent la résidence personnelle, et en Cures. Les deux premières espèces de Bénéfices sont conférés par les Evêques, quand ils vaquent dans leurs mois, ou par mort ou par résignation volontaire entre les mains des Evêques, sans aucun concours et sans examen, en quoi diffèrent les Bénéfices Cures qui doivent toujours être conférés par concours, examen et approbation des Examinateurs Synodaux.

S'il n'existe point d'Examinateurs Synodaux dans le Diocèse, ou parce qu'ils sont morts, ou parce qu'ils sont allés ailleurs et dehors du Diocèse, avant que l'on convoque un nouveau Synode, on doit indispensablement recourir à la Sacrée Congrégation du Concile qui a coutume d'accorder à l'Evêque la faculté de nommer, de l'agrément de son Chapitre, six sujets habiles qu'on appelle Prosynodaux ; cependant leur office cesse immédiatement après la convocation du Synode Diocésain, et il cesse pareillement lorsque le temps qui a été fixé par ladite Sacrée Congrégation est expiré, de façon que si l'on n'a point convoqué le Synode, il faut absolument obtenir une nouvelle nomination.

Il est à observer, à l'égard des concours des bénéfices Cures, que dans quelque mois, ou de quelque manière qu'ils viennent à vaquer, le concours est toujours indiqué par l'Evêque, et l'on fait l'examen usité, avec cette différence, que si le bénéfice Cure vaque dans le mois Episcopal, l'Evêque, pendant le terme de six mois peut choisir un des approuvés par les Examinateurs, et le déclarant le plus digne, le lui conférer ensuite de son propre droit. Il faut encore observer que ces vacances dévolues à l'Evêque ne peuvent arriver que de trois manières, savoir, par mort naturelle, ou par résignation libre et absolue faite entre les mains de l'Evêque par le premier possesseur légitime, ou par échange réciproque de deux bénéfices, et dans ce dernier cas, il n'y a besoin d'aucun concours, parce que les permutans étant Curés, ils sont supposés habiles à la permutation.

Les vacances réservées au Pontife arrivent de diverses manières : outre la première *par mort*, ou par la rénonciation que fait le premier pourvu *entre les mains de l'Evêque*, pour obtenir des aliments, ou une pension sa vie durant, ce que ne peut jamais faire l'Evêque, sinon dans certains cas déterminés et seulement *ad tempus;* il y en a d'autres qu'on appelle *per risulta,* c'est-à-dire quand le Pape confère une Cure Paroissiale à un autre Bénéficier, dont le bénéfice n'est pas compatible avec la Cure conférée, tandis que dans ce cas le Pape se le réserve et le donne à un autre dans quelque mois qu'il vaque.

A l'égard des concours des Cures Paroissiales on distingue si elles vaquent *par mort,* ou *per risulta;* dans le premier cas l'Evêque est tenu de faire le concours dans le terme de six mois, et avant qu'ils expirent il a le droit de choisir parmi les approuvés un sujet à sa volonté, de le nommer et de le proposer au Pontife comme étant le plus digne, et le Pape ordinairement le donne à celui que l'Evêque a nommé. S'il vaque *per risulta,* l'Evêque est tenu dans le délai de quatre mois de faire le concours et d'envoyer ensuite en originaux tous les actes à la Daterie; il ne lui est pas permis de nommer ou proposer le sujet le plus digne, mais il lui est seulement permis d'écrire une lettre de recommandation au Cardinal Pro-dataire, pour qu'il daigne recommander au Pape celui qu'il croit capable d'obtenir la Cure ; souvent le Pape y consent et quelque fois il fait ce qu'il juge à propos.

Si l'Evêque manque de faire le concours dans les six mois

et dans les quatre mois, il perd respectivement le droit de conférer si le bénéfice vaque dans un de ses mois, et de nommer s'il vaque pendant le mois Papal.

Outre ces réserves le Pape en a une autre qui est celle des vacances des bénéfices par mort en Cour de Rome et par mort de Bénéficier ayant charge en Cour de Rome, comme sont les Protonotaires Apostoliques, et les Sous-Collecteurs de la Chambre. Les bénéfices de ces sujets, dans quelques mois et de quelque manière qu'ils vaquent, sont toujours à la nomination du Pape, et l'Evêque Diocésain n'a pas le droit de s'y ingérer.

4º La jurisdiction gracieuse des Evêques consiste dans la faculté de permettre la construction des nouvelles Eglises et des nouvelles Chapelles, de donner les permissions pour faire les sépultures, d'en ordonner la fermeture et le remplissage, d'établir des Cimetières, de consacrer les nouvelles Eglises et Autels, de les bénir et de rétablir les Eglises fouillées et les Cimetières interdits, de consacrer et bénir les vases sacrés, parements et ornements des Eglises, et même de les interdire, quand le cas l'exige et déclarer qu'ils ne sont plus propres à l'usage de l'Autel ;

5º De faire la visite des lieux saints, vases sacrés et ornements nécessaires au culte Divin, comme aussi de visiter les Eglises, Autels, ayant charge d'âmes ou non, les maisons Paroissiales, Monastères de Religieuses et Confréries Laïques, et donner pendant le cours desdites visites et hors d'icelles, toutes les provisions et ordres nécessaires pour entretien, approvisionnement et leur décence ;

6º Dans la dispense, quand il y a juste cause d'empêchements au mariage, et de dispenser de toutes ou de quelques-unes des publications, ou bans qui doivent précéder le mariage, et même d'accorder la faculté de le pouvoir célébrer dans des temps défendus par la Sainte Eglise ; outre cela, il était encore d'usage de permettre d'après les Sacrés

Canons et le Concile de Trente, et en cas de juste cause, de célébrer le mariage dans la maison, et de commettre un autre Prêtre pour y assister au lieu du Curé ;

7º Dans l'établissement des annates, c'est-à dire, d'obliger les nouveaux pourvus des Eglises vacantes dans le mois Episcopal, quand leur revenu certain et incertain monte à la somme de six cents livres, ou cent écus Romains par an, à payer la moitié d'une année en faveur de la Cathédrale ;

8º Dans l'érection, suppression, démembrement et réunion des Paroisses, comme aussi de réunir des bénéfices simples en faveur du Séminaire, ou d'autre Cure de faible rapport, même pendant la vie des pourvus des bénéfices simples, à valoir néanmoins après leur mort.

Il arrive souvent encore que le Bénéficier mourant dans un mois réservé, le Pape pour conférer le Bénéfice ne fait aucun cas de l'union faite par l'Evêque, qui devient alors inutile.

9º A fonder de nouveaux Bénéfices, Prébendes et Canonicats, à autoriser les nouveaux droits de patronage, pourvu qu'il y ait une dot et revenu convenable ;

10º Dans la faculté de décorer les Curés du titre de Prévôt, d'Archiprêtre et de Piévan, et spécialement d'en créer un dans les Pièves qui en sont dépourvues, ou qui n'en ont que de titrés, et en outre de leur donner des marques et distinctions dans les fonctions Ecclésiastiques, telles que l'aumusse et autres semblables, particulièrement dans le temps de la première visite diocésaine.

11º C'est une maxime constante pour tous les Canonistes et qui n'est même pas contredite par la Cour de Rome que l'Evêque peut accorder des dispenses pour les empêchements du troisième et quatrième degré de consanguinité et affinité, et encore de dispenser dans le cas d'empêchement provenant pour mariages valides quoique rompus, et finalement dans la parenté au troisième et quatrième degré provenant de mariage approuvé et non consommé, quand les Paroissiens par pauvreté et misère sont dans l'impossibilité de recourir à Rome pour la dispense Apostolique ; on n'a cependant jamais fait usage de ce droit dans les Evêchés de Corse que dans des cas très-rares et très-urgents ayant toujours eu recours à Rome dans toutes les conjonctures.

Cet usage dont la Cour de Rome a toujours prétendu l'entière observance, provient de la facilité qu'on a, dit-on, d'y recourir, la Corse n'étant éloignée de Rome que de cent milles ; ce qui augmente encore la force de cet usage, c'est qu'à l'égard du quatrième degré mêlé avec le troisième, le Pape est très-facile et accorde toujours gratuitement par l'organe du Saint-Office, dans des cas néanmoins particuliers, et jamais généralement, la faculté à l'Evêque de dispenser les pauvres et misérables de son Diocèse, quand pourtant il n'y a pas eu d'inceste entre eux. Il dispense pareillement, avec une dépense moindre que celle ordinaire en traitant avec la Daterie, tous les autres parents liés au second et troisième degré d'affinité et de consanguinité, et même au premier d'affinité quand il n'est pas mêlé avec le second ; mais cette dispense ne se peut obtenir par le seul motif de pauvreté avec lequel doit encore concourir le déshonneur, c'est-à-dire que si le mariage ne s'effectuait pas entre les empêchés, l'Epouse demeurât déshonorée, ni ne trouvât plus à se marier avec autres de pareille condition. Il est encore arrivé que dans ces derniers degrés de second et de troisième il a gracieusement dispensé par l'organe de la Sacrée Pénitencerie ; mais comme cette voie est extraordinaire, elle reste interdite à la volonté du Pontife. Benoît XIV fut bienfaisant pendant plusieurs années de son Pontificat. Clément XIII et Clément XIV admirent ce moyen extraordinaire tant qu'ils vécurent, mais sous le Pontificat actuel les exemples sont très-rares.

Avec toute cette facilité qui a donné lieu à l'usage depuis longtemps adopté par les Evêques de ne se point prévaloir de la faculté qui leur appartient de droit, on n'a cependant pas évité en Corse les inconvénients des scandales et des incestes auxquels on ne peut remédier par le recours à Rome, attendu la misère totale des incestueux. On ajoute que quoique la Corse ne soit pas beaucoup éloignée de Rome, cependant, attendu le passage de la mer, le retard des bâtiments, le défaut de régularité des postes, on doit regarder la Corse comme fort éloignée de Rome, et pour cela les inconvénients sont inévitables.

Le plus avantageux serait d'obtenir du Pape la faculté générale aux Evêques de Corse de dispenser au troisième et quatrième degré, même avec inceste, laquelle durerait pendant le cours de cinq ans et serait renouvelée chaque fois qu'ils la demanderaient.

Le Pays animé par les douces et généreuses dispositions de son très-gracieux Souverain, en considération d'un objet qu'il est d'usage d'accorder aux Evêques de la France, croirait, en lui faisant les plus humbles et respectueuses instances, et moyennant sa puissante protection, voir en un moment les abus extirpés, les scandales cessés, et triompher avec plus de piété, de splendeur et de gloire, la Religion Catholique dont par un exemple soutenu il y a fait depuis tant de siècles la plus sincère profession.

Il y aurait d'autres prérogatives de juridiction volontaire dont les Evêques jouissent *par droit ordinaire,* ou *comme délégués par le Siège Apostolique;* mais comme le détail rendrait le mémoire trop long, n'y ayant d'ailleurs rien qui mérite attention et qui ne concerne indistinctement tous les autres Evêques Catholiques, on se dispensera d'en parler.

Quant à ce qui regarde la discipline Ecclésiastique, les Evêques ont le droit de convoquer chaque année le Synode Diocésain, d'y proposer, établir et ordonner, non seulement les moyens tendants à conserver pure et saine notre Sainte Foi Catholique; mais encore ce qui concerne la vie honnête et les mœurs du Clergé, d'enjoindre et exiger des Bénéficiers, surtout quand ils ont charge d'âmes, la résidence personnelle dans leur Cure et Bénéfice, de donner des règles et préceptes pour l'administration des Sacrements, l'exercice des fonctions Ecclésiastiques, et pour tout ce qui tend à la vénération des Eglises et à l'augmentation du culte Divin. Quand les Evêques, pour quelque cause légitime, ne procèdent pas à la convocation du Synode, ils ont le droit de pourvoir à ces points de discipline par le moyen de Décrets, avec cette différence pourtant, que les constitutions synodales obligent à l'observance, même après la mort de l'Evêque qui les a promulguées, et jusqu'à ce que le successeur les révoque par la convocation d'un autre Synode; et les autres Décrets n'ont plus de vigueur après la vacance du Siège Episcopal.

En vertu de ce pouvoir législatif, ils en exigent de plein droit l'observance et peuvent punir les transgresseurs, d'abord par des peines salutaires et pécuniaires applicables aux lieux pieux, comme aussi par les censures ecclésiastiques et même par l'excommunication.

Dans le temps que la Corse était gouvernée par la Sérénissime République de Gênes, selon l'usage usité dans tous les Evêchés d'Italie, ils avaient la faculté de veiller sur les concubinaires et scandaleux même Laïcs, de punir le manque de respect aux Eglises, le blasphème, ceux qui frappent les Clercs, d'exiger l'accomplissement du précepte paschal, de contraindre les personnes mariées, lorsqu'elles se séparaient, à vivre ensemble suivant la forme du mariage, et de connaître des causes de leur séparation, faisant procéder, suivant les circonstances et la gravité des cas, à l'emprisonnement des délinquants, leur enjoignant, outre les peines spirituelles, des peines pécuniaires et corporelles,

Telles sont les réflexions que le Comité Ecclésiastique a l'honneur de soumettre à la sagesse de l'Assemblée générale pour en être délibéré en conséquence.

Après quoi la matière mise en délibération, les Etats applaudissant au zèle et aux lumières que MM. les Evêques ont répandues sur les articles remis à leur examen, et après avoir démontré leur respectueuse reconnaissance de tous les soins qu'ils ont pris pour éclaircir des objets aussi intéressants :

Réunissant leurs instances, ont humblement supplié Sa Majesté d'interposer ses généreux offices auprès du Saint Siège pour faire autoriser les Evêques à dispenser les empêchements de consanguinité et d'affinité pour la célébration des mariages jusqu'au troisième degré inclusivement, même avec inceste.

Ils ont ensuite déclaré qu'il soit donné acte à Mgr l'Evêque d'Aleria relativement à son mémoire sur le tarif de son Greffe et la Bulle d'Innocent XI.

Et la présente délibération a été signée comme dessus.

Dudit jour 18 juin 1779.

Monseigneur l'Evêque Président a dit qu'il vient de recevoir une lettre de MM. les Commissaires du Roi, de laquelle ayant ordonné qu'il soit fait lecture, elle s'est trouvée de la teneur suivante :

Bastia, le 18 juin 1779.

Le Sieur Gentile, Monseigneur, Député Noble de la Province du Cap-Corse, vient de nous remettre un mémoire qu'il s'était proposé de faire lire à l'Assemblée générale sur la nécessité d'exécuter l'Edit du mois de Décembre 1771, concernant les Ordres Religieux en Corse. Le refus qui a été fait de le recevoir, l'a porté à le soumettre à notre examen pour voir s'il contenait quelque chose de contraire aux intentions du Gouvernement.

Nous l'avons lu avec beaucoup d'attention et nous le trouvons sagement fait, conforme en tous points aux sages maximes du Gouvernement et plein du respect dû à la Religion et à ses Ministres. Nous n'hésitons donc pas, Monseigneur, de vous l'adresser, en vous priant d'en donner connaissance à l'Assemblée, afin qu'elle délibère sur un objet aussi digne de toute son attention, persuadés, comme nous le sommes, que les Etats se feront un devoir de concourir à l'exécution d'une loi qui a pour objet d'assurer le bien de la Religion, celui des Peuples et l'intérêt de l'Etat.

Nous sommes avec autant d'attachement que de respect, Monseigneur, vos très-humbles et très-obéissants serviteurs.

Signés: Le Comte de MARBEUF et de BOUCHEPORN.

Qu'ils ont joint à ladite lettre un mémoire du Sieur Ambroise-Marie Gentile, Député Noble de la Province du Cap-Corse, qui s'est trouvé de la teneur suivante :

MESSIEURS,

J'ai proposé hier de supplier Sa Majesté à l'effet qu'il lui plût de donner les ordres convenables pour l'exécution de son Edit concernant la suppression des Familles Religieuses qui sont jugées trop onéreuses aux Pièves où elles sont situées.

J'ai eu la satisfaction de voir ma proposition applaudie par plusieurs de ces Messieurs, et le déplaisir de la voir désapprouvée par beaucoup d'autres. Je me crois obligé de la faire connaître, non pas tant pour me justifier moi-même, que pour justifier ceux qui l'ont trouvée digne de leur approbation.

Cette suppression ayant déjà été ordonnée par un Edit de Sa Majesté, on doit nécessairement croire qu'un jour ou l'autre il sera absolument exécuté.

Donc en sollicitant l'exécution, c'est demander l'avantage du Pays, déjà reconnu pour tel par Sa Majesté qui l'a ainsi caractérisé dans son Edit ; s'y opposer, c'est vouloir résister à un ordre du Souverain, et qui plus est, à un ordre qui a eu pour objet de nous soulager du plus fort fardeau dont nous ne secouons pas le faix par la longue habitude où nous sommes de le supporter.

Quand même Sa Majesté n'aurait point déjà ordonné cette suppression, je suis dans l'opinion constante que l'Assemblée aurait visiblement négligé son bien en omettant de la demander.

Messieurs, je me croirais parfaitement heureux si je pouvais vous démontrer que notre Pays est peuplé, cultivé, commerçant et riche ; mais je puis au contraire vous prouver facilement qu'il est désert, inculte, privé de tout commerce et plus pauvre qu'aucun Pays que j'aie vu.

Ce serait se refuser à l'évidence si l'on doutait que le moyen le plus sûr pour le rendre heureux, serait de lui procurer une population proportionnée à son étendue. La suppression ordonnée de quelques Familles Religieuses contribuerait sensiblement à cette population ; donc en la proposant, c'est commencer à établir notre félicité.

Chaque Peuple doit avoir une Religion ; chaque Religion doit avoir ses Ministres qui travaillent sans cesse à l'encourager par la voix et par l'exemple. Tous les Pays Catholiques reconnaissent que dans les petites Communautés Religieuses, telles que le sont ordinairement celles de Corse, la discipline monastique est presqu'impraticable ; que les petites Communautés, au lieu d'insinuer la Religion dans l'esprit du Peuple Séculier, l'en éloignent, et qu'il y règne une dissension continuelle entre les chefs et les sujets qui les composent, ou qu'il y triomphe une complaisance pernicieuse dans les chefs qui les oblige à tolérer les désordres de toute espèce.

Pour empêcher les scandales et les mauvais exemples provenant de cette distinction et de cette complaisance, on a communément supprimé ces petites Communautés dans les Etats de l'Europe Catholique y compris le temporel de Sa Sainteté ; s'opposer à leur suppression en Corse, est la même chose qu'y fomenter la dissension et le scandale, non seulement entre les Communautés, ce qui serait un petit mal, mais hors de l'enceinte de leurs cloîtres et dans tout le Pays qui a la faiblesse de prendre part dans leurs querelles, ce qui devient un mal général et intolérable.

La Corse compte tout au plus cent cinquante mille âmes, et contient environ soixante Couvents, dont chacun est composé au moins de seize Religieux, de façon qu'on doit compter que le nombre desdits Religieux monte à un millier, par conséquent chaque quinze personnes en Corse sont chargées de l'entretien de l'un de ces Religieux.

Qu'on suppose que chacun d'eux ne consomme pour nourriture, habillement et réparation du Couvent que vingt sols par jour, chaque individu dépense environ, pour l'entretien des Religieux, vingt-quatre livres et plus par an.

Si Sa Majesté demandait une subvention de vingt-quatre livres par chaque habitant, s'il assujettissait à cette contribution les femmes et les enfants, on s'écrierait généralement qu'on ne peut vivre et qu'il faut abandonner le Pays ; néanmoins, sans nous en apercevoir, nous payons une pareille et peut-être plus forte contribution à nos Religieux sans nous en plaindre. Parlant particulièrement de la Province du Cap-Corse que j'ai l'honneur de représenter, je trouve que cette Province, suivant le recensement ou dénombrement qui en a été fait en 1774, contient deux mille trois cent vingt hommes, deux mille six cent vingt-trois femmes, deux mille sept cent sept petits garçons, et deux mille cinq cent vingt filles, au total dix mille cent soixante-dix habitants.

Je trouve que cette Province, la plus stérile de la Corse, nourrit treize Couvents ; je veux supposer que dans le total desdits Couvents il n'y ait pas plus de cent cinquante Religieux dont chaque vingt personnes environ, ou chaque vingt chefs de famille en nourrisse un ; donc chaque chef de famille dépense annuellement pour le nourrir environ dix-huit livres ; donc toute la Province dépense annuellement pour l'entretien de ses Religieux presque deux tiers de plus que ce qu'elle paye à Sa Majesté.

Je professe la Religion Catholique tout comme un autre, mais je ne puis pas me persuader que la Religion que je professe m'oblige à dissimuler et à garder le silence sur le tort que le nombre exorbitant de nos Religieux fait évidemment à la population, à la tranquillité du Pays et à nos faibles facultés.

Je parle à une Assemblée Catholique, mais j'espère que l'attachement qu'elle a pour les Religieux du Pays ne lui fera point oublier l'intérêt qu'elle doit prendre à sa félicité, et qu'elle ne pourra se dispenser d'approuver les raisons contenues dans le présent mémoire et de les soutenir.

Signé : AMBROISE-MARIE AVOGARI GENTILE.

Après quoi Mgr l'Evêque Président a dit qu'il renouvelle son respect pour les Edits de Sa Majesté et son entière déférence aux volontés de MM. les Commissaires du Roi, mais que pour satisfaire au devoir de son ministère, il ne peut s'empêcher de faire quelques réflexions sur le mémoire du Sieur Gentile ; qu'on pourrait regarder comme outrées les expressions qu'on y lit et qui existent dans toutes ses parties.

Qu'il ne peut supporter la supposition du Sieur Gentile, qu'il y ait dans chaque Couvent de Corse au moins seize Religieux, ce qui détruit la conséquence qu'il en tire ;

Qu'il ne peut adhérer à la représentation de l'auteur du mémoire qui accuse de scandales et de dissensions les Religieux de Corse ;

Que s'ils subsistaient, il devrait en être informé, et qu'il serait le premier à y porter remède ; mais qu'il ne trouve rien à reprocher à la conduite des Moines ;

Que bien loin d'être repréhensibles, ils sont les ouvriers de la vigne de Sabaoth ;

Que les Prédicateurs et les Confesseurs de Corse sont la plupart des Religieux ; qui font les exercices aux Ecclésiastiques, assistent les moribonds, enseignent les sciences et remplissent en tout les devoirs de leur état ;

Que dans les Paroisses et Pièves nombreuses les Religieux coopèrent avec les Curés aux exercices du Ministère Sacerdotal ;

Que ces réflexions ont déterminé le Gouvernement à accorder à la Pièves du Niolo le rétablissement de son Couvent qui fut à moitié ruiné pendant la dernière guerre ;

Que l'exécution de l'Edit du Roi paraît remise à MM. les Evêques et qu'ils n'ont pas manqué dans les Etats précédents de faire à Sa Majesté leurs respectueuses observations.

Après quoi, la matière mise en délibération, ayant été proposé si l'Assemblée générale devait demander à Sa Majesté l'exécution de son Edit de 1771 relatif aux Ordres Religieux de Corse, ou la prier de la suspendre, après que les voix ont été données et recueillies, il a été trouvé que la première n'a eu que vingt suffrages favorables et la seconde quarante-cinq ; ainsi le vœu des Etats est que Sa Majesté sera suppliée de faire suspendre l'exécution dudit Edit.

Après quoi la Séance a été remise à demain, dix-neuf du présent mois, à neuf heures du matin.

Et la présente délibération a été signée comme dessus.

A Bastia, les jour, mois et an susdits.

Séance du 19 juin 1779.

Monseigneur l'Evêque Président et MM. les autres Evêques et Députés, ci-devant dénommés, s'étant rendus dans la salle de l'Assemblée, Mgr l'Evêque Président a dit que le Sieur Pierre Colonna d'Ornano, le Sieur Costa de Castellana et le Sieur Jean-Vito de Pietri ont offert chacun d'établir une Pépinière de mûriers sous les mêmes règles et conditions que le Sieur Giubega s'est obligé de remplir pour la pépinière de Calvi ;

Que cette proposition mérite d'être prise en considération, puisque les Etats connaissent toute l'utilité de ces établissements.

Après quoi, la matière mise en délibération, les Etats délibérant ont arrêté que l'offre des Sieurs Colonna d'Ornano, Costa de Castellana et de Pietri sera soumise à l'examen de MM. les Commissaires du Roi ; que lorsque ce nombre de pépinières et les lieux qu'ils destinent à leur établissement s'accorderont avec les vues du Gouvernement, l'Assemblée générale les verra volontiers réaliser aux mêmes conditions et obligations arrêtées pour la pépinière que le Sieur Giubega doit établir à Calvi.

Et la présente délibération a été signée tant par Mgr l'Evêque Président que par MM. les Evêques de Sagone et du Nebbio, et MM. Trani et Pianelli, Piévans ; Colonna d'Ornano et de Gentili, Nobles ; Adriani et François Grimaldi, Députés du Tiers-Etat.

A Bastia, les jour, mois et an susdits.

Signés etc.

Dudit jour 19 juin 1779.

Monseigneur l'Evêque Président a dit que les besoins de la Corse n'ont jamais été plus urgents que celui de l'année présente ;

Que la sécheresse que cette Isle a éprouvée a fait manquer entièrement la récolte des grains dans plusieurs Provinces ;

Que sans un généreux secours il n'est guère possible qu'une partie de ses habitants puisse subsister ;

Que la Corse en général manque de moyens pour venir au secours de la partie du peuple qui manque de pain ;

Que dans cette circonstance critique il ne reste d'autre expédient à prendre que celui de recourir à la munificence du Souverain ;

Que les secours que la généreuse libéralité de Sa Majesté a donnés pendant l'hiver dernier, doivent encourager l'Assemblée générale à recourir avec une pleine confiance au cœur paternel du Roi ;

Que cet objet mérite toute l'attention des Etats, et qu'il serait bien d'en délibérer.

Après quoi, la matière mise en délibération, les Etats délibérant ont arrêté que Sa Majesté sera humblement suppliée de prendre en considération l'état d'indigence où se trouve une partie de ce peuple par la stérilité de la récolte des grains, dont dépend le principal revenu de la Corse ;

Que sans son secours on devrait craindre les plus fâcheux événements ;

Que quoique la Corse dût avoir honte d'en solliciter de nouveaux, après ceux qui lui ont été donnés pendant l'hiver dernier, néanmoins l'état réel d'indigence où elle se trouve, la force de passer sur cette considération, et, pleine de confiance, de réclamer, en ce moment, la continuation des bontés paternelles dont Sa Majesté a fait sentir à cette Isle tant d'effets multipliés ;

Que ce secours devrait être prompt pour pourvoir aux semences dont manquent les cultivateurs ;

Que MM. les Commissaires du Roi seront priés de rendre compte à M. le Directeur général des Finances du véritable état de misère dans lequel se trouve cette année la Province, et d'interposer leurs bons offices pour engager ce Ministre à le faire parvenir jusqu'aux pieds du Trône du Roi pour obtenir le secours que l'on sollicite ;

Que le Pays sera responsable des secours que Sa Majesté daignera procurer pour cet objet, sauf son recours contre les Communautés et les individus qui en auront particulièrement profité.

Et la présente délibération a été signée comme dessus.

Dudit jour 19 juin 1779.

Nosseigneurs les Commissaires du Roi s'étant rendus dans la Salle de l'Assemblée, ont dit que dans la Séance du onze de ce mois dans laquelle l'Assemblée générale avait délibéré sur les anciens arrérages de la Subvention et les moyens à employer pour liquider ce qui était dû par chaque Communauté, il avait été arrêté que les demandes en décharge seraient communiquées aux Députés des Douze et au Greffier en chef des Etats pour y faire leurs observations et donner leur avis à M. l'Intendant pour en être décidé par lui définitivement ;

Qu'ils sont bien éloignés de chercher à diminuer la juste confiance que les Etats ont dans les talents et l'intelligence du Sieur Giubega ; qu'ils trouvent très-convenable que les Députés des Douze prennent son opinion sur la justice ou le peu de fondement des représentations que font les contribuables sur les prétendues surcharges qu'ils éprouvent; qu'étant sans cesse occupé de la suite des affaires qui se traitent au Bureau des Etats, et de la rédaction des rôles d'imposition, il est tout simple qu'il ait à cet égard des connaissances utiles et qu'il soit plus à portée que personne de donner des renseignements exacts aux Députés des Douze ;

Mais qu'en l'autorisant à donner son avis concurremment avec eux, c'était de la part des Etats donner au Greffier en chef un caractère que le Roi n'avait pas entendu attacher à cet office, et le rendre en quelque sorte l'un des Députés des Douze avec plus de prérogatives qu'ils n'en ont eux mêmes, puisqu'ils ne peuvent en exercer les fonctions que tour à tour et pendant deux mois seulement, tandis que par la force de la délibération que les Etats avaient tenue, le Greffier en chef serait constitué Député des Douze perpétuel ;

Que cette marque d'une confiance sans réserve était donnée sans doute à un sujet qui en était digne ; mais que, dès qu'elle changeait la constitution de la Commission des Douze et ajoutait aux fonctions qu'il avait plu au Roi d'attacher à la place de Greffier en chef des Etats, l'Assemblée générale ne pouvait s'y porter, ni les Commissaires du Roi reconnaitre ce nouveau caractère en la personne du Greffier en chef, sans que Sa Majesté ait formellement expliqué ses intentions à cet égard ;

Que le Règlement du 16 avril 1770 déterminait les fonctions et prérogatives de la Commission des Douze ;

Que le même règlement s'expliquait aussi sur celles du Greffier en chef des Etats qui étaient plus particulièrement fixées par les Lettres-Patentes présentées à la première Assemblée générale de 1772 pour l'établissement de cette place importante ;

Que cependant la manière de l'exercer ayant donné lieu dès lors à des observations essentielles de la part du Ministère, M. le Marquis de Monteynard, par la lettre qu'il avait écrite au Sieur Giubega le 19 Juin 1772 et dont il avait adressé la copie aux Commissaires du Roi pour veiller à ce que les dispositions qu'elle contenait fussent exécutées, avait donné les explications les plus précises pour éviter toute équivoque dans l'exercice des fonctions attribuées au Greffier en chef des Etats ;

Que rien n'annonce dans cette lettre que le Greffier en chef puisse de quelque manière que ce soit faire partie de la Commission des Douze, ni y être adjoint directement ou indirectement ; qu'ainsi jusqu'à ce qu'il en ait été autrement ordonné, les Etats rectifiant la clause particulière de leur délibération du 11 de ce mois, doivent arrêter que les Députés des Douze donneront seuls leur avis sur les demandes en décharge ou modération d'impositions qui leur seront communiquées, sauf à eux à prendre auprès du Greffier en chef des Etats, comme chargé de la direction du Bureau des impositions, tous les renseignements qu'il est dans le cas de leur donner, toutes les fois qu'ils le jugeront nécessaire, pour, sur leur avis et leurs observations, être statué définitivement par M. l'Intendant, conformément aux dispositions des Règlements rendus sur cette matière.

Nosseigneurs les Commissaires du Roi ont ajouté que par une suite des principes qu'ils venaient d'établir, l'Assemblée avait à revenir sur la disposition de sa délibération du 9 de ce mois, qui charge le Greffier en chef d'en donner communication aux Jurisconsultes ses collègues, pour concerter avec eux le temps de leur réunion, après avoir pris les ordres convenables des Commissaires du Roi;

Que l'exactitude avec laquelle l'Assemblée doit maintenir la Commission des Douze et le Greffier en chef dans les fonctions qui leur sont respectivement confiées, exige que ce soit la Commission des Douze qui donne aux Jurisconsultes communication de la délibération du 9 de ce mois, dont le Greffier en chef délivrera seulement une expédition en forme ; et que les Députés des Douze, en la leur adressant, leur demandent de se concerter sur le temps où ils pourront se rassembler, d'après les ordres des Commissaires du Roi, pour l'examen des objets qui leur sont renvoyés ;

Qu'il était bien évident que l'Assemblée, en donnant cette faculté au Greffier en chef, n'avait considéré que la facilité de l'expédition, en ce qu'il était lui-même un des Jurisconsultes nommés ; mais que c'était par cette raison même qu'il convenait que les Députés des Douze, chargés par état de suivre l'exécution des délibérations de l'Assemblée générale, remplissent eux-mêmes les fonctions de leur ministère, qu'elle ne pouvait transmettre à d'autres, sans intervertir l'ordre établi par Sa Majesté.

Dudit jour 19 juin 1779.

Nosseigneurs les Commissaires du Roi ont dit que les Etats de 1777 avaient demandé que l'approvisionnement de la Corse se fît en sel de Sicile ;

Que cette proposition avait déjà été discutée et rejetée ;

Qu'en attendant qu'on pût former avec utilité des salines en Corse, objet dont on s'occupait, l'approvisionnement se faisait en sel de Sardaigne ; que des essais réitérés et dirigés avec intelligence avaient démontré que la qualité de ce sel était égale au meilleur sel de Sicile, tant pour les salaisons que pour l'usage ordinaire ;

Qu'on adopterait toutes les précautions que la prudence pouvait suggérer pour prévenir toute idée de mélange ou d'altération ; que c'était tout ce que le Pays avait droit de demander.

Séance du 19 juin 1779

Nosseigneurs les Commissaires du Roi ont dit que les Etats désiraient que les magasins des Villes où il y avait Justice Royale, fussent ouverts tous les jours, trois heures le matin et trois heures le soir ;

Qu'il convenait qu'ils fussent bien avertis que toutes les demandes qui tendaient à changer la qualité du sel, ou à multiplier les frais de la régie, menaient aussi à en augmenter le prix ;

Que si le Garde Magasin du sel était obligé d'employer six heures par jour à attendre les acheteurs, il faudrait le payer plus cher, qu'il devait suffire qu'il tînt le magasin ouvert tous les jours de marché, et que c'était ce qui serait ordonné.

Dudit jour 19 juin 1779.

Nosseigneurs les Commissaires du Roi ont dit qu'il avait été réglé que les Subdélégués de l'Intendance recevraient les plaintes qui seraient portées tant sur le poids que sur la qualité du sel, et qu'ils seraient autorisés à vérifier les pesées ;

Que l'Assemblée générale de 1777 avait demandé que les Officiers Municipaux eussent la même autorité ;

Que la création d'une chambre de finances à laquelle la connaissance de la vente exclusive du sel serait attribuée, donnerait ouverture à établir un nouvel ordre dans cette partie ; que la connaissance des contraventions appartiendrait en première instance aux Juges Royaux, et que dans les lieux de débit du sel où il n'y aurait point de Justice Royale, les Officiers Municipaux pourraient être délégués.

Nosseigneurs les Commissaires du Roi ont ajouté que l'Assemblée dernière avait demandé qu'il fût permis à l'acheteur d'assister à la pesée du sel et qu'il fût défendu de peser le sel avec les sacs ;

Que ces demandes supposaient des abus qui n'avaient point encore été constatés juridiquement, et contre lesquels le Roi était disposé à ordonner les peines les plus sévères.

Dudit jour 19 juin 1779.

Nosseigneurs les Commissaires du Roi ont dit que la Province de Sartene avait demandé qu'il fût établi un magasin à sel dans le port de Propriano, golfe de Valinco ;

Que des demandes de cette nature s'étaient présentées toutes les années et ne pouvaient que recevoir toujours la même réponse ;

Que la Province de Sartene était la maîtresse d'établir un regratier à Propriano, aux conditions qui avaient été ci-devant proposées et que plusieurs d'autres Pièves et Provinces avaient acceptées ; que c'était aux Pièves qui étaient dans le même cas à prendre le parti qu'elles jugeraient le plus convenable à leurs intérêts et à leurs moyens ; mais que le Gouvernement ne pouvait pas faire les frais d'un plus grand nombre de magasins et de Receveurs que ceux qui se trouvaient établis.

Dudit jour 19 juin 1779.

Nosseigneurs les Commissaires du Roi ont dit que les Etats avaient demandé qu'il fût établi trois Inspecteurs Corses pour veiller à la construction et à l'entretien des chemins provinciaux et communaux, sous l'autorité de M. l'Intendant et la direction des Douze ;

Que l'établissement de trois Inspecteurs des chemins entraînerait des frais qui ne devaient être exposés qu'à mesure du besoin, et qu'en effet il paraissait bien inutile d'en avoir trois, puisqu'il n'y avait encore de chemin formé de Province à Province que celui de Bastia à Saint-Florent ;

Qu'au surplus la prétention de donner ces places à des Corses à l'exclusion de tous autres, n'avait pas pu paraître suggérée par l'amour du plus grand bien, parce qu'il fallait des lumières acquises pour une pareille inspection ; que le mieux était de s'en remettre pour ce choix à des personnes éclairées, tels que sont les chefs des différents travaux qui se font dans le Pays ;

Que c'était dans cette vue que Sa Majesté par sa réponse au cahier des Etats de 1777 a déclaré qu'elle voulait bien autoriser l'établissement, aux frais des Etats, d'un seul Inspecteur pour la construction et l'entretien des chemins provinciaux et communaux, sauf à en augmenter le nombre si les circonstances l'exigeaient, sous la condition que cette place serait mise au concours et donnée à celui qui serait choisi par deux ou trois personnes instruites auxquelles les Etats conviendraient de s'en rapporter ;

Qu'ainsi pour se conformer aux intentions du Roi, l'Assemblée générale avait à arrêter que quant à présent il n'y aurait qu'un Inspecteur des chemins ; que ceux qui se présenteraient pour cette place seraient examinés par les chefs des travaux de ce genre qui se font dans l'Isle et qui sont les Ingénieurs des ponts et chaussées nommés par le Roi, et que sur leur rapport les Députés des Douze proposeraient celui qui serait jugé le plus propre à cet emploi, auquel M. l'Intendant délivrerait en conséquence la commission qui lui serait nécessaire pour en exercer les fonctions et jouir des émoluments que les Etats jugeront convenable de lui fixer.

Dudit jour 19 juin 1779.

Nosseigneurs les Commissaires du Roi ont dit que les Etats avaient demandé que la disposition de l'Arrêt du 24 octobre 1772 concernant la construction des chemins, et par laquelle Sa Majesté a pris à sa charge, pendant dix ans, une partie des frais de construction des chemins communaux, fût prorogée, en ne faisant commencer le terme de dix ans que du jour de l'ouverture d'un chemin ;

Que Sa Majesté par ses réponses au cahier des Etats de 1777 avait déclaré qu'elle voulait bien proroger pour cinq ans le terme pendant lequel elle avait promis de faire acquitter la moitié de la dépense des chemins provinciaux et des ponts qui en feraient partie, conformément aux dispositions de l'article 9 de l'Arrêt du 24 Octobre 1772 en y contribuant elle-même pour un quart ; mais que ce bienfait ne pouvait s'étendre plus loin ;

Qu'il n'était pas possible de rendre indéfini le délai pendant lequel le Roi voulait bien partager les frais des chemins provinciaux ; qu'en ne le faisant courir que du jour de l'ouverture d'un chemin, ainsi que les Etats l'avaient proposé, c'était l'éterniser et manquer l'objet de cette grâce qui tendait à faire ouvrir les chemins le plus tôt possible ;

Q'ainsi la demande de la Province du Cap-Corse tendante à ce qu'il fût fait un chemin dans cette Province et celles formées par les Provinces de Bastia, Calvi, Balagne, Vico et Ajaccio pour la construction ou la réparation de différents ponts nécessaires à la communication de ces Provinces ou des Pièves qui les composent, se trouvaient répondues d'avance par l'Arrêt du 24 Octobre 1772 ; qu'il n'y avait que les chemins royaux et les ponts qui les traverseraient dont la construction fût à la charge du Roi ;

Que quant aux chemins provinciaux et communaux, ils étaient à la charge des Provinces et Communautés respectives ;

Que c'était aux Assemblées générales et particulières à délibérer sur les moyens d'y pourvoir suivant les règles prescrites par ledit Arrêt de 1772, à condition toutefois que les plans desdits ponts et chemins, ainsi que les ouvrages qu'il y aurait à faire à cet égard, seraient faits et dirigés par les Ingénieurs des ponts et chaussées, et que sur cet objet Sa Majesté s'était même réservé par une de ses réponses au cahier de 1777 d'établir des Inspecteurs particuliers, si elle le jugeait nécessaire.

Dudit jour 19 juin 1779.

Nosseigneurs les Commissaires du Roi ont dit qu'il y avait eu plusieurs articles proposés dans la dernière Assemblée générale pour régler l'indemnité des propriétaires des terrains qui ont servi aux chemins ;

Que Sa Majesté consentait que les Députés des Provinces

aux Etats fussent regardés comme suffisamment autorisés à passer des contrats au nom des propriétaires et des Communautés dont les terrains auront été pris pour les chemins ;

Que les contrats se fissent avec les Députés des Douze et fussent enregistrés au Greffe des Etats ;

Que le Pays entier ne fût chargé que du terrain occupé par les chemins royaux et que l'indemnité des chemins Provinciaux et communaux fût à la charge des Provinces et des Communautés ;

Que l'estimation des terrains se fît par deux experts respectivement nommés par les parties intéressées ;

Que la vérification des terrains se fît par des Inspecteurs et que les états et vérifications se remissent à l'Intendance et au Bureau du Pays.

Nosseigneurs les Commissaires du Roi ont observé que la vérification et estimation des terrains pris pour la construction du chemin de Bastia à Saint Florent avaient été faites en présence des Députés des Douze, conformément aux dispositions qu'ils venaient d'annoncer.

Que l'Assemblée générale avait en conséquence à déterminer les moyens d'assurer l'indemnité due aux propriétaires qui la réclamaient et ils ont remis à cet effet sur le Bureau une copie de l'expédition qui avait été déposée à l'Intendance des procès-verbaux qui en contenaient le détail et qui avaient été dressés en présence des Députés des Douze.

Dudit jour 19 juin 1779.

Nosseigneurs les Commissaires du Roi ont dit que la Piève de Sevenfuori, Province de Vico, avait demandé qu'il plût à Sa Majesté de faire faire quelques réparations au Port de

Ficajola pour faciliter le commerce et qu'elle daignât prendre à sa charge une partie de la dépense, la Communauté de la Piana offrant de supporter le surplus ;

Que les réparations dont il s'agissait devaient naturellement être à la charge de la Communauté de la Piana et des Communautés voisines qui profitaient du Port de Ficajola ; que cependant comme Sa Majesté serait toujours disposée à favoriser les établissements qui pourraient être utiles au commerce, lorsqu'on lui aurait fait connaître l'objet de ces réparations elle prendrait cet objet en considération.

Dudit jour 19 juin 1779.

Nosseigneurs les Commissaires du Roi ont dit que la Piève d'Ajaccio avait demandé que Sa Majesté daignât accélérer la construction du chemin de Corte à Ajaccio ;

Que tous les chemins qui étaient nécessaires en Corse ne pouvaient pas être construits en même temps ;

Qu'avant d'entreprendre le chemin de Corte à Ajaccio, il avait fallu achever et perfectionner ceux qui communiquaient de Bastia à Corte et à Saint Florent ;

Que maintenant on pouvait s'occuper de celui de Corte à Ajaccio et que Sa Majesté se proposait d'y faire travailler aussitôt que les circonstances pourraient le permettre.

Dudit jour 19 juin 1779.

Nosseigneurs les Commissaires du Roi ont dit que l'Assemblée de la Province de Vico avait demandé une somme de mille écus, ou l'exemption du payement de la subvention, en faveur de la Communauté de Rosazia pendant six ans, pour servir à la construction d'un pont sur le *Liamone ;*

Qu'on ferait toujours la même réponse aux demandes de cette nature ;

Que s'il s'agissait d'un chemin provincial, le Roi contribuerait à la dépense du pont comme du chemin ; mais que Sa Majesté ne pouvait faire construire à ses frais tous les ponts dont chaque Communauté pouvait avoir besoin pour faciliter le transport de ses récoltes.

Dudit jour 19 juin 1779.

Nosseigneurs les Commissaires du Roi ont dit que les Etats demandaient que tous les chemins qui conduisent d'une Ville à l'autre fussent déclarés chemins Royaux afin que la construction en fût tout à fait à la charge de Sa Majesté ;

Que cette proposition était inadmissible; qu'ils avaient encore demandé, sur la représentation de la Piève de Celavo, qu'il fût entretenu quatre hommes pendant la chute des neiges pour conserver la communication entre l'au delà et l'en deçà des Monts ;

Que M. l'Intendant recevrait les ordres nécessaires pour ordonner et diriger cette dépense au compte de Sa Majesté.

Dudit jour 19 juin 1779.

Nosseigneurs les Commissaires du Roi ont dit que la Piève de Pino avait demandé qu'il fût pourvu à la disette d'eau qu'éprouvent les habitants de Montemaggiore ;

Que cette demande n'était pas suffisamment expliquée ; que la Piève de Pino aurait dû dire s'il y avait des sources aux environs que l'on pût conduire à Montemaggiore, ce qu'il en coûterait pour cette conduite et les moyens que la Communauté pouvait avoir pour faire face à cette dépense ;

Qu'elle devait s'adresser à cet égard à M. l'Intendant auquel Sa Majesté renvoyait l'examen de cette demande.

Dudit jour 19 juin 1779.

Nosseigneurs les Commissaires du Roi ont dit que l'Assemblée générale de 1777 avait adopté trois demandes tendantes à ce qu'il fût établi des Bureaux de Contrôle dans chacune des trois Pièves de Talavo, du Niolo et du Fiumorbo ;

Que la Piève d'Oletta avait demandé un Bureau à Oletta ;

Que la réponse de Sa Majesté au cahier des Etats de 1777 portait qu'elle ferait connaître ses intentions sur les demandes concernant le Contrôle des exploits, et l'établissement des Bureaux, en même temps qu'elle s'expliquerait sur l'Edit du Contrôle ;

Que le Bureau de Législation était en effet occupé d'une Déclaration sur les Edits du Contrôle, de l'Insinuation et du Papier timbré, qui serait envoyée à la Chambre des Finances à qui la connaissance de ces matières serait attribuée ;

Que s'il y avait quelques changements à faire dans la distribution des Bureaux, ce serait, non pas pour en augmenter le nombre, mais pour remplir exactement le vœu des règlements qui veulent qu'aucune Communauté ne soit éloignée d'un Bureau de contrôle que d'une demi-journée de marche au plus ;

Nosseigneurs les Commissaires du Roi ont dit à cet égard que si les Etats y trouvaient de l'utilité, Sa Majesté permettait à l'Assemblée de mettre de nouveau cette matière en délibération et de s'expliquer tant sur les Bureaux qui existaient actuellement, que sur ceux qu'elle trouverait convenable d'y ajouter ; mais que l'intention du Roi était que l'Assemblée en donnât les motifs.

Dudit jour 19 juin 1779.

Nosseigneurs les Commissaires du Roi ont dit que la dernière Assemblée avait adopté la demande qui avait été faite de porter à huit jours le délai de trois jours pour le contrôle des Exploits ;

Que cette demande ne pouvait être favorablement accueillie ; que la prolongation des délais nuirait à l'abréviation des procès qui était le but de la législation ; qu'elle rendrait incertaine la date de plusieurs exploits importants et éluderait par là encore le but particulier du Contrôle.

Dudit jour 19 juin 1779.

Nosseigneurs les Commissaires du Roi ont dit que les Députés de la Piève de Saint André dans l'Assemblée de la Province de Balagne avaient demandé que les droits de Contrôle fussent diminués ;

Qu'on ne voyait pas que l'Assemblée de cette Province eût adopté cette demande ; mais que l'Assemblée générale ne devait y faire aucun accueil ;

Que les droits de Contrôle qui sont dans tout le Royaume des sources considérables pour la Finance, étaient en Corse tellement modiques que le Pays devait en apercevoir seulement l'utilité.

Dudit jour 19 juin 1779.

Nosseigneurs les Commissaires du Roi ont dit que Sa Majesté par sa réponse à l'article du cahier de 1777 concernant les Enfants trouvés avait fait connaître aux Etats qu'après l'âge de sept ans ils étaient naturellement à la charge du Pays ;

Que c'était aux Etats à s'occuper des moyens les plus convenables pour les mettre à portée de se procurer le plus promptement possible leur subsistance par leur travail, et que Sa Majesté donnerait la plus grande attention à ce qui pourrait lui être proposé à cet égard ;

Que pour faire connaître à l'Assemblée générale l'objet de la dépense à laquelle le Pays aurait à pourvoir dans ce moment, ils remettaient sur le Bureau l'état des Enfants qui avaient atteint l'âge de sept ans ; qu'ils étaient au nombre de 22 ;

Qu'il en existait actuellement à la charge du Roi, savoir, à Bastia quatre-vingt-quatorze, à la Porta trente-quatre, au Cap-Corse treize, à Corte seize, à Ajaccio quarante-un, à Bonifacio dix-sept, à Calvi trente-un, à Sartene dix, à Aleria trois, et à Saint Florent six : total, deux cent soixante-cinq ;

Qu'ainsi le Pays se chargeant de vingt-deux enfants qui ont atteint ou passé l'âge de sept ans, il en resterait encore deux cent quarante-trois à la charge du Roy ;

Nosseigneurs les Commissaires du Roi ont observé, que

dans tout le Royaume, un des objets de la charité publique était le soin de mettre les Enfants trouvés en état de vivre de leur travail;

Que l'Hôpital général de Paris, reconnaissant qu'il y a souvent plus d'inconvénients que d'utilité à rassembler les Enfants, avait déterminé par un règlement de 1761, d'en donner aux laboureurs et aux artisans qui en demanderaient et qui, moyennant une pension modique, payable pendant un certain temps, seraient tenus de les conserver avec une sorte d'adoption pour ne les laisser que dans l'âge où ils pourraient gagner leur vie ;

Que les Etats pourraient puiser dans ce règlement, dont Nosseigneurs les Commissaires du Roi ont remis un exemplaire imprimé sur le Bureau, des exemples de ce qu'ils auraient à délibérer sur une matière aussi intéressante ; et ils ont déclaré que s'il se présentait un moyen de diriger la destination des Enfants vers l'état de laboureur ou de matelot, la bienfaisance de Sa Majesté pourrait la porter à partager avec le Pays la dépense des secours qui seraient reconnus nécessaires.

Dudit jour 19 juin 1779.

Nosseigneurs les Commissaires du Roi ont dit que les Etats n'ignoraient point que Sa Majesté touchée des maux auxquels la Corse était exposée par la disette des récoltes de l'année dernière et la sécheresse qui a régné depuis, avait donné ses ordres pour faire passer du bled, des semences et des farines, et acheter de l'orge pour être distribué dans les campagnes aux plus nécessiteux, tant pour ensemencer leurs terres que pour subsister jusqu'à la récolte actuelle;

Que ce bienfait signalé a dû achever de convaincre les

Corses du bonheur qu'ils avaient d'appartenir à un Gouvernement également puissant et attentif ;

Qu'il était convenable de faire connaître aux Etats les détails d'une distribution dont il n'y avait point encore eu d'exemple en Corse.

Nosseigneurs les Commissaires du Roi ont en conséquence remis sur le Bureau de l'Assemblée l'état général des délivrances faites tant en bled, qu'en orge et en farine aux Communautés de la Corse depuis le 14 Janvier dernier jusqu'au 11 de ce mois.

Ils ont observé qu'il résulte de cet état qu'il a été distribué onze cent vingt-un quintaux de bled de semence, cent vingt-sept mille sept cent vingt-cinq bachins d'orge et deux mille quatre cent quatre-vingt-onze quintaux de farine de la même qualité que celle dont on fait le pain de munition pour les Troupes du Roi ;

Que Sa Majesté, en faisant l'avance d'un secours aussi considérable, avait voulu que le remboursement n'en fût pas onéreux au Pays ;

Qu'en conséquence elle avait consenti que le bled et l'orge délivrés pour semence fussent rendus en nature dans ses magasins après la récolte, et elle a donné deux années de délai aux Communautés pour payer les prix de l'orge et des farines distribuées pour subsistance, savoir, moitié en la première année, et moitié après la récolte de 1780 ;

Que dans cette quantité de cent vingt-sept mille sept cent vingt-cinq bachins d'orge, il n'y avait eu de distribué pour semence que quatre mille six cent douze bachins, savoir, dans la Province de Bastia, mille sept cent vingt-trois bachins ; dans celle de Corte, deux mille trois cent quarante-six bachins; et dans celle du Nebbio, cinq cent quarante-trois bachins ; qu'ainsi il restait pour subsistance la quantité de cent vingt-trois mille cent treize bachins ;

Que le compte des dépenses faites pour l'achat de ces

grains ne pouvant pas encore être rendu, attendu que la distribution n'avait cessé que depuis quelques jours, on ne pouvait point encore déterminer le prix auquel reviendrait le bachin, mais que tout faisait présumer qu'il n'irait pas à vingt sols, prix beaucoup plus avantageux que celui de trente sols que les entrepreneurs qui en ont fourni dans l'hiver de 1777 à 1778 ont exigé, et qui a été considérablement augmenté par les frais de transport que les Communautés ont eu à supporter;

Qu'il n'est pas possible aussi de déterminer le prix du quintal de farine, parce qu'on ignore encore à combien il revient à la Régie des Vivres qui en a fait la fourniture, mais qu'on doit attendre qu'il sera très-modéré, parce qu'il n'est question d'aucun bénéfice ;

Qu'au surplus un secours aussi abondant et aussi utile pour ceux qui manquaient de toutes ressources pour vivre, a été également avantageux pour ceux que leurs facultés mettaient en état de se procurer la subsistance par eux-mêmes, en ce que le prix des grains a été maintenu à un taux très-bas, dans un temps de disette absolue ; qu'ainsi les pauvres avaient été soulagés dans le premier des besoins, et les gens aisés n'avaient point éprouvé le poids onéreux de la cherté, par le double effet qui était résulté de la bienfaisance paternelle de Sa Majesté.

Nosseigneurs les Commissaires du Roi ont ajouté à ce sujet qu'ils ne doutaient point que les habitants de la Corse, sensibles comme ils devaient l'être à un bienfait aussi signalé, s'empresseraient à en témoigner leur reconnaissance par leur exactitude à remplir l'engagement qu'ils avaient contracté de rembourser le prix des grains et farines qu'ils avaient reçus, aux termes que la bonté du Roi leur avait fixés, soit en nature pour les grains reçus pour semence, soit en argent pour l'orge et la farine distribués pour subsistance, et que les Officiers Municipaux et Notables qui s'en étaient rendus garants envers le Gouvernement tiendraient à cet égard les conditions auxquelles ils avaient souscrit.

Dudit jour 19 juin 1779.

Nosseigneurs les Commissaires du Roi ont dit qu'ils avaient pris connaissance de la délibération de Etats du 10 de ce mois sur le compte de la Subvention présenté par le Trésorier général et examiné pas le Comité nommé à cet effet ;

Que les déterminations prises à cet égard par l'Assemblée générale donnent lieu à quelques observations sur lesquelles ils croyaient devoir lui rappeler les règles et les principes qu'il fallait suivre ;

Que relativement aux intérêts de la somme de vingt-sept mille livres empruntées des Sieurs Viale et Guilloux, l'Assemblée avait arrêté, qu'attendu que l'ordonnance du Roi ne porte l'intérêt qu'à cinq pour cent des capitaux, il y avait un pour cent à déduire sur celui qui avait été payé à ces deux créanciers à raison de six pour cent ;

Que l'Assemblée n'est point en droit de faire cette déduction, attendu que cet emprunt a été fait originairement pour la Caisse Civile et autorisé par le Gouvernement, qui a ordonné que le Pays en resterait chargé, par la raison qu'il était en retard de payer l'abonnement qu'il devait au Roi ; qu'on avait été forcé de recourir à un emprunt ;

Que les particuliers n'ayant pas voulu donner leurs fonds à un intérêt moindre de six pour cent, et cette condition ayant été acceptée, on n'était plus en droit de ne le payer qu'à cinq pour cent ; que d'ailleurs l'intérêt à six pour cent était l'intérêt ordinaire du commerce et reconnu légitime dans tous les Tribunaux; que de plus cet intérêt, contre lequel l'Assemblée actuelle s'était élevée, avait déjà été alloué sans difficulté par l'Assemblée précédente ; qu'ainsi c'était une chose jugée sur laquelle il n'y avait plus à revenir ;

Qu'il était sans doute onéreux au Pays d'être chargé d'intérêts à un taux plus fort que celui prescrit par la loi, mais que la seule manière de s'en libérer était de rembourser les capitaux, ce que l'emprunt de trois cent mille livres qui venait d'être arrêté mettrait le Pays en état de faire, aussitôt qu'il aurait eu lieu ;

Enfin qu'en tout état de cause l'Assemblée pouvait bien réclamer le secours de la loi contre un intérêt qu'elle réprouverait, mais qu'elle n'avait pas le pouvoir de prononcer elle-même sur une pareille matière et de forcer des créanciers à renoncer à l'exécution d'une obligation consentie respectivement ;

Qu'elle avait été également au-delà de ses pouvoirs en déclarant que la somme de neuf cent trente-quatre livres portée au 22e chapitre de la dépense, pour réparations des logements des deux Juntes de Caccia et Orezza, ne pouvait être à la charge du Pays, attendu que les réparations dont il s'agissait avaient été faites sans l'intervention des Douze, ni qu'ils en ayent eu communication ;

Que l'Assemblée ne s'était pas rappelée qu'il avait été déclaré à celle de 1772, lors de la Séance du 18 Novembre, que tous les frais de l'établissement des Juntes seraient à la charge du Pays ; qu'il avait été en conséquence arrêté que la Commission des Douze s'occuperait de tous les détails qu'exigeraient ces dépenses ; que celles dont le payement a été fait en 1778 sur l'ordonnance de M. l'Intendant, ont eu lieu dans cette même année 1772 en vertu des ordres généraux qui ont été donnés alors ; que par conséquent rien né peut dispenser de les acquitter puisqu'ils n'ont eu lieu que d'après les mesures que la Commission des Douze a dû prendre alors pour leur exécution, ainsi qu'on ne peut en douter d'après les extraits, délivrés par le Greffier de la Junte, des états des matériaux fournis alors par les ordres de la Junte et dont le prix était dû ;

Que c'est sur ces pièces que M. le Comte de Marbeuf a arrêté le montant des dépenses sur lequel l'ordonnance est intervenue ; qu'ainsi le Trésorier général a payé valablement cette dépense que les Etats ne peuvent plus rejeter ;

Qu'au surplus l'Assemblée ne devait point s'écarter du principe prescrit en fait de comptabilité, que lorsqu'un Trésorier fait un payement en vertu de l'ordonnance de celui qui est constitué pour être ordonnateur de sa caisse et qu'il justifie valablement du payement, on ne peut plus se dispenser de lui en allouer le montant en dépense, sauf, si les objets pour lesquels la somme a été payée ne concernant point ceux pour lesquels la dépense a été faite, à en requérir par eux le recouvrement sur les parties qui doivent la supporter ;

Qu'ainsi les Etats pouvaient bien demander et requérir de ne point supporter une dépense qu'ils croyaient ne pas devoir être à la charge du Pays; mais que rien ne les dispensait de l'allouer provisoirement au Trésorier, dès qu'il justifiait qu'il l'avait payée sur une ordonnance à laquelle il n'est pas en son pouvoir de refuser d'acquiescer.

Après quoi, la matière mise en délibération, les Etats ont dit qu'ils s'occuperaient avec plaisir des divers objets qui viennent d'être annoncés par Nosseigneurs les Commissaires du Roi, pour prendre ensuite les délibérations qui pourront mieux convenir à l'avantage du Pays.

Ensuite la Séance a été remise à demain, vingt du présent mois de Juin, à neuf heures du matin.

Et la présente délibération a été signée tant par MM. les Commissaires du Roi que par MM. les Evêques et Députés qui ont signé les précédentes de ce jour.

A Bastia, les jour, mois et an susdits.

Séance du 20 juin 1779.

Monseigneur l'Evêque Président et MM. les Evêques et Députés, ci-devant dénommés, s'étant rendus à la salle de l'Assemblée, Mgr l'Evêque Président a dit que dans la Séance d'hier MM. les Commissaires du Roi annoncèrent diverses matières sur lesquelles les Etats devaient délibérer ;

Que le premier objet était celui qui regarde la nomination d'un Inspecteur des chemins ;

Le second, l'indemnité des propriétaires dont les terrains ont été pris pour la construction des routes ;

Le troisième, la demande des Pièves de Pino, Province de Calvi, et Sevenfuori, de la Province de Vico ; la première demande la construction d'une fontaine pour la Communauté de Monte-Maggiore, et la seconde la réparation du Port de Ficajola ;

Le quatrième, l'augmentation des Bureaux de Contrôle ;

Le cinquième, l'entretien et l'éducation des Enfants trouvés qui ont sept ans accomplis ;

Le sixième, l'abonnement de la dépense faite pour les réparations des deux Juntes de Caccia et d'Orezza et l'intérêt de six pour cent par an pour la créance des Sieurs Viale et Guilloux ;

Que tous ces objets sont dignes de l'attention de l'Assemblée générale et qu'il convient d'en délibérer le plus promptement qu'il sera possible.

Sur quoi, la matière mise en délibération, les Etats délibérant sur chacun des objets respectifs, ont arrêté ce qui suit :

Que sur le premier qui concerne la nomination d'un Inspecteur des chemins, il sera délibéré suivant le projet qui fut proposé dans la Séance d'hier, avant que MM. les Commissaires du Roi se fussent rendus à la salle de l'Assemblée, et qu'il en sera fait une délibération particulière qui sera rapportée après la présente.

Sur le second, que les précédentes Assemblées générales de 1775 et de 1777 et les Etats actuels y ont pourvu en assignant mille livres par an pour le payement de l'intérêt annuel de la valeur des biens qui ont été pris pour la construction des chemins royaux, puisque c'est aux Provinces respectives à pourvoir au payement de ceux pris pour les chemins provinciaux ;

Que la somme assignée pour cet objet doit actuellement suffire pour l'indemnité des propriétaires, mais qu'on l'augmentera à mesure qu'on prendra de nouveaux terrains.

Cependant l'Assemblée générale a respectueusement observé que Sa Majesté ayant daigné se charger entièrement des dépenses des chemins royaux, il semble qu'on devrait y comprendre les terrains sur lesquels ils sont dirigés, et cette observation sera mise en avant par les Députés à la Cour.

Sur le troisième article, que la Piève de Pino qui demande la construction d'une fontaine à Montemaggiore, et la Piève de Sevenfuori l'établissement du Port de Ficajola, présenteront leurs mémoires à M. l'Intendant pour faire voir l'utilité et la nécessité de l'accomplissement de leurs demandes respectives, en démontrant les moyens qu'ils ont pour les réaliser.

Sur le quatrième, que les Etats sentent la nécessité de l'établissement de trois nouveaux Bureaux de Contrôle, savoir à Fiumorbo, Niolo et Talavo ;

Que la Piève de Fiumorbo est éloignée de plus de quarante milles du Bureau de Cervione, outre les difficultés des rivières qu'on ne peut passer à défaut de ponts ;

Que la Piève de Niolo est éloignée de Corte d'environ 15

milles, mais que les chemins sont tellement incommodes et dangereux que cette distance de quinze milles équivaut à trente ; que les difficultés augmentent, pendant l'hiver, après la chute des neiges, dans lequel temps la communication de Corte à Niolo est toujours plus mal aisée ;

Que la Piève de Talavo est une des plus montagneuses et des plus isolées de la Corse ; que les neiges et les rivières rendent aux habitants de ce territoire la communication si difficile qu'elle a été la première à demander cet établissement ;

Qu'à l'égard de la Piève d'Oletta, le Contrôleur de Saint Florent devrait être obligé d'y demeurer dans les mois d'été pendant lesquels la Justice Royale y fait sa résidence.

Les Etats ont ici respectueusement observé combien d'embarras et de dépense occasionne le contrôle des actes de la Municipalité et spécialement ce qui concerne les abus champêtres ; que souvent cette obligation de Contrôle par les incommodités du voyage et la dépense, surpasse l'intérêt que contient la sentence ; qu'il serait avantageux que ces petits objets fussent exempts du Contrôle.

Sur le cinquième article, les Etats ont dit qu'ils reconnaissent toute la convenance qu'il y aurait de venir au secours des Enfants trouvés qui passent l'âge de sept ans, pour assurer leur subsistance et leur éducation, que ce serait le plus utile établissement ; mais, quoique animés de la meilleure volonté, ils ont le regret de se voir actuellement privés des moyens nécessaires pour y pourvoir.

Sur le sixième article les Etats ont dit qu'ils ne pouvaient mieux faire que de s'en rapporter à la justice de MM. les Commissaires du Roi.

Enfin les Etats ont arrêté que la délibération du 9 Juin relative aux Jurisconsultes leur sera annoncée par MM. des Douze, et que, sans avoir égard à la délibération du 11 de ce mois, MM. des Douze répondront seuls à M. l'Intendant sur les mémoires qui leur seront communiqués pour les décharges de la subvention des années précédentes.

Et la présente délibération a été signée tant par Mgr l'Evêque Président que par MM. les Evêques du Nebbio, et Vicaire général d'Aleria, et par MM. Bartoli et Marchetti, Piévans; de Buonaparte et Colonna d'Istria, Nobles; Paoli et Santa Maria Députés du Tiers-Etat.

A Bastia, les jour, mois et an susdits.

Signés, etc.

Dudit jour 20 juin 1779.

Monseigneur l'Evêque Président a dit que les Etats précédents demandèrent à Sa Majesté la faculté de nommer trois Inspecteurs Corses pour veiller à la construction et entretien des chemins provinciaux et communaux sous l'autorité de M. l'Intendant et sous la direction de MM. des Douze, et que la disposition de l'Arrêt du 24 Octobre 1772, par laquelle Sa Majesté prend à sa charge, pendant dix ans, une partie des dépenses de la construction des chemins communaux, fût prorogée;

Que Sa Majesté par sa réponse au procès-verbal des susdits Etats autorise la présente Assemblée générale à établir un seul Inspecteur, sauf à en augmenter le nombre si les circonstances l'exigent, à condition que cette place sera mise au concours et donnée à celui qui sera choisi par deux ou trois personnes instruites auxquelles les Etats conviendront de s'en rapporter;

Qu'il reste donc à l'Assemblée générale à délibérer sur un objet aussi important.

Après quoi, la matière mise en délibération, les Etats ont

observé que la nomination d'un seul Inspecteur des chemins provinciaux et communaux de la Corse ne remplirait en aucune façon, dans ce moment, l'objet de son établissement; qu'il devient nécessaire de savoir quels sont les chemins provinciaux qui ont besoin d'une plus prompte construction ou réparation;

Que ce que l'on dit des chemins peut aussi avoir lieu pour les ponts;

Que MM. les Douze, y compris les deux assistants, devront, sous le bon plaisir du Roi, se charger de cette inspection dans les départements respectifs, et envoyer à MM. des Douze résidant à Bastia des mémoires détaillés sur la nécessité et utilité des chemins auxquels ils croyent qu'on doive travailler de préférence, en expliquant l'objet de la dépense ; ces mémoires seront remis à M. l'Intendant pour en solliciter les moyens convenables d'y pourvoir;

Que leurs observations devront encore s'étendre sur les chemins royaux déjà remis à l'entretien du Pays; que leurs mémoires seront examinés dans les prochains Etats qui pourront voir quels sont les travaux les plus urgents, et en même temps connaître le zèle et les lumières de chacun de MM. des Douze;

Qu'après cette connaissance on pourra procéder à la nomination de l'Inspecteur; mais que si un seul ne pouvait suffire à la trop grande étendue de sa commission, il sera bien, sous le bon plaisir du Roi, d'en nommer un par Province, ou au moins trois, savoir, un pour l'au delà des Monts et deux pour l'en deçà avec les honoraires que l'Assemblée jugera convenables;

Qu'en attendant, s'il y avait quelque réparation à faire, le Député des Douze du département pourra y assister, ou la Commission des Douze pourra nommer quelqu'un pour y suppléer;

Qu'à l'égard des chemins des Communautés, les Officiers

Municipaux des Paroisses respectives devront les régler, et les chemins des Pièves devront être conduits par le Podestat-Major ; mais l'Inspecteur, et en attendant MM. des Douze, devront surveiller lesdits Officiers Municipaux et Podestats-Majors, et en informer M. l'Intendant ;

Que toutes les inspections et observations de MM. les Douze seront faites gratuitement et sans aucune charge du Pays ;

Que M. l'Intendant sera prié par l'Inspecteur, et en attendant par MM. des Douze, de prononcer des amendes contre les Podestats-Majors, Pères du Commun, ou autres individus qui refuseront de s'occuper des travaux qui auront été formellement déterminés ;

Que les départements de MM des Douze seront réglés de la manière suivante :

DÉPARTEMENT I.

Pour les Pièves de Bastia, Orto, Marana et Bigorno, M. DE VARESE.

II.

Pour les Pièves d'Ampugnani, Casinca, Tavagna, Moriani, et Orezza, M. ANTONI avec M. DE PIETRI.

III.

Pour les Pièves de Casacconi, Canale, Rostino et Caccia, M DE SANSONETTI.

IV.

Pour les Pièves de Talavo et Istria, M. COLONNA D'ISTRIA.

V.

Pour le reste de la Province d'Ajaccio, M. ORNANO.

VI.

Pour la Rocca et Bonifacio, M. ROCCASERRA.

VII.

Pour Calvi et Balagne, M. DE CASTELLI.

VIII.

Pour la Province d'Aleria, M. DE POLI.

IX.

Pour la Province de Corte, M. FRANÇOIS DE CASABIANCA.

X.

Pour la Province du Cap-Corse, M. GENTILE de Brando.

XI.

Pour la Province du Nebbio, M. DE MORLAS.

XII.

Pour la Province de Vico, M. POZZO DI BORGO.

Et la présente délibération a été signée comme dessus.

Dudit jour 20 juin 1779.

Monseigneur l'Evêque Président a dit que de la part de M. Xavier de Casabianca, Député Noble de la Province de Bastia, il a été présenté un Mémoire qu'il remet sur le Bureau, afin qu'on en donne communication aux Etats.

Ensuite en ayant été fait lecture, il s'est trouvé de la teneur suivante :

MESSIEURS,

Quoiqu'il ne soit que trop à notre connaissance que la République de Gênes, à qui a appartenu cette Isle, ne se soit jamais occupée de l'avantage de notre Pays, ayant pris néanmoins en considération l'état d'abandon des campagnes et pour encourager en quelque façon leur cultivation, nous avons une preuve évidente qu'elle ne put s'empêcher d'interposer ses offices auprès du Saint Siège pour obtenir l'exemption des Dixmes Ecclésiastiques pour les terres dont la culture avait été entièrement abandonnée, et que l'on remettait ensuite en état de cultivation. Les remontrances de la République à cet égard parurent si justes que le Pape Urbain VIII, le 19 Janvier 1644, ordonna que les terres incultes à cette époque et qui seraient mises en culture après l'émanation de sa Bulle, ne seraient sujettes à la Dixme Ecclésiastique que pour les trois pour cent de leur produit ainsi qu'on le pourra mieux voir par la susdite Bulle : *Nuper pro parte*, etc.

Si la Corse a jamais eu besoin d'encouragement pour la cultivation des campagnes, c'est dans la circonstance actuelle où l'on doit chercher tous les moyens possibles de la tirer de l'état de misère dans lequel elle languit.

Le Souverain auquel nous avons le bonheur d'appartenir nous donne tous les jours de nouvelles preuves de sa Royale munificence pour encourager le commerce et la cultivation d'un Pays de la régénération duquel il est continuellement occupé.

Un des moyens dont il y a lieu d'espérer la prochaine félicité de la Corse, est celui de soustraire le plus qu'il est possible le cultivateur aux charges que supporte la cultivation des terrains incultes et couverts de makis, qui dans le commencement n'offrent qu'un objet considérable de dépenses.

L'unique imposition que nous ayons eue sur les terrains, avant d'avoir le bonheur de passer sous la domination où nous sommes, est celle de la Dixme Ecclésiastique ; si la République de Gênes obtint une diminution sur les terrains qui de leur état d'abandon passaient à celui de culture, avec combien plus de fondement pouvons nous nous flatter que le cœur paternel de notre Auguste Souverain daignera s'intéresser auprès du Saint-Siège pour obtenir, non seulement la confirmation des privilèges accordés par ladite Bulle, mais encore l'exemption totale de la Dixme sur les terrains qui de marais ou de makis seront mis en culture. Nous ne nous arrêterons point à examiner si cette Bulle a eu, ou non, son entier effet, pouvant en attribuer l'inexécution à l'ignorance des peuples et aux fatales circonstances des temps; il nous suffit seulement d'avoir la certitude que cette Bulle a existé, pour nous faire connaître la possibilité d'un tel privilège.

Nous avons d'autant plus lieu d'espérer d'obtenir cette grâce, qu'en contribuant à l'avantage de la Province, elle fait celui du Souverain, qui, à mesure que la Corse sera plus cultivée, en tirera un meilleur profit. Mgrs les Evêques, ni MM. les Curés, ne peuvent raisonnablement trouver mauvais que l'on fasse cette demande, parce que, outre que leur opposition ferait tort à leur générosité et au zèle qu'ils ont pour le bien du Pays, elle ne peut faire le moindre tort à leurs intérêts, ne pouvant retirer aucun avantage des terres incultes, et qui continueraient de l'être, si les propriétaires et les cultivateurs, soumis par obligation au juste poids de la subvention Royale et après les immenses dépenses qu'exige la nature des lieux incultes, n'étaient point encouragés par l'espérance de l'exemption de la Dixme Ecclésiastique.

On ne serait pas plus fondé à dire que les revenus des Eglises diminueraient par l'abandon de la culture des terres déjà cultivées, parce que nous sommes certains que sous un Monarque, qui a dirigé toutes ses vues bienfaisantes pour l'avantage de la culture, elle augmentera de jour en jour, et l'on n'abandonnera jamais la cultivation des terres qui sont présentement en valeur.

Ainsi, je suis d'avis, Messieurs, que l'on fasse à Sa Majesté cette demande, qui, sans blesser les droits de l'Eglise, contribue visiblement à l'avantage du Souverain et à celui du Peuple.

Signé : XAVIER DE CASABIANCA.

Après quoi, de la part de MM. les Evêques et Piévans, il a été observé que les présents Etats avaient déjà demandé au Roi que les terres marécageuses mises en culture fussent exemptes pendant vingt ans de la Subvention, et les terres défrichées pour dix ; que le Clergé s'y est opposé en protestant qu'il n'entendait point que la délibération de l'Assemblée apportât aucun préjudice à la perception de la Dixme Ecclésiastique ;

Que M. Xavier de Casabianca vient de présenter un Mémoire dans lequel les Etats sont invités de prier Sa Majesté de venir à l'appui de la Bulle d'Urbain VIII, et de s'intéresser auprès du Saint-Siège pour obtenir l'exemption totale et perpétuelle de la Dixme sur les terres incultes qui seront mises en valeur ;

Que le Clergé Corse quoique toujours porté à concourir à tout ce qui peut exciter la culture de cette Isle, ne peut se dispenser d'observer que la Bulle d'Urbain VIII, étant un article de controverse et dépendant du fort contentieux, on ne peut en déduire aucun motif pour le soutien de la demande à faire au Roi pour obtenir l'exemption demandée pour la Dixme ;

Que le Clergé consent de ne point percevoir la Dixme Ecclésiastique pendant tout le temps qu'il plaira à Sa Majesté d'accorder l'exemption de la Subvention sur les terres marécageuses;

Qu'il en sera de même pour les terres incultes, et pour lesquelles le Clergé consent de régler son exemption sur celle que le Roi accordera, pourvu que les terres aient été incultes depuis un temps immémorial ; mais le Clergé se réserve d'exiger la Dixme lorsque le Roi percevra la Subvention ;

Que les Députés Ecclésiastiques ne peuvent en aucune façon se prêter à l'exemption perpétuelle que demande M. de Casabianca dans son Mémoire, mais qu'ils adhèrent à la précédente délibération des Etats ;

Que tels sont les sentiments des Députés Ecclésiastiques de l'Assemblée, lesquels déclarent que dans ce sens on doit seulement entendre l'opposition par eux faite à la susdite délibération de l'Assemblée, et qu'ils demandent acte de leurs présentes protestations et réserves.

Ensuite la matière mise en délibération, les Etats délibérant ont arrêté que la demande à faire relativement à l'exemption de la Dixme, sera telle qu'elle est exprimée dans les observations de MM. les Evêques et Députés Ecclésiastiques.

De la part de M. l'Abbé Felce, Vicaire général d'Aleria, il a été dit qu'il ne peut se dispenser de faire son opposition à cette délibération en ce qui concerne l'exemption des terres incultes et défrichées; qu'il trouve seulement convenable d'affranchir les terres marécageuses et les étangs qui seront desséchés ; auxquelles observations de M. l'Abbé Felce se sont opposés MM. les Députés Séculiers de la Province d'Aleria.

Après quoi la Séance a été remise à demain, vingt-un du présent mois, à neuf heures du matin.

Et la présente délibération a été signée tant par Mgr l'Evêque Président que par MM. les Evêques et Députés qui ont signé les précédentes de ce jour.

A Bastia, les jour, mois et an susdits.

Séance du 21 juin 1779.

Monseigneur l'Evêque Président et MM. les Evêques et Députés, ci-devant dénommés, compris Mgr de Mariana (absent Mgr Guasco) s'étant rendus à la salle de l'Assemblée, Mgr Président a dit que le Sieur Gautier, Trésorier du Pays, vient de remettre aux Etats un Mémoire relatif à la délibération du 17 du présent mois, et qui le concerne ;

Qu'il va le remettre sur le Bureau afin que les Etats en prennent communication et qu'ils puissent délibérer en conséquence.

Ensuite ayant été fait lecture dudit Mémoire, il s'est trouvé de la teneur suivante :

MÉMOIRE

Suivant la délibération prise par les Etats de Corse le 17 de ce mois sur la fixation du traitement du Trésorier général, il est dit :

1° Que son traitement sera le même que celui qui a été délibéré par l'Assemblée générale des Etats le 12 Juillet 1777, c'est-à-dire que le Pays lui accorde un pour cent sur toutes les sommes de sa recette, déduction faite de ce qui sera payé au Roi ;

2º Que le Trésorier sera obligé de payer, qu'il y ait des fonds ou non dans la Caisse du Pays, toutes les dépenses de l'Assemblée générale, les honoraires de MM. les Députés des Douze à mesure de leur échéance, les sept cents livres par mois pour le Bureau du Pays, les honoraires de MM. les Députés à la Cour, et les trente livres par mois de gages à l'Ordonnance de MM. les Douze ;

3º Que pour ces avances il sera accordé au Trésorier mille livres par an ;

4º Que le Trésorier se remboursera de ses avances sur les premiers fonds qui rentreront dans la Caisse du Pays.

Il a été ajouté à la nouvelle délibération que le Trésorier payera en outre, qu'il y ait des fonds ou non dans la Caisse, les dépenses des Assemblées Provinciales et les cinquante livres par mois pour la Pépinière de mûriers qui doit être établie à Calvi, ce qui ne fera aucune difficulté.

Il est encore dit dans la nouvelle délibération que, si après la première année il y a des fonds dans la Caisse du Pays, ce qui sera vérifié par MM. des Douze, la rétribution de mille livres par an accordée au Trésorier général cessera.

Comme il paraît nécessaire que les conditions que les Etats réunis font avec leur Trésorier général soient consenties, bien entendues, et puissent être remplies à la satisfaction du Gouvernement, les Etats assemblés permettront au Sieur Gautier de faire ses représentations.

1º Ce n'est point pour l'indemnité de ses avances que le Trésorier général demande qu'on lui accorde mille livres par an, le Ministre ayant désapprouvé cette clause dans les derniers Etats. Le Trésorier demande ces mille livres en sus de l'un pour cent pour l'indemniser de ses frais de Bureau et pour ses honoraires, priant MM. les Députés à l'Assemblée générale d'observer qu'il lui faut expressément un Commis pour tenir deux comptes avec chaque Trésorier des Provinces qui sont au nombre de dix, une correspondance continuelle et exacte avec eux, deux journaux, l'un pour la Subvention et l'autre pour les maisons, dont il est obligé de donner deux copies chaque mois, l'une au Ministre et l'autre a M. l'Intendant. Il lui faut deux états de la situation de la Caisse, un pour la subvention et l'autre pour les maisons, desquels états il donne également trois copies, une au Ministre, une à M. l'Intendant et la troisième à MM. les Députés des Douze.

2° Ce Commis et tous les frais de Bureau qu'exige ce travail, le vuide qu'il ne manque jamais d'y avoir dans toutes les Caisses, ne peuvent se payer avec les sept ou huit cents livres par an que le Pays accorde pour l'un pour cent des sommes qui entrent dans la Caisse du Pays, au delà des cent vingt mille livres qu'il doit payer au Roi ; qu'ainsi les mille livres accordées de plus au Trésorier et l'un pour cent, doivent être imputés pour les frais de Bureau et honoraires, sans y rien retrancher.

A l'égard des avances que demande le Pays, le Trésorier les continuera bien volontiers sans aucun intérêt, à condition cependant d'en être toujours remboursé sur les premiers fonds qui entreront dans la Caisse du Pays, ainsi qu'il a été arrêté dans la délibération, y ayant déjà sur cet objet une décision donnée par le Ministre en 1775.

Après quoi la matière mise en délibération, les Etats délibérant ont arrêté, que la délibération du 17 Juin concernant le Sieur Gautier, sera exécutée dans tous ses points, sans aucun des changements proposés par ce Trésorier.

Que le Sieur Gautier devra déclarer avant la réunion des Etats de demain, s'il veut ou non acquiescer aux conditions qui sont rapportées dans la délibération susdite, pour qu'on puisse prendre les déterminations qui conviendront à l'avantage du Pays, et qu'il sera donné à cet effet une prompte communication de ce qui vient d'être arrêté.

Et la présente délibération a été signée tant par Mgr l'Evêque Président que par Mgrs les Evêques de Mariana et du Nebbio ; MM. Marchetti et Turchini, Piévans ; de Roccaserra et de Poli, Nobles ; Mattei et Angeli, Députés du Tiers-Etat.

A Bastia, les jour, mois et an susdits.

Signés, etc.

Dudit jour 21 juin 1779.

Monseigneur l'Evêque Président a dit qu'il vient de recevoir une lettre de MM. les Commissaires du Roi en date de ce jour, qu'il remet sur le Bureau pour la communiquer aux Etats.

Ensuite lecture en ayant été faite, elle s'est trouvée de la teneur suivante :

Bastia, le 21 juin 1779.

Nous recevons, Monseigneur, la lettre que vous nous avez fait l'honneur de nous écrire le 20 de ce mois, par laquelle vous nous annoncez que les réflexions que nous avons faites dans notre lettre du même jour sur l'exemption de la Dixme applicable aux terrains desséchés ou défrichés, avaient prévenu vos intentions et celles des Députés Ecclésiastiques, qui avaient en conséquence volontairement consenti que cette exemption eût lieu pour le même temps qu'il plairait au Roi d'accorder pour la Subvention.

Cette détermination remédie suffisamment à la réserve énoncée dans la délibération des Etats du 17 de ce mois. Il convient cependant qu'ils aient connaissance de la lettre que nous avons eu l'honneur de vous écrire, parce qu'elle contient sur cette matière des principes qui doivent être rapportés dans les procès-verbaux des Etats ; il est même nécessaire que la réponse que vous nous avez faite y soit également inscrite afin que les sentiments de l'Ordre Ecclésiastique y soient clairement exprimés.

Nous avons donc l'honneur de vous renvoyer notre lettre, en vous priant de la faire transcrire à la suite de la vôtre du même jour, sur le registre des Etats, et de faire connaître à l'Assemblée les principes que nous avons établis et les dispositions de l'Ordre du Clergé pour s'y conformer.

Nous avons l'honneur d'être avec autant d'attachement que de respect, Monseigneur, vos très-humbles et très-obéissants Serviteurs.

Signés : Le Comte DE MARBEUF, DE BOUCHEPORN.

Ensuite on a procédé à la lecture d'une autre lettre, que MM. les Commissaires du Roi écrivirent hier à Mgr l'Evêque Président relativement à la protestation que MM. les Evêques et Députés Ecclésiastiques firent dans la délibération des Etats du 17 du présent mois, tendant à avoir une exemption, pendant quelque temps, de la Subvention pour les marais desséchés et les terres défrichées ; laquelle lettre s'est trouvée de la teneur suivante :

Bastia, le 20 Juin 1779.

Le mémoire, Monseigneur, que vous nous avez communiqué sur la réduction de la Dixme des terrains desséchés et mis en valeur, et dont vous devez donner connaissance à l'Assemblée, nous fournit l'occasion de vous faire part de nos réflexions sur une des dispositions de la délibération des Etats du 17 de ce mois, portant que, pour encourager la culture des terres, le Roi sera supplié d'accorder l'exemption de la Subvention pendant l'espace de vingt ans pour celles desséchées, et de dix ans seulement pour celles dont les makis seront déracinés.

Nous voyons que MM. les Evêques et Députés Ecclésiastiques ont observé à cet égard que cette exemption ne pourra en aucune façon préjudicier au payement ordinaire de la Dixme Ecclésiastique, protestant dans tous les cas de faire valoir leurs droits qui seront même avantageux aux intérêts du Roi.

Il est difficile de concevoir que si Sa Majesté accorde l'exemption sur ces terrains, il puisse être intéressant pour elle que la Dixme en soit perçue suivant l'usage ordinaire.

Nous ne voyons tout au plus dans cette restriction, de la part de l'Ordre du Clergé, qu'un obstacle au progrès de l'agriculture et un désir visible de ne vouloir rien perdre de ses droits, quel que soit l'avantage qui puisse en résulter pour le bien public.

Nous ne lui supposons certainement point un pareil sentiment.

Il a craint que la demande des Etats n'attaquât ses droits ; il était juste qu'il se les réservât ; mais nous remarquons avec peine qu'il lui soit échappé une réserve aussi précise, et qui étant préjudiciable aux progrès de l'agriculture, est directement contraire au vœu du Pays, aux intentions du Roi, et aux intérêts du Clergé.

Les terrains marécageux et couverts de makis ne donnant aucun produit, ne rapportent par conséquent rien aux Décimateurs ; que perdraient-ils donc à consentir qu'ils fussent dispensés de payer aucune espèce de Dixme pendant le même espace de temps que le Roi les déclarera exempts de l'imposition ?

La culture des terres ne peut s'étendre sans que les produits de la Dixme augmentent en proportion : croit-il qu'il achèterait trop cher cet avantage réel, en faisant le sacrifice de quelques années, et laissant aux cultivateurs tout le produit des terrains qu'ils rendront cultivables ?

Cette indemnité serait même très-faible relativement à l'objet des dépenses de défrichement et de dessèchement des terres.

Nous devons vous dire, Monseigneur, que dans de semblables occasions le Clergé de France n'hésite point de suivre avec empressement l'exemple que le Roi lui donne d'un sage désintéressement. Il ne convient donc point au Clergé de Corse de faire moins, et nous désirons qu'il se présente aux yeux de Sa Majesté sons un aspect plus favorable et plus conforme aux sentiments patriotiques qui le guident.

Nous n'avons point voulu nous expliquer formellement sur cet objet, pour ne point blesser sa délicatesse ; nous préférons de vous en faire l'observation, afin que dans un procès-verbal qui doit être imprimé, l'Ordre du Clergé ne paraisse point avoir été excité par l'autorité a renoncer à ses protestations inconsidérées, et que c'est de lui-même qu'il prend une détermination plus réfléchie et plus conforme au bien commun.

Nous sommes donc persuadés que ce Mémoire donnera à l'Ordre du Clergé une occasion bien naturelle de renoncer à la restriction contenue dans la délibération du 17 de ce mois, en lui donnant une interprétation plus générale, et en consentant formellement à concourir, par une suspension volontaire de la perception de la Dixme, aux progrès de l'agriculture et à un moyen aussi puissant de régénérer la Corse.

Nous sommes avec autant d'attachement que de respect, Monseigneur, vos très-humbles et très-obéissants Serviteurs.

Signés : Le Comte DE MARBEUF, DE BOUCHEPORN.

Ensuite Mgr Président a remis une autre lettre qu'il écrivit hier à MM. les Commissaires du Roi en réponse à celle énoncée ci-dessus et qui est conçue dans les termes suivants :

Bastia, le 18 Juin 1779.

Messeigneurs,

La lettre que vous m'avez fait l'honneur de m'écrire a prévenu mes intentions, celles des Prélats mes confrères, et de l'Ordre Ecclésiastique.

Sur un mémoire qu'on vient de lire en ce moment à l'Assemblée, tendant à supplier Sa Majesté de vouloir bien interposer son autorité, pour faire exempter de la Dixme Ecclésiastique les terrains mis en valeur et les marais desséchés, tous les Evêques et le Clergé se sont volontairement offerts, et ont déclaré qu'ils consentent volontiers à l'exemption demandée, pourvu qu'elle ne dure que le temps que le Roi accordera pour la subvention ; on s'occupe à rédiger la délibération, et l'expédition que vous en recevrez, vous fera connaître leurs sentiments qui tendent à favoriser tout ce qui peut contribuer au bonheur spirituel et temporel de l'Isle.

J'ai l'honneur d'être avec le plus grand respect,
Messeigneurs,

Votre très-humble et très-obéissant Serviteur,
Signé : ✠ B. A. Evêque d'Ajaccio.

Après quoi, de la part de MM. les Evêques et Députés Ecclésiastiques il a été dit qu'ils ont suffisamment démontré dans la Séance d'hier avec combien de zèle ils se prêtent à l'augmentation de la culture en Corse.

Et la présente délibération a été signée comme dessus.

Dudit jour 21 juin 1779.

Monseigneur l'Evêque Président a dit que les Etats et la Commission des Douze ont besoin d'un cachet qui porte les armes du Pays ;

Que rien n'est plus nécessaire pour la correspondance, les expéditions et certificats qui peuvent être délivrés tant par l'Assemblée générale que par MM. des Douze ;

Qu'il serait bien de pourvoir à un objet aussi important.

Après quoi, la matière mise en délibération, les Etats délibérant ont arrêté que, sous le bon plaisir de MM. les Commissaires du Roi, il sera fait empreinte de deux cachets, un en grand et l'autre en petit avec les armes de la Corse ; que le grand servira aux Etats, et le petit à la Commission des Douze ;

Qu'à l'entour du premier il y aura cette inscription : *Generalia Regni Corsicæ Comitia*, et à l'entour du second : *Duodeni Corsicæ Viri* ;

Que MM. les Douze seront chargés de les faire graver et de faire payer ce qu'il en coûtera par le Trésorier du Pays qui portera cette dépense dans ses comptes.

Après quoi, la Séance a été remise à demain, vingt-deux du présent mois, à huit heures du matin.

Et la présente délibération a été signée tant par Mgr l'Evêque Président, que par MM. les autres Evêques et Députés qui ont signé les précédentes de ce jour.

A Bastia, les jour, mois et an susdits.

Séance du 22 juin 1779.

Monseigneur l'Evêque Président et MM. les Evêques et Députés dénommés dans le procès-verbal d'hier, s'étant rendus à la salle de l'Assemblée, Mgr l'Evêque Président a dit qu'il vient de recevoir une lettre de MM. les Commissaires du Roi relativement aux Enfants trouvés, qu'il remet sur le Bureau, pour en donner communication aux Etats, de laquelle ayant été fait lecture, elle s'est trouvée de la teneur suivante :

A Bastia, le 22 Juin 1779.

On vient seulement de nous remettre, Monseigneur, les délibérations prises par l'Assemblée le 10 de ce mois, et nous y observons, en ce qui concerne les Enfants trouvés qui ont passé l'âge de sept ans, que les Etats en convenant de la nécessité de pourvoir à leur subsistance et à leur éducation, se sont contentés de déclarer qu'ils étaient actuellement privés de tous les moyens d'y subvenir.

Ils n'ont point considéré que l'objet de cette dépense, n'est pas seulement tout ce que le Roi leur demande. Sa Majesté veut bien les consulter sur le sort à procurer à ces Enfants et sur les ressources qu'on peut avoir à cet égard ; elle prévoit que cela peut donner lieu à une dépense un peu plus considérable que celle qu'il a supportée jusqu'aujourd'hui; quoique le Pays dût en être entièrement chargé, Sa Majesté veut bien consentir de la partager ; les Etats cependant, sans avoir rien fait pour en connaître l'objet, commencent par s'y refuser en considération de l'impuissance du Pays, et ne s'expliquent point sur les moyens d'éducation qu'on pourrait employer pour rendre un jour les Enfants trouvés utiles à la Corse et à l'Etat.

Nous ne pouvons, Monseigneur, dissimuler notre surprise d'une inattention aussi remarquable. Nous vous prions de faire remettre cet objet en délibération et d'exiger que les Etats s'expliquent sur ce que Sa Majesté à la bonté de demander.

Nous leur avons donné communication du règlement de l'Hôpital général de Paris ; ils peuvent y trouver des renseignements utiles ; mais il ne convient pas qu'ils éludent, ainsi qu'ils l'ont fait, de proposer ce qui leur semble juste et possible de faire en Corse pour perfectionner l'éducation des Enfants trouvés dont tout le fardeau a été jusqu'à ce moment supporté par le Roi.

Nous avons l'honneur d'être avec autant d'attachement que de respect, Monseigneur, vos très-humbles et très-obéissants Serviteurs.

Signés : Le Comte DE MARBEUF, DE BOUCHEPORN.

Après quoi la matière mise en délibération, les Etats délibérant, ont arrêté que MM. Felce, Vicaire général d'Aleria, et Sebastiani, Piévan ; MM. Jean-Quilico de Casabianca et de Buonaparte, Députés Nobles, et MM. Docteur Grimaldi et de Castelli, Députés du Tiers-Etat, s'occuperont de l'objet dont il est question, prenant en considération le dire de MM. les Commissaires, leur lettre de ce jour et le règlement qu'on observe à Paris, et que dans la Séance de demain ils présenteront leurs observations pour délibérer en conséquence.

Et la présente délibération a été signée tant par Mgr l'Evêque Président que par Mgrs les Evêques du Nebbio et Vicaire général d'Aleria ; MM. Casabianca et Ogliastri, Piévans ; de Morlas et de Negroni, Nobles ; de Castelli et Colonna de Leca, Députés du Tiers-Etat.

A Bastia, les jour, mois et an susdits.

Signés, etc.

Dudit jour 22 juin 1779.

Monseigneur l'Evêque Président a dit qu'il vient de recevoir une autre lettre de MM. les Commissaires du Roi concernant la délibération des 17 et 21 de ce mois dont il va donner communication aux Etats, et en ayant été fait lecture, elle s'est trouvée de la teneur suivante :

A Bastia, le 22 Juin 1779.

Nous venons de recevoir, Monseigneur, la lettre que le Sieur Gautier, Trésorier des Etats, nous écrit pour nous rendre compte des difficultés qu'il éprouve de la part de l'Assemblée pour convenir avec elle du traitement qu'il doit avoir et des avances qu'il devra faire. Il nous a adressé la copie des deux lettres qu'il a eu l'honneur de vous écrire hier, du mémoire qu'il avait joint à la première et de la réponse que vous lui avez faite au nom des Etats.

L'examen que nous avons fait du tout, ainsi que de la délibération de l'Assemblée du 17 de ce mois concernant le Sieur Gautier, nous donne lieu de vous faire part de nos observations et de vous prier, Monseigneur, d'en informer l'Assemblée.

Cette délibération est relative à ce que nous lui avons annoncé le 4 ; mais il ne paraît pas qu'elle ait bien compris ce que Sa Majesté entendait que les Etats fissent dans cette occasion. Son intention était que les Etats traitassent avec leur Trésorier, pour assurer le payement des dettes Nationales sans préjudicier à celles de l'abonnement dû au Roi. L'Assemblée s'est contentée de confirmer la délibération du 12 Juillet 1777. Elle a donc déterminé les avances que le Trésorier devra faire, soit qu'il y ait des fonds dans la Caisse, ou qu'il n'y en ait pas ; qu'il se remboursera des avances qu'il aura faites, sur les premiers fonds qui rentreront ; qu'il aura pour toute indemnité de ses avances la somme de mille livres avec la restriction, que si dans l'année prochaine, après le compte qui en sera rendu aux Douze, la caisse Nationale n'a plus besoin que le Trésorier fasse aucune avance, la rétribution de mille livres cessera.

Ce changement apporté aux conventions précédentes, exigeait sans doute que le Sieur Gautier en eût d'abord connaissance pour l'accepter ou le refuser.

Les observations qu'il a faites à cet égard ne laissent plus lieu de douter que les Etats ne l'ont pas jugé nécessaire, puisqu'il a fallu qu'il demandât lui-même un extrait de la délibération pour connaître les conditions qui lui ont été imposées.

Il semble qu'il s'y refuse, et nous voyons, Monseigneur, par votre dernière réponse, que les Etats persistent dans la détermination qu'ils ont prise, et qu'ils donnent au Sieur Gautier l'alternative de conserver ou de renoncer à la charge de Trésorier.

Voici ce que nous vous prions de déclarer aux Etats :

En arrêtant que le Trésorier fera les avances prescrites par la délibération du 17, qu'il y ait ou non des fonds dans la caisse, avec faculté de s'en rembourser sur les premiers fonds qui rentreront, les Etats n'ont point fait l'attention qu'ils devaient aux volontés du Roi que nous leur avons fait connaître.

L'intention de Sa Majesté est que le payement de l'abonnement soit fait avant toute autre dépense ; rien ne peut donc les dispenser de déterminer que les premiers fonds qui seront en caisse y seront destinés de préférence ; ainsi la première avance que doit faire le Trésorier, qu'il y ait ou on des fonds en caisse, sera de verser dans la caisse civile au premier de chaque trimestre la somme de trente mille livres pour le quart de l'abonnement. Les Etats doivent pourvoir à cet objet avant de s'occuper du payement des dettes Nationales. Nous n'admettrons aucune autre disposition, avant que ce point soit arrêté et établi. Il faut à cet effet que le Trésorier soit entendu et qu'il s'oblige de satisfaire à ce payement privilégié, sous les conditions qui seront adoptées par lui et par les Etats.

Si ensuite l'Assemblée juge à propos d'assurer également le payement de quelques dépenses particulières, elle peut à cet égard traiter avec le Trésorier sous les conditions les plus avantageuses qu'elle pourra, puisque le Roi le lui permet et l'y autorise ; mais elle se tromperait en pensant qu'il suffit d'arrêter des conditions et que le Trésorier sera obligé d'y souscrire, ou de renoncer à sa place. Comme une semblable avance ne fait point partie de ses fonctions, il est absolument libre d'accepter ou de refuser, sans que les Etats soient en droit de le priver d'une place, qu'il remplit sous le bon plaisir du Roi.

Comme il paraît que l'Assemblée est à cet égard d'une opinion différente, et qu'elle peut se croire fondée, d'après ce que nous avons annoncé le 4 juillet 1777 aux Etats précédents, et ce qu'elle a délibéré le 12 de ce mois, il devient nécessaire que nous établissions les principes de cette matière.

La Députation de 1775, dans les différents Mémoires remis aux Ministres, avait souvent parlé du désir qu'elle aurait que le Pays eût son Trésorier particulier, quoique ce ne fût pas l'intention des Etats de 1775 qui, en réglant un traitement au Sieur Gautier, avaient témoigné la satisfaction qu'ils avaient de ses services et de son exactitude. Le Roi ne pouvait donc admettre les instances de la Députation ; cependant Sa Majesté a bien voulu nous autoriser à déclarer aux Etats, qu'elle n'entendait point leur ôter la faculté d'avoir un Trésorier particulier et les priver de la part qu'ils devaient prendre à son choix, leur faisant néanmoins observer que la légère attribution dont le Sieur Gautier se contentait ne serait point suffisante, et qu'il faudrait un traitement convenable au nouveau Trésorier.

Les Etats de 1777 ont confirmé le Sieur Gautier avec éloge, et il est évident que c'était l'intérêt du Pays ; ils ont inséré, il est vrai, dans leur délibération du 7 Juillet, que cette nomination n'aurait lieu que sous le bon plaisir des Etats et jusqu'à ce qu'ils jugeraient à propos d'en élire un autre. Il aurait cependant convenu qu'ils eussent déclaré que la nomination du Sieur Gautier aurait son effet sous le bon plaisir du Roi.

Sa Majesté a bien voulu ne pas faire attention à des expressions aussi irrégulières ; mais elles ne peuvent jamais donner aux Etats un droit qu'ils n'ont point.

Ils ne doivent pas perdre de vue que le Roi n'entend point leur ôter la faculté d'avoir un Trésorier particulier, ni les priver de la part qu'ils doivent avoir à son choix. Ils observeront en conséquence que ce choix ne dépend pas uniquement d'eux ; qu'il est subordonné à l'approbation de Sa Majesté, et que nous ne permettrons pas qu'ils s'écartent à cet égard des limites qu'elle a prescrites à la faculté qu'elle a bien voulu leur accorder.

En effet ils doivent considérer que le Roi n'est pas sans intérêt dans le choix d'un Trésorier ; que le sujet auquel on confie le dépôt des deniers publics ne peut en être chargé qu'après la connaissance de sa solvabilité et exactitude, et que Sa Majesté approuve en conséquence qu'il soit nommé ; qu'aucun Pays d'Etat n'a le droit d'en nommer un sans le consentement du Roi ; que Sa Majesté admet ceux en qui elle reconnaît les qualités qu'elle exige ; qu'elle autorise les Etats d'une Province à choisir entre eux celui qu'ils jugent convenable, mais qu'ils n'ont point l'autorité de présenter un sujet, qui n'aurait point eu auparavant l'approbation du Roi.

Le Sieur Gautier est le seul qui en soit revêtu ; il a à cet effet donné une caution de deux cents mille livres de biens libres pour assurer sa solvabilité ; il est exact dans son service, il est donc juste de lui conserver sa place, et parce qu'il ne veut point souscrire à des conditions qu'il est le maître d'accepter ou de refuser, s'agissant d'avances particulières qu'il n'est point obligé de faire, il ne faut pas que les Etats s'imaginent qu'ils peuvent en conséquence le priver d'une place qu'il occupe avec l'agrément du Roi.

D'après cet exposé nous déclarons, Monseigneur, que nous ne nous arrêtons pas à la délibération du 17 de ce mois, dès qu'elle n'a point été acceptée par le Trésorier, pour ce qui concerne les avances particulières que les Etats désirent qu'il fasse, et surtout parce qu'elle ne contient aucune disposition pour assurer de préférence le payement de l'abonnement de la subvention.

Vous voudrez bien en conséquence faire mettre de nouveau cet objet en délibération ; nous exigeons des Etats, conformément aux intentions expresses du Roi, qu'ils traitent avec leur Trésorier aux meilleures conditions possibles, d'abord pour le payement de l'abonnement et ensuite pour celui des dépenses du Pays que l'Assemblée devra assurer de préférence. Nous vous prions encore de faire enregistrer une lettre pour que les Etats soient bien instruits des principes que nous venons d'établir.

Nous avons l'honneur d'être avec autant d'attachement que de respect, Monseigneur, vos très-humbles et très-obéissants Serviteurs.

Signés : Le Comte DE MARBEUF, DE BOUCHEPORN.

Après quoi la matière mise en délibération, les Etats délibérant ont arrêté que la Députation, qui vient d'être nommée pour l'objet des Enfants trouvés, sera autorisée à traiter avec le Sieur Gautier, Trésorier, sur les conditions qu'il devra remplir et les rétributions et indemnités qu'il devra avoir, lui donnant à cet effet les pouvoirs suffisants, mais avec l'expresse condition que tout ce dont on conviendra ne pourra s'étendre que jusqu'à la convocation des premiers Etats.

Et la présente délibération a été signée comme dessus.

Dudit jour 22 juin 1779.

Monseigneur l'Evêque Président a dit que la Communauté de Canale, Piève de Verde, Province d'Aleria, a représenté que pour les années du 1er Octobre 1770, au 1er Octobre 1777, elle se trouvait imposée en tout à mille cent quatre-vingt-quatorze livres, un sol, neuf deniers ;

Que par les reçus des payements faits entre les mains des Trésoriers respectifs de la Province, on voit qu'elle a payé mille deux cent quatre-vingt-onze livres, neuf sols, quatre deniers, et qu'elle a par cette raison payé quatre-vingt-dix-sept livres, sept sols, sept deniers de plus que sa véritable imposition, dont elle réclame le remboursement ;

Que ce Mémoire a été présenté à M. l'Intendant et communiqué à MM. les Douze, et qu'il vient d'être présentement communiqué aux Etats pour en délibérer ;

Qu'il serait bien de fixer une règle générale pour régler toutes les prétentions de cette nature.

Après quoi, la matière mise en délibération, les Etats délibérant ont arrêté qu'à l'égard des Communautés qui auront, dans quelqu'une des années précédentes, payé plus que la quote à laquelle elles se trouvent imposées, il leur en sera tenu compte sur ce qu'elles devront pour quelqu'autre année et sur le dernier recouvrement qu'on devra faire sur elles; et que celles qui auront une créance absolue, sans aucune dette, seront remboursées après le recouvrement des sommes qui restent à exiger des diverses Provinces, Pièves et Communautés de la Corse;

Qu'on procédera suivant ces principes pour les Provinces de Sartene, Balagne, Calvi, Vico, qui, suivant la délibération des Etats de 1777 dans la Séance du 11 Juillet, ont payé treize mille deux cent soixante-douze livres de plus qu'elles étaient imposées.

Et la présente délibération a été signée comme dessus.

Dudit jour 22 juin 1779.

Monseigneur l'Evêque Président a dit que la Ville de Corte a représenté à M. l'Intendant qu'elle paraît débitrice de six cent soixante-douze livres, deux sols, cinq deniers pour reste de subvention des années de 1773 à 1777.

Que cette dette provient, à ce qu'il paraît, des cinq cent dix-huit livres, seize sols, six deniers qui n'ont point été payés et qui formaient la quote à laquelle se trouve imposé le jardin dit *del Prato*, actuellement possédé par le Domaine, quoiqu'il soit attribué à l'Université, et que les cent cinquante-trois livres, cinq sols, onze deniers restant sont pour la subvention de certains biens qui n'ont point été déclarés;

Que sa représentation a été communiquée, en premier lieu, à l'Econome sequestre et ensuite à l'Inspecteur du Domaine;

Que le premier prétend avec raison n'être pas tenu de la subvention du jardin *del Prato*, parce que l'Instruction Publique n'est point encore mise en possession; que le second oppose que jusqu'en 1775, la subvention est due par M. le Baron de Falkenhain, Commandant alors à Corte, comme celui qui a joui de ce bien ; que, quoique depuis le départ de cet Officier général, le Domaine soit entré en jouissance de ce jardin, la somme pour laquelle il est imposé à la subvention n'en est pas moins excessivement onéreuse, puisqu'elle est à peu de chose près égale au prix du loyer, et qu'elle ne répond point à la proportion dans laquelle on a réglé la répartition de la subvention ; que M. l'Intendant ayant renvoyé à l'Assemblée générale la demande de Corte, il reste à en délibérer.

Après quoi la matière mise en délibération, les Etats délibérant ont arrêté que les Officiers Municipaux de Corte écriront à M. le Baron de Falkenhain pour lui demander la subvention depuis l'année 1770 jusqu'en 1775 pour le jardin *del Prato* dont il a joui, et ce suivant la somme à laquelle il se trouve imposé ;

Que si ce Général témoigne de la répugnance à payer, ils devront adresser leurs instances au Ministre de la Guerre ;

Que l'Inspecteur du Domaine se croyant lésé dans la répartition de la subvention, il pourrait demander à M. l'Intendant une révision ;

Qu'en attendant M. l'Intendant sera prié d'accorder à la Communauté de Corte un délai pour le payement des sommes dues pour ledit jardin *del Prato ;*

Qu'à l'égard de la subvention sur les biens non déclarés, dont on ne connaît pas le propriétaire, devant être considérés comme appartenant au Domaine, ce sera par conséquent à lui à payer l'imposition.

Et la présente délibération a été signée comme dessus.

Dudit jour 22 juin 1779.

Monseigneur l'Evêque Président a dit que la Communauté de Bisinchi de la Piève de Rostino, la Porta et Quercitello de la Piève d'Ampugnani démontrent clairement que dans les années précédentes, elles furent imposées à la subvention avec un excès manifeste; qu'elles sont par cette raison débitrices d'une somme considérable qu'elles ne peuvent supporter; qu'elles ont déjà fait connaître à MM. les Députés des Douze l'excès de leur imposition et l'impossibilité de pouvoir la payer; qu'elles demandent qu'il y soit pourvu définitivement, et qu'il conviendrait de délibérer sur leurs demandes réitérées.

Après quoi, la matière mise en délibération, l'Assemblée générale a arrêté que MM. des Douze proposeront à M l'Intendant ces décharges ou tels délais qu'ils croiront justes, après avoir pris les plus exacts renseignements sur la réalité des représentations des susdites Communautés.

Et la présente délibération a été signée comme dessus.

Dudit jour 22 juin 1779.

Monseigneur l'Evêque Président a dit que les Etats précédents demandèrent au Roi qu'il fût fait une répartition entre les Provinces de l'Isle de vingt jeunes gens que le Roi fait élever à ses frais dans les Séminaires d'Aix, et que la présentation de ces sujets se fît dans la forme indiquée par les Etats;

Que Sa Majesté, par sa réponse au procès-verbal, a bénignement acquiescé à cette demande, en ordonnant que ces élèves seront présentés par les Etats et agréés par MM. les Commissaires du Roi pour être ensuite admis ou refusés par Sa Majesté suivant qu'elle le jugera convenable ;

Qu'il serait bien de procéder à cette présentation, puisque l'on croit que dans peu de temps il y aura des places vacantes qui devront être remplies ;

Que la manière la plus propre de procéder actuellement à ce choix serait de faire proposer par chacun de Mgrs les Evêques quatre sujets de leur Diocèse respectif qu'ils croiront les plus capables de profiter d'un établissement digne de la munificence du Roi ;

Que des quatre sujets ainsi proposés, l'Assemblée générale en choisira à la pluralité des suffrages deux par chaque Diocèse qui, après avoir été agréés par MM. les Commissaires du Roi, seront admis ou refusés par Sa Majesté ;

Que quoique la nomination soit en ce moment de quatre sujets par Diocèse, les Diocèses ne devront pas pour cela avoir un égal nombre d'élèves, mais il sera relatif à l'étendue et à la population de chacun.

Après quoi la matière mise en délibération, les Etats délibérant ont arrêté que, conformément à la proposition de Mgr l'Evêque Président, chacun de Mgrs les Evêques présentera une note de quatre sujets, ce qui ayant été exécuté,

De la part de Mgr l'Evêque d'Ajaccio il a été proposé

MM. Jean-Bapstiste Colonna d'Istria.
Jean-Luc d'Ignace Ornano.
Martin Gaudeani.
Joseph Fesch.

De la part de Mgr l'Evêque de Sagone,

MM. François-Xavier Giubega.
Marc Marchi.
Jean de Castelli.
Vincent Colonna.

*De la part de Mgr l'Evêque d'Aleria,
ou de M. l'Abbé Felce, son Vicaire général,*

MM. Cristophe Carlotti.
Joseph-Marie Orsini.
Charles-Philippe Mariani.
Pierre-Baptiste Colonna.

De la part de Mgr l'Evêque de Mariana,

MM. Ours-Mathieu Mattei. de Casacconi.
Jean-Pierre Belgodere.
Paschal Boerio.
Charles-Félix Pietri, de Tavagna.

De la part de Mgr l'Evêque du Nebbio,

MM. Galeazzini.
François-Antoine Saliceti, d'Oletta.
Jean-Etienne Mattei.
Biaggini, de Sorio.

De la part de Mgr l'Evêque d'Aleria, ou de son Vicaire général, et des Députés de cette Province, il a été protesté que la présente égalité de nominations de chaque Diocèse des sujets pour les Séminaires d'Aix n'apportera point le moindre préjudice au Diocèse qui par son étendue doit en avoir un plus grand nombre que les autres, laquelle protestation a été déposée, ainsi qu'un écrit, sur le Bureau, et on en a demandé acte.

De la part de Mgr l'Evêque de Mariana il a été fait la même protestation, conjointement avec les Députés de la Province de Bastia ; et de la part de Mgr l'Evêque d'Ajaccio, conjointement aux Députés de ce Diocèse, les mêmes protestations ont été faites.

Ensuite chaque Député ayant écrit sur un billet les noms de deux sujets pour chaque Diocèse pris parmi les quatre proposés par chacun de Mgrs les Evêques, les billets ayant été ouverts et lus, on a trouvé, que

Pour le Diocèse d'Ajaccio.

MM. Colonna a eu, *voix favorables*   vingt-huit.
Ornano . . . . trente-deux.
Gaudeani . . . . vingt-neuf.
Fesch . . . . trente-une.

Pour le Diocèse de Sagone.

MM. François-Xavier Giubega, *voix* . cinquante-neuf.
Marc Marchi . . . . cinquante.
Vincent Colonna . . . . . . treize.

Pour le Diocèse d'Aleria.

MM. Carlotti, *voix* . . . . . . quarante-sept.
Orsini . . . . quarante-quatre

MM. Mariani, *voix* . . . . vingt-deux.
 Colonna . . . . neuf.

Pour le Diocèse de Mariana.

MM. Mattei, *voix* . . . . vingt-une.
 Belgodere . . . . vingt-neuf.
 Boerio . . . . quarante-trois.
 Pietri . . . . trente-deux.

Pour le Diocèse du Nebbio.

MM. Galeazzini, *voix* . . . . . quarante-neuf.
 Saliceti . . . . trois.
 Mattei . . . . douze.
 Biaggini . . . . quarante-huit.

Que de la part des Etats ont été présentés, comme ils présentent pour élèves des Séminaires d'Aix, pour remplacer ceux des Diocèses respectifs qui en sortiront, savoir :

Pour le Diocèse d'Ajaccio.
MM. Ornano et Fesch.

Pour le Diocèse de Sagone.
MM. Giubega et Marchi.

Pour le Diocèse d'Aleria.
MM. Carlotti et Orsini.

Pour le Diocèse de Mariana.
MM. Boerio et de Pietri.

Pour le Diocèse du Nebbio.

MM. Galeazzini et Biaggini,

comme étant ceux qui ont eu le plus de voix favorables.

De la part de MM. les Députés du Cap-Corse du Diocèse de Mariana, et de ceux de la Province de la Rocca, Diocèse d'Ajaccio, il a été observé qu'ils ne peuvent se dispenser de témoigner respectueusement leur surprise de ce que Mgrs les Evêques respectifs n'ont proposé aucuns sujets de leurs Provinces.

Et la présente délibération a été signée comme dessus.

Dudit jour 22 juin 1779.

Monseigneur l'Evêque Président a dit que les précédents Etats demandèrent que le capital des quatre-vingt-dix mille livres appartenant à l'Education publique fût remis en Corse pour être prêté aux propriétaires qui voudront mettre leurs terres en valeur, sous les conditions et sûretés réglées par la délibération des Etats ;

Que Sa Majesté par sa réponse accorde la demande de l'Assemblée générale et annonce qu'il fera expédier des Lettres-Patentes pour autoriser ce prêt, à charge par la Province de payer l'intérêt de cette somme à raison de cinq pour cent et d'être garante de ce capital ; qu'il serait bien de faire des nouvelles instances pour la prompte exécution de ce que Sa Majesté vient d'accorder.

Après quoi la matière mise en délibération, il a été arrêté que MM. les Députés à la Cour solliciteront avec tout leur zèle pour que cette somme soit promptement remise en

Corse, afin qu'elle puisse être employée suivant la délibération de la précédente Assemblée générale, qui considère cet argent comme un des moyens qui peut en quelque façon contribuer à l'augmentation de la culture en Corse.

Après quoi la Séance a été remise à demain, vingt-trois du présent mois, à huit heures du matin.

Et la présente délibération a été signée tant par Mgr l'Evêque Président que par MM. l'Evêque, Vicaire général et Députés, qui ont signé toutes les autres de ce jour.

A Bastia, les jour, mois et an susdits.

Séance du 23 juin 1779

Nosseigneurs les Commissaires du Roi et Messieurs les Evêques et Députés s'étant rendus à la salle de l'Assemblée (Mgr Guasco, Evêque de Sagone, absent). Nosseigneurs les Commissaires du Roi ont dit que l'examen qu'ils avaient fait des délibérations des Etats du 31 Mai dernier et du 1er de ce mois, sur l'élection des Députés des Douze et des Commissairee des Juntes, leur avait fait remarquer des irrégularités qu'ils ne pouvaient se dispenser de relever, parce qu'elles étaient contraires à la forme prescrite par Sa Majesté pour procéder aux élections par la voie du scrutin ;

Qu'une première irrégularité qu'ils ont observée dans la délibération du 31 Mai est qu'il n'y est point fait mention du nombre des votants ;

Qu'à la vérité, n'y ayant eu que deux Députés absents, il est notoire qu'il ne se trouvait plus que 67 délibérants, mais en l'admettant il en résulte la preuve évidente que le scrutin n'a point été exact en ce que le calcul des suffrages qui ont été donnés ne s'y rapporte point ; qu'à raison de 67 votants il aurait dû y avoir 536 suffrages pour les huit Députés des Douze pour l'en deçà des monts, et 268 pour les quatre de l'au delà, et qu'il s'est trouvé 512 suffrages seulement pour les premiers, et 261 pour les seconds, d'où il résulte que les uns ont eu 24 suffrages de moins, et les autres sept ;

Que le calcul des suffrages donnés pour la nomination des Commissaires des Juntes annonce des différences également sensibles ;

Qu'il y a eu deux scrutins, le premier formé par les Députés du district de chaque Junte pour nommer huit sujets, et ensuite un second par Junte dans lequel l'Assemblée générale a passé ces huit sujets aux suffrages pour en choisir quatre à la pluralité des voix ;

Que pour juger de l'exactitude du premier scrutin, il était indispensable de désigner le nombre des votants de chaque district, ce qui n'a point été fait ; qu'ainsi on trouve que sur 19 sujets, qui ont passé aux suffrages pour la Junte d'Orezza, il y a eu 206 suffrages, ce qui suppose 25 à 26 votants ;

Que pour la Junte de Caccia 26 sujets ont donné 122 suffrages, ce qui suppose 15 à 16 votants ;

Que pour la Junte de la Mezzana 21 sujets ont donné 132 suffrages, ce qui suppose 16 à 17 votants ;

Que pour la Junte de Tallano 25 sujets ont donné 124 suffrages, ce qui suppose 15 à 16 votants ;

Qu'en réunissant les suffrages de tous les votants pour les quatre Districts, cela devrait donner pour huit sujets, à raison de 67 votants, 536 suffrages, et qu'il s'en trouve 584 ce qui fait 48 suffrages de trop, ou 73 votants au lieu de 67 ;

Que le second scrutin donné par toute l'Assemblée pour choisir quatre sujets pour chaque Junte, aurait dû produire 268 suffrages par Junte à raison de 67 votants, et qu'il y a eu 270 suffrages pour la Junte d'Orezza, 266 pour chacune de celles de Caccia et de la Mezzana, et 267 pour celle de Tallano.

Nosseigneurs les Commissaires du Roi ont dit que toutes ces irrégularités ne leur permettaient pas d'admettre les délibérations qui contenaient l'élection des Députés des Douze et des Commissaires des Juntes ;

Qu'étant chargés spécialement de veiller à ce que les élections que le Roi ordonnait que l'on fît généralement et sans exception par la voie du scrutin, fussent exactes, et annullant sans égard toutes celles dont le nombre des suffrages n'était pas relatif à celui des votants, ils ne pouvaient se dispenser de déclarer aux Etats qu'ils devaient procéder à de nouvelles élections ;

Qu'il convenait à l'Assemblée générale dont le procès-verbal devait être imprimé, de donner l'exemple de la régularité, et que si on tolérait qu'elle s'en écartât, il serait injuste d'y astreindre les Communautés, les Pièves et les Provinces ;

Qu'ils n'avaient rien à opposer aux sujets qui avaient concouru aux suffrages, ni à ceux qui en avaient réuni la pluralité ; qu'ils ne remarquaient que des erreurs dans l'événement des scrutins, mais que ces erreurs suffisaient pour rendre les élections irrégulières, et imposer l'obligation de les recommencer ;

Qu'ainsi ils déclaraient à l'Assemblée qu'elle devait y procéder sans aucun délai, en lui observant d'avoir attention de spécifier, chaque fois, le nombre des votants, de recommander à chacun d'eux d'inscrire exactement sur chaque billet autant de noms qu'il y aura chaque fois de sujets à élire, de faire compter tous les billets donnés avant de les ouvrir, afin de constater qu'ils sont égaux en nombre aux votants, et de l'insérer dans le procès-verbal ; et que, s'il arrivait que plusieurs sujets eussent le même nombre de voix, il fallait procéder sur le champ, et dans la même forme, à un nouveau scrutin entre eux, pour savoir celui qui devra être choisi.

D'après quoi, la matière mise en délibération, les Etats

ont dit qu'ils se feront un devoir de se conformer aux ordres de MM. les Commissaires du Roi, en procédant à une nouvelle nomination de MM. les Douze et des sujets des Juntes, et en apportant toute leur attention pour qu'elle soit conforme aux règles prescrites.

Et la présente délibération a été signée tant par MM. les Commissaires du Roi que par Mgrs les Evêques de Mariana et du Nebbio ; par MM. Antonelli et Franceschi, Piévans; Gentile et Giubega, Nobles ; Docteur Grimaldi et Rigo, Députés du Tiers-Etat.

A Bastia, les jour, mois et an susdits.

Signé : etc.

Dudit jour 23 juin 1779.

Après que MM. les Commissaires du Roi se sont retirés, Mgr l'Evêque Président a dit que selon ce qui vient d'être annoncé, l'Assemblée générale doit procéder à une nouvelle élection des Douze et à celle des Commissaires des Juntes ;

Que pour éviter le désordre qui est arrivé dans la précédente nomination, et qui oblige l'Assemblée à revenir sur le travail qui a déjà été fait, on devra rapporter dans la présente délibération le nombre précis des votants ; que pour partager l'opération, on devrait commencer par la nomination des Douze ; qu'il ne faut pas oublier que chaque votant doit nommer sur un billet douze sujets de l'ordre Noble, savoir, quatre d'en delà et huit d'en deçà les monts, pour remplir cette commission ;

Que le moindre défaut de formalités rendrait le scrutin nul et exposerait les Etats à recommencer le travail.

Ensuite le nombre des votants ayant été compté, il s'est trouvé être de soixante-trois.

Après quoi ayant été procédé à la nomination par la voie du scrutin, et ayant été donné un billet à chacun des Députés qui a écrit les noms de douze sujets, savoir huit de l'en deçà et quatre de l'en delà les monts, ces billets, avant d'être ouverts et lus ayant été comptés, se sont trouvés en même nombre que celui des votants.

Ensuite ayant été procédé à la lecture desdits billets, vus et lus par Mgr l'Evêque Président et par Mgrs les Evêques de Mariana et du Nebbio assistants au scrutin, on a trouvé que les suffrages ont été réglés de la manière suivante, savoir :

POUR LES PROVINCES D'EN DEÇA' LES MONTS :

Voix.

En faveur de MM. Jean-Quilico Casabianca, quarante-sept.
André Antoni . . . . trente-trois.
Costa de Castellana . . quarante-cinq.
François de Sansonetti . trente-une.
Xavier de Casabianca . trente-neuf.
Gaëtan de Varese. . . trente-quatre.
Antoine-Louis de Poli . quarante-une.
Jérôme de Morlas . . quarante-cinq.
Joseph-Marie Negroni . quarante-deux.
Ambroise-Marie Gentile . vingt-deux.
Damien Giubega . . . trente-sept.
François de Casabianca . trente-quatre.
Jean-André de Castelli . cinquante-quatre.

POUR LES PROVINCES D'EN DELA' LES MONTS :

En faveur de MM. Dominique de Cuttoli . trente-trois.
Pierre Colonna d'Ornano. trente-une.

En faveur de MM. Jean Gentile, *voix*. . . vingt.
Ignace Ornano . . . dix-sept.
Charles de Buonaparte . dix.
Colonna d'Istria . . . trente-une.
Jules de Roccaserra . . vingt-sept.
Bonaventure de Benedetti vingt-neuf.
Ascagne Pozzo di Borgo vingt-neuf.
De Peretti . . . . . vingt-cinq.

Ayant été observé que parmi les sujets nommés pour l'en delà des monts le Sieur Bonaventure de Benedetti et le Sieur Ascagne Pozzo di Borgo se trouvent en parité de suffrages, il a été ordonné, conformément au dire de MM. les Commissaires du Roi, que les Sieurs de Benedetti et Pozzo di Borgo passeraient de nouveau au scrutin.

Et ayant été donné un billet à chaque Député pour y inscrire celui des deux qu'il aurait nommé, les votants ayant été comptés une autre fois, ils ont été trouvés au nombre de soixante-deux, attendu que le Sieur de Buonaparte s'était absenté de la Salle de l'Assemblée, et ayant ensuite compté les billets, on a trouvé que leur nombre égalait celui des votants.

Lesquels billets ayant été ouverts et lus par Mgr l'Evêque Président et Mgrs les autres Evêques assistants au scrutin, on a trouvé trente voix en faveur de M. de Benedetti et trente-deux en faveur de M. Pozzo di Borgo.

En conséquence on a trouvé que le plus grand nombre de suffrages pour les huit Membres de la Commission d'en deçà les monts, était en faveur de

MM. Jean-Quilico de Casabianca.
Philippe Costa de Castellana.
Xavier de Casabianca.
Antoine-Louis de Poli.

MM. Jérôme de Morlas.
Joseph-Marie de Negroni.
Damien Giubega.
Jean-André de Castelli.

Et pour les quatre d'en delà les monts, en faveur de :

MM. Dominique de Cuttoli.
Pierre Colonna d'Ornano.
Colonna d'Istria.
Ascagne Pozzo di Borgo.

pour jouir de tous les droits, honneurs prérogatives et émoluments attribués à leur charge et pour remplir les fonctions dont ils sont chargés.

Lesquelles nominations et élections lesdits MM. Jean-Quilico de Casabianca, Costa de Castellana, Xavier de Casabianca, de Poli, de Morlas, de Negroni, Giubega, de Castelli, de Cuttoli, Colonna d'Ornano, Colonna d'Istria et Pozzo di Borgo, ici présents, ont accepté, avec promesse de remplir exactement les fonctions de leur ministère, en se conformant en tout à ce qui est prescrit par le règlement du 16 Avril 1770.

Après quoi voulant fixer les mois de service que MM. des Douze doivent faire par tour, il a été arrêté que la même Commission fasse la réunion de deux sujets pour chaque deux mois, ce qui a été réglé de la manière suivante :

MM. Jean-Quilico de Casabianca et Pozzo di Borgo.
Costa de Castellana et Colonna d'Ornano.
Xavier de Casabianca et de Cuttoli.
Colonna d'Istria et de Castelli.
De Poli et de Morlas.
Giubega et de Negroni.

Ensuite on a écrit sur six billets différents les mois ainsi qu'il suit, savoir :

Dans le premier billet, Juillet et Août 1779.
Dans le second, Septembre et Octobre 1779.
Dans le troisième, Novembre et Décembre 1779.
Dans le quatrième, Janvier et Février 1780.
Dans le cinquième, Mars et Avril 1780.
Dans le sixième, Mai et Juin 1780.

Lesquels billets des sujets de la Commission des Douze et des mois, ayant été fermés et tirés au sort, ils ont été arrangés de la manière suivante :

MM. de Morlas et de Poli, pour les mois de Juillet et Août.

MM. Xavier de Casabianca et de Cuttoli, pour les mois de Septembre et d'Octobre.

MM. Colonna d'Istria et de Castelli, pour les mois de Novembre et de Décembre.

MM. de Giubega et de Negroni, pour les mois de Janvier et de Février.

MM. Costa de Castellana et Colonna d'Ornano, pour les mois de Mars et d'Avril.

MM. Jean-Quilico de Casabianca et Pozzo di Borgo, pour les mois de Mai et de Juin.

Et la présente délibération a été signée tant par Mgr l'Evêque Président que par MM. les autres Evêques et Députés qui ont signé la précédente.

Après quoi la Séance a été remise à aujourd'hui, cinq heures de relevée.

Dudit jour 23 juin 1779

à cinq heures après-midi.

Monseigneur l'Evêque Président et MM. les Evêques et Députés, ci-devant dénommés, s'étant rendus à la Salle de l'Assemblée, Mgr l'Evêque Président a dit qu'après avoir rectifié l'élection de la Commission des Douze, il reste, conformément aux ordres de MM. les Commissaires du Roi, à rectifier aussi celle des Commissaires des Juntes ;

Qu'il convient d'y procéder avec les mêmes précautions dont on a usé pour la nomination de la Commission des Douze ;

Qu'il faut distinctement connaître combien il y a de Députés de chacun des quatre districts ;

Que chaque Député présentera sur un billet la nomination de huit sujets pour la Junte de laquelle il dépend ; que ces billets passeront au scrutin, et les huit sujets de chaque Junte qui auront plus de voix, seront proposés à l'Assemblée générale ;

Que chaque Député assistant aux Etats devra inscrire sur un billet quatre des sujets parmi les huit nommés pour chaque Junte, et ceux qui par la voie du scrutin se trouveront avoir plus de voix, seront réputés proposés par l'Assemblée générale.

Après quoi on a observé que les votants pour le district de la Junte d'Orezza, sont au nombre de vingt-six ; pour la Junte de Caccia, de treize ; pour la Junte de la Mezzana, de quatorze, et pour la Junte de Tallano, de quatorze.

Ensuite les Députés de chacun des Districts des quatre Juntes ayant eu un billet, et y ayant inscrit les noms de huit sujets, lesdits billets ayant été comptés vus et lus, il s'est trouvé que les sujets nommés sont les suivants :

Pour la Junte d'Orezza.

MM. Jean-Quilico de Casabianca, *voix* . . . . une.
     François-Marie de Casabianca. . . . . treize.
     Etienne Casabianca. . . . . . . neuf.
     Valentini . . . . treize.
     Denis Gavini . . . . seize.
     Angeli . . . . treize.
     Filippi . . . . quatorze.
     Joseph Guasco . . . . neuf.
     Sebastiani. . . . . neuf.
     Ignace Agostini . . . . une.
     Antoine-Jacques Lazzerini. . . . . trois.
     Toussaint Dominici. . . . . . . une.
     Ambroise Gentile . . . . . . treize.
     Achille Murati . . . . une.
     Jérôme Saliceti . . . . une.
     Paul Mattei . . . . dix.
     Santa-Maria . . . . onze.
     François de Sansonetti . . . . . treize.
     Charles Bertolacci . . . . . . une.
     François Coscetta . . . . . . une.
     Jean-Vitto de Pietri . . . . . . six.
     Vinciguerra . . . . une.
     Ciavaldini . . . . une.
     Mariotti de Casinca . . . . . . une.
     André Antoni . . . . deux.
     Mari de Tavagna. . . . . . . une.
     Santelli de Bastia . . . . . . une.
     Hector-François Casabianca . . . . quinze.

MM. Joseph-Marie Negroni *voix* . . . . . . deux.
Jean Antoni . . . . deux.
Jacques Negroni. . . . . deux.
François Ciavattone. . . . . une.
Paulin Seri . . . . une.
Sauveur Ciammanaccie. . . . . . . une.
Jacques-Toussaint Présidente. . . . . une.
Antoni de Morosaglia . . . . une.
Jean-Mathieu Angeli . . . . une.
Lanfranchi . . . . une.
Fedele Cordoliani . . . . une.
Antoine Elico. . . . . une.
Nicolas Elico. . . . . une.
Joseph-Marie Saliceti . . . . trois.
Castellano Costa. . . . . une.
Ignace Donati . . . . deux.
Charles-Marie Biaggini. . . . . . . deux.
Paul Casabianca. . . . . deux.
Varese . . . . une.
Paoli, Trésorier . . . . une.

Pour la Junte de Caccia.

MM. Monti de Rossi, *voix* . . . . . . cinq.
Le Docteur Grimaldi . . . . neuf.
Grimaldi du Niolo . . . . neuf.
Gabrielli Thomas . . . . six.
Adriani . . . . neuf.
Mario Ciaccaldi . . . . dix.
Belgodere. . . . . onze.
Jean Defendini . . . . huit.
De Castelli . . . . six.
Ours-André Colonna . . . . trois.

MM. Petrucci *voix*. . . . . une.
Panattieri. . . . . quatre.
Paoli . . . . trois.
Marc-Marie Carli. . . . . une.
Giubega . . . . deux.
Sauveur de Cattari . . . . une.
Emanuel Paduano . . . . une.
Etienne Casabianca. . . . . une.
Sebastiani . . . . une.
Ours Antone . . . . une.
Tartarola de Niolo . . . . une.
Cecco Vecchio de Niolo . . . . . . une.
François Raffaello de Tralonca . . . . une.
Arena . . . . une.
Jean-Dominique Marchi. . . . . . . une.
Jean-Baptiste Ciaccaldi . . . . . . une.
Ours-Antoine Colombani . . . . . . trois.
Antoine Colonna . . . . une.
Constantini . . . . une.
François Colonna . . . . une.

Pour la Junte de la Mezzana.

MM. Dominique Paoli de Renno, *voix* . . . cinq.
De Benedetti. . . . . dix.
Xavier Pozzo di Borgo. . . . . . . cinq.
Antoine-Pierre Casalonga . . . . . . trois.
Octave Romanetti . . . . trois.
Dominique de Cuttoli . . . . huit.
Joseph-Antoine Ornano. . . . . . . une.
Sabbiani de Zicavo . . . . une.
Ascagne d'Alata. . . . . une.
Jérôme Pozzo di Borgo. . . . . . . deux.

Pour la Junte de Tallano.

Nicolas Battestini, *voix*. . . . . sept.
Ignace Felce. . . . . sept.
Astima. . . . . douze.
Casanova de Venaco . . . . douze.
Casanova de Sartene. . . . . . . quatorze.
Peretti. . . . . quatorze.
Jean-Ours Paoli. . . . . treize.
Jules Roccaserra. . . . . treize.
Poli. . . . . une.
Pierre-Paul Cottoni. . . . . . . trois.
Giacobbi de Venaco. . . . . . . deux.
Antoine Cesari . . . . cinq.
Joseph Pietri. . . . . six.
Jean-Baptiste Quenza . . . . . . deux.
Pietri de Sartene . . . . une.

Il résulte que les sujets qui ont eu le plus de voix pour les Juntes respectives, sont les suivants :

Pour la Junte d'Orezza.

MM. François-Marie Casabianca.
Valentini.
Denis Gavini.
Sylvestre Angeli.
Antoine-André Filippi.
Ambroise-Marie Gentile.
François de Sansonetti.
Hector-François Casabianca.

Pour la Junte de Caccia.

MM. Docteur Grimaldi.
　　Grimaldi de Niolo.
　　Thomas Gabrielli.
　　Adriani de Corte.
　　Marius Ciaccaldi.
　　Antoine-Léonard Belgodere.
　　Jean Defendini.
　　Antoine de Castelli.

Pour la Junte de la Mezzana.

MM. Bonaventure de Benedetti.
　　Jean Gentile.
　　Poli de la Suarella.
　　Alphonse Pietri.
　　Ferri Pisani.
　　Ignace Ornano.
　　Pierre Colonna d'Ornano.
　　Dominique de Cuttoli.

Pour la Junte de Tallano.

MM. Nicolas Battestini.
　　Ignace Felce.
　　Astima.
　　Casanova de Venaco.
　　Casanova de Sartene.
　　Peretti.
　　Ours-Jean Poli.
　　Jules Roccaserra.

Ensuite ayant été procédé au second scrutin, en donnant à chaque Député un billet sur lequel on a distinctement écrit quatre sujets pour chaque Junte, pris dans le nombre des huit proposés pour les Juntes respectives, et après avoir préalablement fait l'examen du scrutin, on a trouvé que le nombre des voix sur les huit sujets proposés pour lesdites Juntes, a été réglé de la manière suivante :

Pour la Junte d'Orezza.

MM. François-Marie de Casabianca, *voix*. quarante-trois.
Valentini . . . . quarante-une.
Denis Gavini . . . . trente-quatre.
Sylvestre Angeli . . . . vingt-huit.
Antoine-André Filippi . . . . . quarante-une.
Ambroise-Marie Gentile. . . . . vingt-deux.
François de Sansonetti. . . . . vingt-trois.
Hector-François Casabianca. . . . vingt.

Pour la Junte de Caccia.

MM. Le Docteur Grimaldi, *voix*. . . . quarante-sept.
Grimaldi du Niolo . . . . . . trente-cinq.
Thomas Gabrielli . . . . . . vingt-sept.
Adriani de Corte . . . . . . quinze.
Marius Ciaccaldi . . , . . . treize.
Antoine-Léonard Belgodere . . . quarante-deux.
Jean Defendini . . . . quarante-une.
Antoine de Castelli. . . . . . trente-deux.

Pour la Junte de la Mezzana.

MM. Bonaventure de Benedetti, *voix* . . trente.
Jean de Gentile . . . . trente-sept.

MM. Poli de la Suarella *voix* . . . . trente-six.
  Alphonse Pietri . . . . trente-sept.
  Ferri Pisani . . . . quarante-une.
  Ignace Ornano . . . . . . trente.
  Pierre Colonna d'Ornano . . . . seize.
  Dominique de Cuttoli . . . . . vingt-cinq.

Pour la Junte de Tallano.

MM. Nicolas Battestini, *voix*. . . . . vingt-quatre.
  Ignace Felce. . . . . . . trente.
  Astima . . . . vingt-six.
  Casanova de Venaco . . . . . trente-sept.
  Casanova de Sartene . . . . . trente-sept.
  Peretti. . . . . quarante-six.
  Ours-Jean Poli . . . . . . vingt-huit.
  Jules Roccaserra. . . . . . vingt-quatre.

Et la pluralité des suffrages a été :

Pour la Junte d'Orezza.

En faveur de MM. Valentini.
  Gavini.
  François-Marie Casabianca.
  Filippi.

Pour la Junte de Caccia.

En faveur de MM. Docteur Grimaldi.
  Defendini.
  Belgodere.
  Grimaldi du Niolo.

Pour la Junte de la Mezzana.

En faveur de MM. Poli.
　　　　　　　　Pietri.
　　　　　　　　Jean de Gentile.
　　　　　　　　Ferri Pisani.

Pour la Junte de Tallano.

En faveur de MM. Casanova de Venaco.
　　　　　　　　Felce.
　　　　　　　　Casanova de Sartene.
　　　　　　　　Peretti.

Et la présente délibération a été signée tant par Mgr l'Evêque Président que par MM. les autres Evêques et Députés qui ont signé les précédentes de ce matin.

Dudit jour 23 juin 1779.

Monseigneur l'Evêque Président a dit que dans la Séance d'hier il a été nommé quelques Députés pour traiter avec le Trésorier du Pays pour les conditions qu'il devait remplir et les rétributions qu'on devait lui accorder ;
Que l'Assemblée entendrait volontiers le résultat de leur commission.
Après quoi M. le Vicaire général d'Aleria a dit que les Députés ont entendu M. Gautier ; qu'on a longtemps parlé sur le payement du premier quartier de l'abonnement de la subvention, consistant en trente mille livres ; que le Tréso-

rier a fait connaître qu'il n'avait présentement entre ses mains que mille livres environ pour le compte du Pays ;

Qu'il sera néanmoins prêt à verser cette somme dans la Caisse Civile au terme indiqué, au premier Juillet ; mais qu'il exige que l'intérêt lui en soit payé pour le temps qu'il sera en avance jusqu'à ce qu'il ait fait le recouvrement sur les adjudicataires de la subvention, ou sur les arrérages qui pourront lui être remis ;

Qu'à l'égard des avances qu'il était tenu de faire suivant la délibération des Etats précédents du 12 Juillet et du 17 du présent mois, il a déclaré qu'il n'était pas dans le cas de les faire, quoique les Etats lui eussent promis mille livres par an pour l'intérêt ;

Que d'après les réponses du Sieur Gautier, il ne restait plus rien à traiter avec lui ;

Que quant aux payements des quartiers qui peuvent écheoir pour l'abonnement de la subvention, il y a lieu de croire qu'il n'y aura point de vuide en cette partie, puisque l'obligation des adjudicataires est suffisamment claire et limitée ; que, s'il y a quelque retard, l'intérêt pour le temps de ce retard sera à la charge de celui qui l'aura occasionné ;

Qu'à l'égard de la rétribution des mille livres par an qui avaient été accordées au Sieur Gautier pour intérêt et indemnité des avances qu'il devra faire pour les dépenses les plus urgentes, elle cesse dès qu'il refuse d'y suppléer ;

Que le Sieur Gautier ne devra avoir que l'un pour cent sur le bénéfice de la subvention, ainsi qu'il paraît lui-même s'en contenter ;

Que tout ce que dessus est le résultat de leur commission qu'ils soumettent à la censure de l'Assemblée générale.

Après quoi la matière mise en délibération, les Etats délibérant ont arrêté qu'à l'avenir le Sieur Gautier n'aura qu'un pour cent sur le bénéfice de la subvention.

Et la présente délibération a été signée comme dessus.

Dudit jour 23 juin 1779.

Monseigneur l'Evêque Président a dit que les Députés chargés de traiter avec le Trésorier du Pays devaient aussi s'occuper des Enfants trouvés ;

Que l'Assemblée entendrait avec plaisir leurs observations pour délibérer en conséquence.

Après quoi M. l'Abbé Felce, Vicaire général d'Aleria, a dit : que les Députés n'ont point manqué de porter toute leur attention sur la subsistance et l'éducation des Enfants trouvés ;

Qu'ils pourraient un jour être utiles à la Corse par leur industrie et leur zèle, et qu'il convient en conséquence de prendre leur état en considération ; que jusqu'à l'âge de sept ans le Roi par un effet de son extrême munificence s'est chargé de leur entretien ;

Que les observations regardent ceux qui ont atteint et parviendront à l'âge de sept ans ;

Qu'à ce temps leur éducation devient plus intéressante pour assurer leur subsistance ; que les moyens les plus sûrs pour remplir cet objet pourraient être de leur faire apprendre quelque métier, ou de les destiner à la navigation ou à la culture de la terre ;

Que pour connaître leurs inclinations et dispositions il serait bien que ces enfants fussent réunis dans deux ou trois maisons ;

Que de cette manière leur conservation et leur éducation seraient plus assurées, sans qu'il en coûtât rien de plus au Roi, puisque le secours qu'il donne à chacun d'eux, étant dépensé en communauté, serait plus utile pour tous ; que pour dresser une partie de ces enfants à la navigation, on pourrait en placer un sur chaque bateau de Poste ;

Qu'on pourrait encore en confier un certain nombre aux plus riches propriétaires de terres, afin qu'ils les employent à un travail proportionné à leur âge ;

Qu'on pourrait en employer quelques-uns dans les nouvelles fabriques établies et à établir en Corse, telles que celles de bas, de savon, de terraille etc. ;

Que ces Enfants seraient remis aux Patrons de Postes, aux propriétaires des terres, aux maîtres des fabriques, avec de certaines formes et des sûretés ;

Qu'ils devront veiller attentivement à leur conservation et éducation ;

Que de trois en trois mois au moins, ils devront rendre compte aux personnes qui seront spécialement autorisées à veiller sur ces Enfants, de leur état, et de leurs dispositions pour le métier auquel ils auront été destinés ;

Que s'il n'était pas possible que ces Enfants, après le laps de sept années, pussent entièrement gagner leur subsistance, on pourrait leur donner un secours annuel de cinquante livres pour chacun ;

Qu'en ce moment le Pays ne voit point de moyens pour concourir à cette dépense, mais que les Etats prochains pourraient prendre cet objet en considération ;

Qu'à l'égard des filles, il serait nécessaire de leur faire apprendre des métiers, ou de les mettre en service.

Après quoi, la matière mise en délibération, les Etats délibérant ont arrêté que les observations du Comité sont celles qu'adopte l'Assemblée générale.

Et la présente délibération a été signée comme dessus.

Après quoi la Séance a été remise à demain, vingt-quatre du présent, à neuf heures du matin.

A Bastia, les jour, mois et an susdits.

Séance du 24 juin 1779.

Monseigneur l'Evêque Président et MM. les Evêques et Députés ci-devant dénommés s'étant rendus à la Salle de l'Assemblée, Mgr l'Evêque Président a dit que de la part du Père Gardien du Couvent de Tallano il a été remis une requête par laquelle il demande une indemnité pour les dommages que ce Couvent a soufferts pour le logement qu'il a donné aux Troupes Françaises et Nationales, à compter de l'année 1769;

Que les dégradations faites ont été vues et examinées par le Subdélégué de M. l'Intendant et par M. Susini, Député des Douze, et qu'elles ont été fixées à huit cent quatre-vingt-huit livres ;

Que suivant les observations dudit Sieur Susini et de MM. des Douze, celles qui peuvent être à la charge du Pays ne peuvent présenter qu'un objet de deux cent vingt-une livres, ou tout au plus de trois cents ;

Qu'il resterait à délibérer sur cet objet.

Après quoi la matière mise en délibération, les Etats ont arrêté qu'on accordera au Couvent de Tallano trois cents livres pour dédommagement des dégradations faites, et sans que cela puisse tirer à conséquence pour l'avenir.

Et la présente délibération a été signée tant par Mgr l'Evêque Président que par MM. les Evêques de Sagone et du Nebbio ; par MM. de Luca et Joseph Casabianca, Piévans ; Jean-Quilico de Casabianca, et de Benedetti, Nobles ; Gavini et François Casabianca, Députés du Tiers-Etat.

A Bastia, les jour, mois et an susdits.

Signés, etc.

Dudit jour 24 juin 1779.

Monseigneur l'Evêque Président a dit que de la part de M. l'Abbé Felce, Vicaire général d'Aleria, il a été présenté une protestation contre la réserve faite par le Sieur Grimaldi, Député de la Piève du Niolo de la Province de Corte, dans la Séance du dix-huit du mois courant, par laquelle il s'oppose contre la nullité de toutes preuves quelconques que ledit Sieur Grimaldi ferait ou pourrait faire, si elles ne sont pas d'abord signifiées ou communiquées audit Sieur Vicaire, ou à son Evêque ; de laquelle protestation Mgr l'Evêque Président a donné acte.

Et la présente délibération a été signée comme dessus.

Ensuite ayant été procédé à la reprise ou résumé des demandes faites par cette Assemblée générale, il a été délibéré qu'elles seraient distinctement portées dans un sommaire qui devra être remis à MM. les Députés à la Cour et par eux présenté à Sa Majesté, et que ce cahier de demandes sera rapporté à la fin de la présente Séance.

Signés comme dessus.

Dudit jour 24 juin 1779.

Nosseigneurs les Commissaires du Roi s'étant rendus à la Salle de l'Assemblée, ont dit que les différentes demandes que les Etats de 1777 avaient faites relativement aux Domaines avaient donné lieu à un Edit qui allait être incessamment publié sur cette matière ; que les principes en avaient été annoncés aux États dont les observations avaient été discutées et approfondies; que tout ce qui tendait à assurer les propriétés particulières serait maintenu ; que rien de ce qui devait assurer la conservation des Domaines ne pouvait être abandonné ; mais que les dispositions que Sa Majesté continuerait d'en faire, tourneraient entièrement au profit du Pays, soit en préférant les particuliers et les Communautés jusqu'à concurrence de leurs besoins reconnus, pour les terres qui seraient à leur convenance, soit en appelant des familles Françaises ou Etrangères qui, suivant le vœu des Etats, favoriseraient par leurs travaux la régénération de la Corse.

Dudit jour 24 Juin 1779.

Nosseigneurs les Commissaires du Roi ont dit que la Communauté de Portovecchio avait demandé d'être conservée dans le droit de faire paître ses troupeaux dans le Domaine de *Santa Giulia,* concédé au Major Commandant de Bonifacio ;

Que les Communautés de la Pièva d'Ornano réclamaient la possession des territoires de *Coti ;*

Que la Pièva de Giussani prétendait des droits de pâturage dans le Domaine des *Agriate ;*

Que ces différentes demandes étaient de la nature des objets contentieux qui doivent être jugés par les Tribunaux compétents sur les pièces et les preuves que les parties étaient respectivement en état de produire; qu'ainsi les Etats n'avaient point à en prendre connaissance.

Dudit jour 24 Juin 1779.

Nosseigneurs les Commissaires du Roi ont dit, que plusieurs Communautés de la Province de Vico réclamaient des droits d'usage pour les réparations de leurs maisons et de leurs Eglises, dans les forêts d'*Aitone* et de *Libio;* que ces prétentions, si elles étaient contentieuses, devaient être renvoyées aux Tribunaux qui avaient droit d'en connaître; mais qu'indépendamment des titres dont elles croiraient pouvoir les appuyer, l'intention de Sa Majesté avait toujours été de favoriser la reconstruction des maisons et des Eglises, en faisant délivrer, suivant la possibilité des forêts et sans abus, comme sans frais, les bois nécessaires pour cet usage.

Nosseigneurs les Commissaires du Roi ont en conséquence déclaré au nom de Sa Majesté, qu'elle ne varierait point dans cette disposition favorable.

Dudit jour 24 Juin 1779.

Nosseigneurs les Commissaires du Roi ont dit que la Province de Balagne et la Piève de Portovecchio avaient témoigné dans leurs procès-verbaux de l'éloignement pour les précautions prescrites jusqu'ici, pour régler la délivrance et vérifier l'emploi des bois destinés à la reconstruction des églises et des maisons ; qu'elles alléguaient pour toutes raisons les délais que ces formalités exigeaient ;

Que les personnes chargées de cette branche d'administration l'avaient soutenue jusqu'ici dans toute l'activité qui lui convenait ;

Qu'il n'y avait de délai que celui qui était nécessaire tant pour vérifier les besoins du demandeur et la possibilité de la forêt que pour épargner les frais de délivrance, en ne faisant voyager les Officiers que dans des temps réglés, et quand les frais de leurs voyages pourraient se répartir sur plusieurs objets ;

Qu'ainsi, si l'on changeait cet ordre, ce serait ouvrir de nouveau la porte aux abus qu'il devait réprimer.

Dudit jour 24 Juin 1779.

Nosseigneurs les Commissaires du Roi ont dit que la Province du Cap-Corse avait demandé qu'il ne fût plus fait des levées de matelots dans cette Province ;

Que toutes les Provinces de l'Isle, jouissant également de la protection du Roi, devaient contribuer sans exception, à proportion de leur étendue et de leur population, à fournir les matelots qui étaient nécessaires à la Marine Royale ;

Que celle du Cap-Corse n'avait pas plus de droit que les autres de s'en exempter, et qu'elle devait s'en rapporter avec confiance aux ordres que Sa Majesté ferait donner pour que cette charge fût rendue le moins sensible que faire se pourrait à la Corse.

Dudit jour 24 Juin 1779.

Nosseigneurs les Commissaires du Roi ont dit que la Piève de Cruzini avait demandé la permission de douze fusils, savoir, quatre dans chaque partie de la Piève pour la sûreté publique, et pour défendre les récoltes contre les bêtes sauvages ;

Que les règlements qui avaient été publiés sur le port d'armes continueraient à être exécutés, et qu'il ne serait permis d'en avoir qu'à ceux qui en avaient le droit, à moins que, pour des cas particuliers, le Commandant en chef de la Province ne jugeât à propos d'en accorder.

Dudit jour 24 Juin 1779

Nosseigneurs les Commissaires du Roi ont dit que la Province de Sartene avait demandé que l'on fît participer les Pièves de cette Province à la gratification de deux cents livres qui avait été promise pour marier des filles pauvres à l'occasion du mariage du Roi ;

Que si la Province de Sartene n'avait pas encore profité des libéralités que le Roi avait bien voulu faire à la Corse à l'occasion du mariage de Sa Majesté, il paraissait juste de l'en faire jouir, et qu'à cet égard on pouvait s'adresser à M. l'Intendant.

Dudit jour 24 Juin 1779

Nosseigneurs les Commissaires du Roi ont dit que l'Assemblée générale avait sous les yeux les travaux, qui avaient été faits au compte du Roi à l'Etang de Biguglia ; que leur utilité était déjà évidente, l'ouverture du *Tomolo bianco* en établissant une communication continuelle entre la mer et l'Etang, ayant laissé à sec des terrains considérables qui étaient actuellement rendus à la culture ;

Qu'il en était résulté un effet encore plus avantageux en rendant l'air plus salubre d'une manière très-sensible ;

Qu'il restait à achever le canal de *Cannagrossa* et celui qui doit établir la communication du fond de l'Etang au Golo ;

Que la dépense des travaux surpassait déjà beaucoup celle à laquelle on les avait estimés ; que l'objet montait jusqu'à présent à soixante-quatorze mille livres, et qu'on présumait qu'il faudrait encore au moins quarante mille livres pour les porter à fin ;

Que Sa Majesté voulait bien continuer cette entreprise par la considération de l'utilité réelle dont elle sera à la Corse, et dont ils étaient persuadés que l'importance serait sentie par l'Assemblée générale et ajouterait aux sentiments de reconnaissance dont elle est pénétrée.

Après quoi l'Assemblée générale a dit qu'elle se fera un devoir de se conformer aux intentions du Roi, et en attendant, MM. les Députés ont réuni leurs sentiments pour remercier humblement Sa Majesté à l'occasion du travail de l'Etang de Biguglia, dont tout le Pays reconnaît l'utilité.

Enfin Nosseigneurs les Commissaires du Roi ont demandé s'il y avait d'autres propositions à faire.

Et les Etats ayant fait entendre qu'il n'y avait plus rien à proposer, le présent procès-verbal, après avoir été lu et publié, l'Assemblée séante, a été clos.

Après quoi Mgr Doria, Evêque Président, a dit etc.

M. de Pietri, Membre de la Commission des Douze, a dit etc.

Et la présente délibération a été signée tant par Nosseigneurs les Commissaires du Roi que par MM. les Evêques et Députés qui ont signé les autres de ce jour.

A Bastia les jour, mois et an susdits.

Signés : François de Casabianca, Denis Gavini, de Benedetti, de Casabianca, de Luca Casabianca, Piévan, D. M., Evêque du Nebbio, M., Evêque de Sagone, B. A., Evêque d'Ajaccio, Président.

Signé : Bertrand DE BOUCHEPORN.
Signé : Le Comte DE MARBEUF.

Par Nosseigneurs les Commissaires du Roi,
Signé : Giubega.

TABLE DES MATIÈRES

25 MAI 1779.

Liste des membres de l'Assemblée . . . . . . pag.	5 à 7
Ordre et rang de MM. les Députés.	7-8
Remise et lecture des pouvoirs des Députés.	8

26 MAI 1779.

Serment de garder le secret	9-10
Rapport de MM. les Députés à la Cour	10-11
Arrérages de la Subvention en deniers.	11 à 18
Subvention en nature	18 à 20
Demande — Que divers produits et les terres nouvellement cultivées soient exempts de la subvention	20 à 22
Réponse. — Les marais desséchés exempts de la subvention pendant cinq ans	22
Continuation des délibérations sur la subvention . . .	22-23
Exemption des arbres fruitiers et des jardins potagers . .	24
Affranchissement des cocons.	24-25
Forme de la perception.	25-26
Comité pour l'examen des objets qui seront proposés dans les Assemblées	26 à 28
Remerciement au Ministre des Finances pour les secours donnés à cette isle.	28 à 31

27 MAI 1779.

Demandes particulières relatives à la nouvelle forme de la subvention en nature. Certificats à donner par les percepteurs . . . . Pag.	31-32
Bestiaux	32
Herbages	33
Termes du paiement sur les bestiaux	33
Pêche dans les lacs, étangs et rivières et sur les forges et usines	34
Subvention en nature	34-35
Affaires Ecclésiastiques	35-36
Demande. — Secours pour rétablir l'église de Lunghignano.	36
Réponse. — On suivra les règles prescrites par les articles 22 et 23 de l'ordonnance de septembre 1779.	36
Demande. — Sur les séminaires de Bastia et d'Aleria. . .	37
Réponse. — Qu'on produise les titres devant les Tribunaux .	37
Demande. — Que pour le tarif ecclésiastique on observe la bulle du Pape Innocent XI	37
Réponse. — Qu'on représente la Bulle et le Tarif énoncés.	38
Demande. — Qu'il ne soit point établi de Vice-Curés sans le consentement des Curés et qu'on modère les frais de visites.	38
Réponse. — Les parties intéressées pourront se pourvoir pardevant le Procureur général du Conseil Supérieur .	38
Demande. — Erection d'un évêché à Corte	39
Réponse. — Rejetée	39
Demande. — Que l'Evêché d'Aleria soit obligé de payer ce qu'il doit au Séminaire	39
Réponse. — Renvoyé à la justice ordinaire	39
Demande. — Autorisation aux évêques de Corse pour les dispenses de mariage	40
Réponse. — Les Etats donneront des mémoires sur la juridiction des Evêques de Corse	40
Délibération des Etats	40
Nomination d'un comité pour l'examen des affaires ecclésiastiques	41-42

28 MAI 1779.

Imposition pour les logements militaires; maisons du Domaine et des Religieux	42-43

Réparations des maisons occupées par les troupes et Inspecteurs des casernes . . . . Pag. 43-44
Liquidation des sommes dues par les Provinces 44-45
Proposition du Comité concernant la dette des Provinces pour la subvention en deniers 46-47
Demande de l'état de la dette générale. 47-48

29 MAI 1779.

Election des Députés à la Cour 48-52

31 MAI 1779.

Election des Nobles Douze. 52-56

1er JUIN 1779.

Election des Commissaires des Juntes 56-64

2 JUIN 1779.

Police des Assemblées générales et particulières 64-65
Demande. — Que la Députation à la Cour soit par tour avec l'adjonction d'un piévan 65
Réponse. — Rejetée.
Fermiers de la subvention. 65-66
Demande. — Qu'aux Etats chaque province n'ait qu'une voix sans égard au nombre de ses Députés 66
Réponse. — Rejetée.
Demande. — Que les Nobles, lorsqu'ils sont Officiers Municipaux, ne puissent être Députés du Tiers Etat 67
Réponse. — Rejetée.
Demande. — Salaire pour les Greffiers des Provinces . . . 67
Réponse. — Remis à la délibération des Etats 67
Demande. — Que l'exercice de la profession de Procureur suspende la jouissance de la Noblesse 67
Réponse. — On fera un Règlement sur cet objet. 68

Demande. — Que le Commerce en gros ne déroge point à la
Noblesse . . . . Pag. 68
Réponse. — Accordée 68
Demande. — Qu'on retire de la Banque S. Georges les fonds
appartenants au Mont de Piété de Calvi. 68-69
Réponse. — Que par un mémoire ou fasse connaître l'objet
de cette demande. 69
Demande. — Rétablissement de la pharmacie du Couvent
d'Alziprato 69
Réponse. — Rejetée 69
Demande. — Que les Officiers Municipaux soient exempts
des charges de gardiens des campagnes et autres em-
plois 70
Réponse. — Accordée.
Demande. — Séparation de la Communauté de Cruccini et
que celle de Coggia soit érigée en Piève. 70
Réponse. — Les Etats s'occuperont de cette demande. . . 70-72
Délibérations des Etats sur les objets précédents 73-75

4 JUIN 1779.

Présentation des comptes du Trésorier général de la sub-
vention. 75-77
Frais de recouvrement 77-78
Frais d'élection des Officiers Municipaux. 79
Frais des Assemblées Provinciales. 79-80
Traitement du Trésorier 80-81
Trésoriers particuliers des Pièves. 81 82
Comptes de l'imposition sur les maisons 82-84
Supplément sur le produit de la subvention 84 86
Répétition à faire des avances faites pour le paiement des
réparations qui concernent les propriétaires 86-87
Nomination des trois Députés pour l'examen des comptes . 87-88
Exécution de la délibération des précédents Etats pour l'érec-
tion d'une pierre de marbre en l'honneur de Mgr le Comte
de Marbeuf 88-90

8 JUIN 1779.

Projet d'instruction pour l'exécution du nouvel arrêt relatif
à la subvention 90-101
Diverses demandes des Etats relatives à la subvention. . . 101-104

9 JUIN 1779

Réflexions du Comité pour l'exigence des arrérages de la subvention . . . . Pag.   105-112
Projet de travail pour les Jurisconsultes nommés par la précédente Assemblée.   112-113

10 JUIN 1779.

Rapport du Comité des comptes de la subvention, et délibération successive des Etats   113-127

11 JUIN 1779.

Charges nationales   127-129
Projet sur la diminution des dépenses du Bureau des Etats.   129-132
Réparations pour les logements militaires   132-136

12 JUIN 1779.

Mémoire des Députés de l'ordre de la Noblesse   136-140
Suppression de la séance du 7 juin.   140-141
Paiement du prix du bail de la subvention en nature . . .   142-143
Projet de gratification pour le Sieur Muselli.   143
Education publique   144-145
Abus champêtres.   145-146
Gardiens et Police des Campagnes ; Affaires Municipales .   146
Demande. — Taxe des comestibles   146
Réponse. — Refusée.
Demande. — Que les Huissiers des Communautés soient changés tous les ans   146
Réponse. — Refusée.
Demande. — Que les biens fonds vendus avant la soumission de l'Ile soient exempts du retrait.   147
Droit de mouture fixé. — Défense des chèvres, brebis et moutons. — Exécution du chap. 23 du Statut Criminel de Corse   147

Réponse. — Les Jurisconsultes nommés devront s'occuper
   des ces objets. . . . . Pag. 147
Demande. — Qu'on abrège les procédures civiles 148
Réponse. — Cette demande est sans fondement 148
Demande. — Droit de pâturage réclamé par la piève de
   Cauro 148
Réponse. — Qu'elle ait recours aux Tribunaux légitimes. . 148
Demande. — Paiement des loyers pour les logements mili-
   taires 149
Réponse. — On ne peut payer qu'à proportion de l'exigence
   de l'imposition 149
Demande. — Indemnité du bois appartenant à la Commu-
   nauté de Bocognano 149
Réponse. — Cette demande a besoin d'être justifiée dans le
   droit et dans le fait. 149 150
Nomination des Commissaires Caserniers 150-151

13 JUIN 1779.

Rapport du Comité sur les comptes du Trésorier général relativement à l'imposition des maisons. 151-158
Gratifications au sieur Muselli 158-159
Etat actuel des dettes de la Province et projet des moyens
   pour y satisfaire. 159-171

14 JUIN 1779.

Emprunt de trois cent mille livres avec les conditions relatives au contrat. 171 174

15 JUIN 1779.

Objets auxquels devront être employés les trois cent mille
   livres de l'emprunt projeté 174-176

16 JUIN 1779.

Pépinière de Calvi 177-178

17 JUIN 1779.

Demandes des Etats . . . . Pag.	179-180
Mémoire sur les abus champêtres	180-184
Confirmation des conditions prescrites au Trésorier général de la Province	184-185
Compliment de condoléance à Madame de Boucheporn . .	185-186
Demande des sieurs Romei, dits *Innocenti*, de Corte . . .	186-187

18 JUIN 1779.

Piévans	187-189
Affaires Ecclésiastiques	189-191
Mémoire abrégé sur certaines propositions ou déclarations faites dans l'Assemblée générale des Etats de Corse de l'année 1779 concernant le diocèse d'Aleria	192-196
Mémoire sur la Juridiction Ecclésiastique de MM. les Evêques de Corse	196-206
Exécution de l'Edit du mois de Décembre 1771 concernant les Ordres Religieux en Corse	206-211

19 JUIN 1779.

Pépinières des mûriers	212
Secours réclamés par la province	213-214
Fonctions du Greffier en chef des Etats	214-217
Vente du sel de Sicile	217
Ouverture des magasins à sel	218
Subdélégués pour connaître des plaintes sur le sel . . .	218-219
Etablissement d'un magasin à sel à Propriano	219
Chemins	220-221
Chemins provinciaux et communaux	221-222
Indemnité des terrains pris pour les chemins	222-223
Chemins et édifices publics. Réparation au port de Ficajola.	223-224
Construction du chemin de Corte à Ajaccio	224
Pont sur le Liamone	224-225
Chemins d'une ville à l'autre	225
Fontaines à établir à Montemaggiore	225-226
Contrôle des actes et exploits	226-227
Contrôle des exploits	227

Droits de contrôle . . . . Pag. 227-228
Enfants trouvés 228-229
Dépenses d'encouragement. Secours en denrées 229-232
Compte de la subvention 232-234

20 JUIN 1779.

Objets divers. — Inspecteurs des chemins. - Intérêt annuel aux propriétaires des terrains employés pour les chemins. — Fontaine à Montemaggiore. — Port de Ficajola — Nouveaux bureaux de contrôle. — Enfants trouvés. — Réparations des deux Juntes de Caccia et Orezza. 235-238
Inspecteurs des chemins 238-241
Mémoire sur l'exemption de la dîme ecclésiastique pour les terrains nouvellement mis en culture. 242-246

21 JUIN 1779.

Traitement du Trésorier général. 246-249
Dimes Ecclésiastiques. 249-253
Cachets pour la commission des Douze 254

22 JUIN 1779.

Enfants trouvés 255-256
Trésorier de la Province 257-262
Créance des Communautés qui ont payé au-delà de leur quote 262-263
Décharge réclamée par la Communauté de Corte . . . 263-264
Décharge réclamée par diverses Communautés. 265
Elèves pour le séminaire d'Aix 265-270
Demande. — Que le capital des quatre-vingt-dix mille livres de l'Education publique soit remis dans l'Ile . . . 270-271

23 JUIN 1779.

Abrogation de la première nomination de MM. les Députés des Douze et des Commissaires des Juntes. . . . 271-274

Nouvelle élection des Députés des Douze . . . . . Pag. 274-278
Nouvelle élection des Commissaires de Juntes 279-287
Trésorier général 287-288
Enfants trouvés 289-290

24 JUIN 1779.

Indemnité au Couvent de Tallano 291
Protestation du Vicaire général d'Aleria 292
Biens domaniaux. — Demandes particulières 292-293
Domaines. — Droits de pâturage 293
Bois et forêts. — Droits d'usage 294
Bois et forêts. — Formalités pour la délivrance et l'emploi des bois 294 295
Demandes particulières. Levée de matelots 295
Permission de ports d'armes contre les bêtes sauvages . . 295-296
Dot pour une fille pauvre dans chaque pièvre 296
Etang de Biguglia 296-298

TABLE DES NOMS PROPRES

A

Abbatucci Jacques-Pierre, 6.
Adriani Dominique, 7, 58, 61, 284, 285.
Adriani Dominique, de Ziglia, 59, 61, 62, 281.
Agostini Ignace, 58, 280.
Alberti Jean Baptiste, 60.
Angeli Jean-Mathieu, 281.
Angeli (d') Sylvestre, 7, 57, 61, 62, 280, 283, 285.
Antoine Léonard, de Caccia, 59.
Antonelli Jean-André, 7, 41.
Antoni, de Morosaglia, 281.
Antoni André, 6, 51, 53, 54, 55, 58, 240, 275, 280.
Antoni Antoine, 151.
Antoni Jean, 281.
Arena, 282.
Arena Antoine-Mathieu, 58.
Arrighi Dominique, 59.
Ascagne d'Alata, 282.
Astima Jean-Antoine, 7, 60, 61, 63, 64, 151, 186, 283, 284, 286.

B

Bartoli Timothée, 7, 41.
Battaglini, 59.
Battesti, 58.
Battestini Nicolas, 60, 61, 63, 283, 284, 286.
Battistini François-Félix, 7, 17, 58, 89.
Belgodere Antoine-Léonard, 7, 27, 58, 61, 62, 186, 281, 284, 285, 286.
Belgodere Jean-Pierre, 267, 269.
Belgodere (de) Thomassin, 59.
Benedetti (de) Bonaventure, 7, 27, 53, 59, 61, 62, 89, 275, 282, 284, 285.
Bertolacci, 280.
Bestagne, 117.
Biaggini, de Sorio, 267, 269, 270.
Biaggini Charles-Marie, 281.
Bianchi François, 60.
Bianchi François-Antoine, 59.
Boerio Pascal, 267, 269.
Boucheporn (de) *passim*.
Brueys, 166, 168.
Buonaparte (de) Charles, 6, 10, 53, 256, 275.

C

Caffesi, Archiviste, 120, 129.
Canale Ours-André, 59.
Carli, 117.
Carli Marc-Marie, 282.
Carlotti Christophe, 267, 268, 269.
Casabianca (de) François, 6, 52, 53, 54, 74, 275.
Casabianca François-Marie, 58, 61, 62, 280, 283, 285, 286.
Casabianca Hector-François, 280, 283, 285.
Casabianca Jean-Quilico, 6, 27, 53, 186, 256, 275, 276, 277, 278, 280.
Casabianca Joseph, 6, 41, 190.
Casabianca Joseph Marie, 7, 41.
Casabianca Paul, 10, 58, 281.
Casabianca Xavier, 6, 53, 242, 275, 276, 277, 278.
Casalonga Antoine Pierre, 282.
Casanova, de Sartene, 283, 284, 286, 287.
Casanova, de Venaco, 283, 284, 286, 287.
Casanova Antoine, 7, 57.
Casanova, Antoine-François, 60, 61, 63, 64, 150.
Casanova Dominique, 7, 60, 61, 63, 151.
Castelli Antoine, 58, 61, 62, 275, 277, 278, 281, 284, 285.
Castelli (de) Jean, 267.
Castelli (de) Jean-André, 7, 27, 52, 53, 54, 55, 241, 256.
Ceccaldi ou Ciaccaldi Mario, 7, 59, 281, 283, 285.

Cesare Antoine, 283.
Ciaccaldi Jean-Baptiste, 59, 282.
Ciammanacce Sauveur, 281.
Ciavaldini, 280.
Ciavattone François, 281.
Cittadella, évêque de Mariana, 6, 90, et *passim*.
Colombani Ours-Antoine, 59, 282.
Colonna Antoine, 282.
Colonna François-Marie, 6, 53, 54, 55, 282.
Colonna Henri, 7, 151.
Colonna d'Istria, 240.
Colonna d'Istria Jean-Baptiste, 266, 268, 275, 277, 278.
Colonna d'Ornano-Pierre, 6, 53, 59, 61, 63, 89, 212, 275, 277, 278, 284, 286.
Colonna Ours-André, 59, 281.
Colonna Ours-Antoine, 59.
Colonna Pierre-Baptiste, 267, 269.
Colonna Pierre-Paul, 60.
Colonna Vincent, 267, 268.
Constantini, 282.
Cordoliani Fedele, 281.
Coscetta François, 58, 280.
Costa Castellano, 281.
Costa Dominique, 6.
Costa Philippe, de Castellana, 6, 53, 58, 186, 256, 275, 276, 277, 278, 280.
Cottoni Pierre-Paul, 60, 283.
Cuttoli (de) Dominique, 6, 53, 59, 61, 62, 275, 277, 278, 282, 284, 286.

D

Defendini Jean, 7, 58, 61, 62, 281, 284, 285, 286.
Dominici Toussaint, 280.
Donati Ignace, 281.

Donati Innocent, 58.
Doria, évêque d'Ajaccio, 6, 9, 39 et *passim*.

E

Elico Antoine, 281.

Emanuelli Antoine-Padouan, 58, 61, 62, 282.

F

Fabiani Jean-François, 6.
Falkenstein (baron de), 264.
Felce Ignace, vicaire général, 6, 8, 38, 41, 60, 61, 63, 186, 191, 192, 245, 246, 256, 283, 284, 286, 287.

Ferri Pisani Pascal, 6, 59, 61, 63, 284, 286, 287.
Fesch Joseph, 266, 268, 269.
Filippi Antoine-André, 6, 51, 57, 61, 62, 280, 283, 285, 286.
Fiorell, d'Ajaccio, 59.
Franceschi Charles-Marie, 7.

G

Gabrielli Jean-Sylvestre, 7.
Gabrielli Thomas, 58, 160, 281, 284, 285.
Gafforj Jean-Pierre (le général), 186.
Galeazzini, du Nebbio, 267, 269, 270.
Gaudeani Martin, 266, 268.
Gautier, trésorier général, *passim*.

Gavini Denis, 6, 57, 280, 283, 286.
Gentile (de) Ambroise-Marie, de Brando, 7, 53, 54, 55, 58, 206, 241, 275, 280, 284, 285.
Gentile François-Antoine, 59.
Gentile (de) Jean, 6, 53, 59, 61, 63, 275, 284, 285, 287.
Gentile Jules, 60.
Giacobbi, de Venaco, 283.

Giacobbi Dominique, 60.
Giubega Damien, 7, 51, 53, 275, 277, 278, 282
Giubega François-Xavier, 267, 268, 269.
Giubega Laurent, 6, 8 131 143, 167, 177, 256.
Grazietti, de Vezzani, 60.
Grimaldi Charles, 6, 51, 58, 61, 62, 256, 281, 283, 285, 286.
Grimaldi François, 7.
Grimaldi Nicolas, de Niolo, 58, 61, 62, 281, 284, 285, 286.
Guasco, évêque de Sagone, *passim*.
Guasco Joseph-Marie, 58, 280.
Guernes (de), évêque d'Aleria, *passim*.
Guidi Anaclet, 150.
Guilloux, 117. 125.

I

Innocenti, (V Romei), 186.

L

Lanfranchi Jean-Baptiste, 60, 281.
Lazzerini Antoine Jacques, 280.

Luca (de) Jean, 7, 41.

M

Maestrati Antoine, 60.
Mancini Charles-Antoine, 58.
Marbeuf (de) *passim*.
Marchetti Michel, 7, 27.
Marchi Jean-Dominique, 282.
Marchi Marc, 267, 268, 269.
Mari, de Tavagna, 280.
Mariani Charles-Philippe, 267, 269.
Mariotti, de Casinca, 280.
Mattei Jean Etienne, 267, 269.
Mattei Ours-Mathieu, 267, 269.
Mattei Paul, 7, 27, 57.
Mattei Paul-Mathieu, 58, 61, 62, 280.
Montbarey (prince de), 11.
Monteynard (marquis de), 216.
Monti Rossi (de) Michel, 7, 58, 61, 62, 281.
Morlas (de) Jérôme, 7, 27, 53, 54, 55, 241, 275, 277, 278.
Murati Achille, 280.
Muselli, 143, 158, 159.

N

Necker, 28, 29.
Negroni Jacques, 281.

Negroni Joseph, 7, 53, 58, 59, 61, 62, 275, 278.

O

Ogliastri Antoine, 7, 41.
Olivieri Charles-Antoine, 6, 27.
Ornana Jean-Leca, 266, 268, 269.
Ornano Ignace, 6, 53, 54, 55, 60, 241, 275, 284, 286.

Ornano Joseph-Antoine, 282.
Orsini Joseph-Marie, 267, 269.
Orto Jean-Baptiste, 60.
Ortoli Jacques-André, 60.
Ours-Antoine, 282.

P

Panattieri Antoine, 58, 61, 62, 282.
Paoli, trésorier, 281.
Paoli Dominique, 59, 282.
Paoli Ours-Jean, 7, 60, 61, 63, 64, 282, 283, 284, 286.
Paravisino Nicolas, 150.
Peraldi Bernard, 60.
Peraldi Mar o, 60.
Peretti Marc Aurèle, 7, 52, 53, 60, 61, 63, 64, 275, 283, 284, 286, 287.
Petrucci, 282.
Pianelli Pierre, 6, 41.
Pietri, de Sartene, 283.
Pietri Alphonse, 6, 59, 61, 62, 284, 286, 287.
Pietri Charles-Felix, 267, 269.
Pietri Hyacinthe, 58.

Pietri (de) Jean-Vitto, 6, 58, 212, 240, 241, 280.
Pietri Joseph, 283.
Pietri Paul, 60.
Pinzuti Michel-Ange, 60.
Poli, de la Suarella, 59, 61, 62, 284, 286, 289.
Poli (de) Antoine-Louis, 7, 53, 54, 55, 89, 275, 276, 277, 278, 283.
Poli Nicoroso, 58, 61, 62.
Poli Toussaint, 6, 41, 186.
Pozzo di Borgo Ascagne, 6, 52, 53, 54, 55, 60, 241, 275, 277, 278.
Pozzo-di-Borgo Jérôme, 59, 282.
Pozzo-di-Borgo Xavier, 59, 282.
Presidente Jacques-Touss., 281.

Q

Quenza Jean-Baptiste, 60, 283.

R

Raffaello François, 282.
Rigo Pierre, 6, 51.
Rocca Antoine, 60.
Roccaserra Antoine, 60.
Roccaserra Jean Baptiste, 60.

Roccaserra Jules, 7, 53, 54, 55, 60, 241, 275, 283, 284, 286.
Roccaserra Paul, 151.
Romanetti Octave, 282.
Romei Antoine, 186, 187.
Romei Pasquin, 186, 187.

S

Sabiani, de Zicavo, 59, 61, 63, 282.
Saliceti François Antoine, 267, 269.
Saliceti Jérôme, 57, 280.
Saliceti Joseph-Marie, 58, 61, 62, 281.
Saliceti Pierre, 58.
Salvatori (docteur), 58.
Salvini, 121.
Sansonetti (de) François. 6, 53, 54, 55, 58, 240, 275, 280, 283, 285.
Sansonetti (de) Joseph, 121.

Santa Maria Paul-Vincent, 7, 57, 61, 62, 150, 280.
Santelli, de Bastia, 280.
Santini, évêque de Nebbio, *passim*.
Sauli, évêque d'Aleria, 37.
Sauveur, de Cattari, 282.
Savelli Charles, 6, 89.
Sebastiani Joseph-Marie, 58, 151.
Sebastiani Hyacinthe, 6, 256, 280, 282.
Seri Paulin, 281.
Susini Ange-Marie, 60
Susini Lucien, 60.

T

Tartarola, de Niolo, 282.
Trani Jacques-Antoine, 60, 61, 63, 150.

Trani Jean, 6, 27, 186.
Turchini Jean, 7, 41.

V

Valentini Antoine-Jacques, 6, 58, 280, 283, 286.
Varese (de) Gaetan, 6, 53, 54, 55, 240, 275, 281.
Vecchio Cecco, de Niolo, 282.
Viale, 117, 125, 161, 165, 166, 175.
Vinciguerra, 280.

Publications de la Société:

Bulletin de la Société des Sciences Historiques et Naturelles de la Corse, années 1881-1882, 1883-1884, 1885-1886 et 1887-1890, 4 vol., 724, 663, 596 et 606 pp.

Mémoires de Rostini, texte italien avec traduction française, par M. l'abbé LETTERON, 2 vol., 482 et 588 pp.

Memorie del Padre Bonfiglio Guelfucci, dal 1729 al 1764, 1 vol., 236 pp.

Dialogo nominato Corsica del Rmo Monsignor Agostino Justiniano, vescovo di Nebbio, texte revu par M. DE CARAFFA, conseiller à la cour d'appel, 1 vol., 120 pp.

Voyage géologique et minéralogique en Corse, par M. Emile Gueymard, ingénieur des mines, (1820-1821), publié par M. J.-M. BONAVITA, 1 vol., 160 pp.

Pietro Cirneo, texte latin, traduction de M. l'abbé LETTERON, 1 vol., 414 pp.

Histoire des Corses, par Gregorovius, trad. de M. P. LUCCIANA, 1 vol., 168 pp.

Corsica, par Gregorovius, traduction de M. P. LUCCIANA, 2 vol., 262 et 360 pp.

(Ces trois derniers volumes font partie du même ouvrage).

Pratica delli Capi Ribelli Corsi giustiziati nel Palazzo Criminale (7 Maggio 1746). Documents extraits des archives de Gênes. Texte revu et annoté par M. DE CARAFFA, conseiller, et MM. LUCCIANA frères, professeurs, 1 vol., 420 pp.

Pratica Manuale del dottor Pietro Morati di Muro. Texte revu par M. V. DE CARAFFA, deux vol., 354 et 516 pp.

La Corse; Cosme Ier de Médicis et Philippe II, par M. A. DE MORATI, ancien conseiller, 1 vol., 160 pp.

La Guerre de Corse, texte latin d'Antonio Roccatagliata, revu et annoté par M. DE CASTELLI, traduit en français par M. l'abbé LETTERON, 1 vol., 250 pp.

Annales de Banchero, ancien Podestat de Bastia, manuscrit inédit, texte italien, publié par M. l'abbé LETTERON, 1 vol., 220 pp.

Histoire de la Corse, (dite de Filippini), traduction de M. l'abbé LETTERON, 1er vol., XLVII-504 pp. — 2e vol., XVI-332 pp. — 3e vol., XX-412 pp.

Deux Documents inédits sur l'Affaire des Corses à Rome, publiés par MM. L. et P. LUCCIANA, 1 vol., 442 pages.

Deux visites pastorales, publiées par MM. PHILIPPE et VINCENT DE CARAFFA, conseiller, 1 vol., 240 pp.

Pièces et documents divers pour servir à l'Histoire de la Corse pendant la Révolution Française, recueillis et publiés par M. l'abbé LETTERON, 2 vol., 428 et 464 pp.

Procès-verbaux des séances du Parlement Anglo-Corse, du 7 février au 10 mai 1795, publiés par M. l'abbé LETTERON, 1 vol., 739 pp.

Sampiero et Vannina d'Ornano, (1434-1563), par M. A. DE MORATI, 1 vol., 83 pp.

Correspondance de Sir Gilbert Elliot, Vice-Roi de Corse, avec le Gouvernement Anglais. Traduction de M. SÉBASTIEN DE CARAFFA, avocat, 1 vol., VIII-553 pp.

Mémoires Historiques sur la Corse, par un Officier du régiment de Picardie (1774-1777), publiés par M. V. DE CARAFFA, 1 vol., 266 pp.

Mémoires du Colonel Gio. Lorenzo de Petriconi (1730-1784), publiés par M. l'abbé LETTERON, 1 vol., 245 pp.

Pièces et documents divers pour servir à l'Histoire de la Corse pendant les années 1737-1739, recueillis et publiés par M. l'abbé LETTERON, 1 vol., XIX-548 pp.

La conspiration d'Oletta — 13-14 février 1769, par M. A. DE MORATI, 1 vol., 158 pp.

Théodore Ier, roi de Corse, traduction de l'allemand de Varnhagen, par M. PIERRE FARINOLE, professeur au Collège de Corte, 1 vol., IV-75.

Locuments sur les troubles de Bastia (1er, 2 et 3 Juin 1791), publiés par M. A. CAGNANI, 1 vol., 117 pp.

Pièces et documents divers pour servir à l'Histoire de la Corse, pendant les années 1790-1791, recueillis et publiés par M. l'Abbé LETTERON, 1 vol., XII-338 pp.

Correspondance du Comité Supérieur siégeant à Bastia (du 2 mars au 1er septembre 1790), publiée par M. l'abbé LETTERON, 1 vol. VIII-198 pp.

Publications de la Société :

Documents relatifs à l'épiscopat du B. Alexandre Sauli, évêque d'Aleria, publiés par M. l'Abbé VENTURINI, archiprêtre de Corte, 1 vol. de 120 pp.

Recherches et notes diverses sur l'Histoire de l'Église en Corse, par Mgr DE LA FOATA, évêque d'Ajaccio, 1 vol. de 304 pp.

Journal de deux Campagnes en Corse par les troupes impériales (1731-1732), publié par M. le Capitaine E. ESPÉRANDIEU, 1 vol. de 86 pp.

Libro Rosso de la Corse, publié par M l'abbé LETTERON, 892 pp

Délibérations et Correspondance du Comité Supérieur siégeant à Bastia (du 2 mars au 7 septembre 1790), publiées par M. l'Abbé LETTERON, 2 vol. XVI-243 et VIII-196.

Correspondance de Sir Gilbert Elliot, Vice-Roi de Corse, avec le Gouvernement Anglais. (Dépêches d'Angleterre). — Traduction de M. SÉBASTIEN DE CARAFFA, Avocat. 1 vol. de VI-255 pp.

— *Vie et Lettres de Sir Gilbert Elliot.* — Traduction de M. SÉBASTIEN DE CARAFFA, Avocat, 1 vol., VIII-136 pp.

Les Milanais en Corse. Une investiture du fief Cortinco par François Sforza, publié par M. A. DE MORATI, 1 vol. de 121 pp.

Osservazioni storiche sopra la Corsica dell'abbate Ambrogio Rossi. — Livres XII, XIII et XIV, 1769-1794, publiés par M. l'abbé LETTERON, 3 vol de 406, 408 et 488 pp.

Livres VI, VII, VIII, IX et X 1705-1760, 5 vol. de 385, 413, 354, 422 et 362 pp.

Procès-Verbal de l'Assemblée générale des États de Corse, tenue à Bastia de 1770 à 1784, publié par M. A. DE MORATI, 2 vol., LIV-413 & 677 pp.

Lettres de Pascal Paoli, publiées par M. le docteur PERELLI, 5 vol, 600, 752, 400, 368 et 176 pp.

Correspondance des agents de France à Gênes, avec le Ministère (ann. 1730 et suiv.), publiée par M. l'Abbé LETTERON, 1 vol. de 604 pp.

Lettres diverses à Paoli (1759-1791), publiées par M FRANÇOIS DE MORATI-GENTILE, 1 vol. de VIII-136 pp.

Genova et la Corsica, 1358-1378, par M le général UGO ASSERETO, 1 vol. de 154 pp.

Résumé des travaux sur la Géologie de la Corse, par M. N., 1 vol. de 102.

BULLETIN

DE LA

SOCIÉTÉ DES SCIENCES HISTORIQUES ET NATURELLES DE LA CORSE

PRIX DU BULLETIN :

Pour les membres de la Société, un an. . . . **10** fr.

ABONNEMENTS :

Pour la Corse et la France, un an . . . . . **12** fr.

Pour les pays étrangers compris dans l'union postale, un an. . . . . **13** fr.

Pour les pays étrangers non compris dans l'union postale, un an . . . . **15** fr.

NOTA. — Tout abonnement est payable d'avance, et se prend à l'année du mois de janvier au mois de décembre

S'adresser pour les abonnements à M. CAMPOCASSO, Trésorier de la Société, ou à la librairie OLLAGNIER, à Bastia.

www.ingramcontent.com/pod-product-compliance
Lightning Source LLC
Chambersburg PA
CBHW071336150426
43191CB00007B/755